華志文化

華志文化

中華文化千年不朽的處世智慧

人生寶典

千年來祖先傳承給我們的文化
造就出圓滿的理論周詳的方法
使我們的人生變得幸福和美滿

誠敬和 ◆編著

最適合現代人閱讀的中華文化傳統讀本
曾國藩、梁啟超、聶雲台、王鳳儀、陶淵明、柳宗元等精彩呈獻。

保富法（財富從何而來？富足後如何長久保有？曾國藩外孫勘破保富延福之道，印光大師、
淨空法師、柳亞子等傾力推薦！至今仍廣為流傳在華人地區。

〖前言〗

　　人生如何才能幸福？財富如何獲得？怎樣做才能健康長壽？其答案是常須自己立在吃虧的地位，也就是要謙卑退讓，捨財不貪，克己利人。古今以來的偉大聖哲，大都洞悉明白這個道理，因為唯有消極的克己，才能夠積極的利人；唯有捨財不貪，才能興辦公眾的利益；唯有謙卑退讓，才能格外的令人尊敬欽佩，作事也格外的順利，容易成功。

　　當我們在社會的染缸中打滾沉浮，且深深的了解中華傳統文化後，才會猛然發覺原來人生中最重要的不是奮鬥，而是抉擇！遏制惡念與私欲去行善積德。

　　本書取五千年中華文化被時間沉澱之精華，透過專家學者的經典解讀和通俗易懂的故事案例，讓古聖先賢的教誨躍然紙上，讓您藉由汲取中華文明不朽的人生智慧，獲得身心的健康及美滿的家庭。

目錄

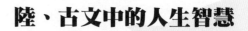

壹

生財有道

一、《保富法》──如何長久的保有你的財富

文／（民國）聶雲台

《保富法》一書，是聶雲台先生在1942年至1943年所撰寫的。聶先生編寫此書，可說是用心良苦。他將自己一生的所見所聞，融合歷史的經驗教訓，編成這本震撼人心的好書，目的在提醒世人「如何才能真正的保有財富」，避免重蹈貪財者的覆轍。

俗話說：「人為財死，鳥為食亡。」古人講：「富不過三代」；現在的人不要說是三代了，兩代、一代都過不了，父子兄弟為錢反目的新聞，不勝枚舉；還不知有多少人為錢而身敗名裂，或觸犯法網，實在是愚昧可憐啊！所以想要長久保住財富的朋友，希望您能認真地參考本書所說的方法去做，必有驚人的效驗。最後，誠懇的贈送大家幾句話，那就是──

天妒英才尤忌財，為何錢財保不住；
聰明反被聰明誤，智者保富亦保福。

（一）代序一：與聶雲台居士書

文／（民國）印光大師

　　讀到貴家家書，不勝欽佩。文正公的處世心得，閣下謹記並付諸人生，因此能脫離富貴習氣，保持本性天真，不隨波逐流。給某君寫信，信中所言，實在是激勵人心、走出頹廢的妙法，但如果某君無此志向，信就沒有應有的作用了。然而若流傳使公眾讀之，肯定有人願意聽取效法的。參透因果，將其中玄機寫出來提倡宣揚，公眾讀後紛紛效法行為，也多了一些人可能成為聖賢，這實在是救世至好的文章。因此知道因果之道理，意義深遠。那些認為它只是一時的權宜小義，皆是道聽塗說之流膚淺的認識罷了。

　　我常說：因果道理，既教育世人為聖為賢，也掌握著平治天下，普渡眾生的大權。當今之世，如果不提倡因果，即使佛、菩薩、聖賢都出現於世，也未能有好結果。我還認為：教育子女，是治理國家平天下的首要之事——尤其是教育女子。因為治國平天下的大權，一大半掌握在天下女子手上。何以得知？之所以世上少賢人，是因為世上少賢女子。有賢女，則有賢妻良母。有賢妻良母，那麼他們的丈夫子女不賢者，這樣的情況就會減少。學校提倡男女平等同權，定是不知實際的世情。須知男子有男子的權力，女子有女子的權力。相夫教子，乃女子的天職，這個權力極大。

　　這就是我的愚見，不知閣下是否贊同。如果不是那麼悖謬，懇請加以發揮宣揚，這對挽回世道說不定也是一次幫助。

（二）代序二：一個保富法的實行者

文／柳亞子

自從《申報》刊載聶雲台先生的《保富法》以來，一時家傳戶誦，不知感動了多少人。不過目前還不知道究竟有多少富翁能身體力行，因為說說容易，臨到了實行的時候，就不免有困難，所謂知之非艱，行之維艱。這個我們不必去談它，日後自會見分曉的。我現在要介紹給諸位讀者的，是遠在明朝的一位保富法實行者。他的行為，很值得研究。在張大復的《梅花草堂集》中有這樣一段記載：「西蜀某宦官按察，生五子，各立中下產，僅給餘粥，已身服御，亦絕不使有餘。既老壽，乃出生平所積奉羨，可萬金，願佐公帑之不給，吏告帑金不縮，亦無公事須助。宦乃請令穴廢院而窖之，題石版云：『還諸造物。』既百年，窖如故。萬曆辛酉，奢酋扇亂，劫掠公私物殆盡成府士民所得食，岌岌不守，有知其事者，白之官，用免殘破。此老高義，直貫無千古無論，即其時宦茲土者，與茲土士民，皆廉吏廉夫矣。」

讀者或許要笑這位先生太傻，何必把金錢窖藏起來。我的意思，那時或許沒有什麼慈善機關的組織，他本要捐給公家，公家又不接受。到這個時候，換了別人，或許要改變初衷，仍舊把財產分給子女，旁人也不能說他出爾反爾。因為那筆錢實在無處可放。可是這位先生，見了這筆款子，就好像毒蛇猛獸，無論如何不容許它留在子女的手裡。寧可請令穴廢院而窖之，不可貽子孫以百世之禍。我們看了，真不能不佩服他的卓見，實在非一般有錢人所能及。他對保富法的原理，明白透澈到萬分，不是單單知道一點皮毛，所以一旦打定了主意，便絕不改變。

我們讀《保富法》，也應當仔細體悟它所講的真理。看了一次，不十分明白，不妨多看幾遍直到徹底明瞭為止。那麼臨到實行的時候，絕不會有什麼躊躇了。人為財死，不如多做公益事業，利己利人，才是揚名後世的大道。

（三）代序三；保福培祉

文／丁福保

雲台先生所著之《保富法》，字字皆從肺腑中流出。日前，黃君警頑，將此稿採登《申報》；而閱者在數日間捐入「申報讀者助學金」，有四十七萬五千餘元之鉅款，可見此書勸化之力大矣。

昔太倉陸毅氏有言：

造物忌才，尤忌財；兩者兼而備之，而又非其定分之所固有，則立致奇禍。予嘗目擊之，而識其理之必然也。一巨公者，登第數年，遽開府，入為卿貳，才略經濟，卓然有聞於時；令子繼起，同列清華，尤為世俗豔羨。俄而，兩孫夭，一子隨之，巨公亦歿；半載之中，三代淪亡，斬焉絕後；獨太夫人在堂，年九十餘，如雞竇老人，不復能言，滴淚而已。按公在朝時，歲遣人、走四方、索幣賦，其詞甚哀，有不忍道者。人以為不可卻，多勉力以供，積而數之，殆不勝記；實亦無所禍福於人，不過借在山之勢，故作乞憐之狀，以主於必得，得之，而人莫怨，然後享之也安。此其為計甚巧，所謂才與財兼焉者；而不虞一朝棄之，不能挾纖毫從地下也。造物之鑑人也，為善者，欲其不令人知；為不善者，欲其令人知。為善不令人知，陰德是也，故食報必豐。今巨公之取財，使人不知其

【13】

為惡，其事與種德者相反，而其意同出於陰，宜乎報之亦酷。雖蒼蒼者大難問，而舉此，為巧於取財者之戒，亦一仕路前車也。

　　設某巨公能用此書言之法，既積而復散之，必可化奇禍為巨福。然近年來發橫財者甚多，他日必為某巨公之續，可無疑也。如欲保全之，非先讀此書不可！夙植厚者，一讀而即信，又能實行；夙孽深者，雖讀而不信，即耳提面命，亦不能從，或且背道而馳焉。

　　蓋以今世之人，大抵不知幽明之理，以為人死無鬼，一切皆已斷滅；故生時所做之事，苟一時有利於己，雖有害於人，不顧也；即人所受之害，其損失過於己之利益，重大至千萬倍，亦不顧也；所以欲富己而貧人，貴己而賤人，壽己而夭人，一切殺盜淫妄等十惡大罪，無不放膽為之。而不知壽算盡時，生前一切怨鬼，皆來索命，死後同至閻王處審判；生前所得之便宜、所作之黑暗事業，皆須一一償還，或入地獄，或入餓鬼、畜生道中；其所得之業報，與生前所作之十惡，其輕重大小，如五雀六燕之銖兩稱也。世人大抵不知因果報應輪迴之苦，尚作阮瞻、林蘊輩之無鬼論，亦大可憐矣！余敘此書，而略述因果輪迴之事，以勸世人。質諸雲台先生，以為何如？

（四）上篇

　　俗話說：「發財不難，保財最難。」看見發財的人很多；發財以後，有不到五年、十年就敗的，有二、三十年即敗的，有四、五十年敗完的。我記得與先父往來的多數有錢人，有的作官，有的從商，都是炫赫一時的，現在已經多數凋零，家事沒落了。有的是

因為子孫嫖賭不務正業，而揮霍一空；有的是連子孫都無影無蹤了。大約算來，四、五十年前的有錢人，現在家務沒有全敗的，子孫能讀書、務正業、上進的，百家之中，實在是難得一兩家了。

在我湖南的家鄉，清朝同治、光緒年間，中興時代的富貴人，封爵的有六、七家，做總督巡撫的有二、三十家，做提鎮大人的有五、六十家，現在也已經多數蕭條了；其中文官多人，因財產比較不多，後人較好。就我所熟悉的來說，像曾、左、彭、李這幾家，錢最少的，後人多能讀書，以學術服務社會。曾文正公的曾孫輩，在國內外大學畢業的有六、七位，擔任大學教授的有三位；左文襄公的幾位曾孫，也以科學專門而聞名；李勇毅公的孫子輩，有擔任大學教授的，曾孫也多是大學畢業；彭剛直公的後人，十年前，有在上海作官的。大概當時的錢來得正路，沒有留積蓄給子孫的心，子孫就比較賢能有才能。其餘錢多的十來家文官，現在後人多數都已蕭條了。武官數十家，當時都比文官富有，有十萬、廿萬銀兩的；（多數是戰事平定以後，繼續統兵，可以缺額，才能發財；至於擁有五、六十萬到百萬銀兩財產的有三、四家，如郭家、席家、楊家等，都是後來從陝西、甘肅、雲南、貴州統領軍務歸來的人。金陵克復的時候，曾國藩因為湘軍士氣不振，所以全部遣散，剿捻匪的時候，改用淮軍，所以湘軍的老將，富有的非常少。）各家的後人，也是多數衰落了；能讀書上進的，就很少聽見了。

我家與中興時代的各大世家，或湘或淮，多數都是世代相交的關係，所以各家的興衰情形，都略有所知。至於安徽的文武各大家，以前富有豐厚的，遠遠勝過了湘軍諸人，但是今日都已經凋零，不堪回首了；前後不過幾十年，傳下來才到了第三代，已經都如浮雲散盡了。然而當時不肯發財，不為子孫積錢的幾家，他們的子孫反而卻多優秀。最顯明的，是曾文正公，他的地位最高，權力最重，在位二十年，死的時候只有兩萬兩銀子；除鄉間的老屋外，在省中未曾建造一棟房子，也未曾買過田地一畝。他親手創立的兩

淮鹽票，定價很便宜，而利息非常高；每張鹽票的票價二百兩，後來賣到二萬兩，每年的利息就有三、四千兩；當時家裡只要有一張鹽票，就稱為富家了。曾文正公特別諭令曾氏一家人，不准承領；文正公多年，後人也沒有一張鹽票。若是當時領一、二百張鹽票，是極其容易的事情；而且是照章領票，表面上並不違法；然而藉著政權、地位，取巧營私，小人認為是無礙，而君子卻是不為啊！這件事，當時家母知道的很詳細，外面是很少有人知道的。《中庸》說：「君子之所不可及者，其唯人之所不見乎。」（這叫作表裡如一，即是誠意、毋自欺，這是中國政治學的根本；如果無此根本，一切政治的路，都是行不通的。）文正公曾經對僚屬宣誓：「不取軍中的一錢，寄回家裡」，而且是數十年如一日；與三國時代的諸葛公是同一風格。因此，當時的將領僚屬，多數都很廉潔；而民間在無形當中，受益不小。所以躬行廉潔，就是暗中為民造福；如果自己要錢，那麼將領官吏，人人都想發財；人民就會受害不小了。

請看一看近數十年來的政治，人民所遭遇的痛苦，便知為人長官的廉潔與不廉潔，真是影響非常大啊！所以，《大學》說：「仁者以財發身，不仁者以身發財。」《孟子》說：「為富不仁，為仁不富。」因為貪財與不貪財，關係著別人的利益、幸福很大；所以發財便能造罪，不貪財方能造福。世人都以為積錢多買些田地房產，便能夠使子孫有飯吃，所以拚命想發財。今天看看上述幾十家的事實，積錢多的，反而使得子孫沒飯吃，甚至連子孫都滅絕了；不肯取巧發財的，子孫反而能夠有飯吃，而且有興旺的氣象。平常人又以為全不積些錢，恐怕子孫會立刻窮困；但是從歷史的事實、社會的經驗看來，若是真心利人，全不顧己，不留一錢的人，子孫一定會發達。現在我再舉幾個例子來說：

宋朝的范文正公（范仲淹），他還是窮秀才的時候，心中就念念在救濟眾人；後來作了宰相，便把俸祿全部拿出來購置義田，贍養一族的貧寒。先買了蘇州的南園作為自己的住宅；後來聽見風水

家說：「此屋風水極好，後代會出公卿。」他想，這屋子既然會興發顯貴，不如當作學堂，使蘇州人的子弟，在此中受教育，那麼多數人都興發顯貴，就更好了；所以就立刻將房子捐出來，作為學宮。他念念在利益群眾，不願自己一家獨得好處。結果，自己的四個兒子，官至宰相、公卿、侍郎，而且個個都是道德崇高。他的兒子們曾經請他在京裡購買花園宅第一所，以便退休養老時娛樂，他卻說：「京中各大官家中的園林甚多，而園主人自己又不能時常的遊園，那麼誰還會不准我遊呢！何必自己要有花園，才能享樂呢？」范先生的幾位公子，平日在家，都是穿著布素衣服。范公出將入相幾十年，所得的俸錢，也都作了佈施救濟之用；所以家用極為節儉，死的時候，連喪葬費都不夠。照普通人的心理，以為這樣，太不替子孫打算了，誰知道這才是替子孫打算最好的法子。不單是四個兒子都作了公卿，而且能繼承他父親的遺志，捨財救濟眾人。所以，范家的曾孫輩也極為發達，傳到了數十代的子孫，直到現在，已經是八百年了，蘇州的范墳一帶，仍然有多數范氏的後人，並且還時常出優秀的子弟。世人若是想替子孫打算，想留飯給子孫吃，就請按照范文正公的存心行事，才是最好的方法。

再說元朝的耶律文正公（耶律楚材），他是元太祖（成吉思汗）及元世祖的軍師，軍事多數是由他來決策，他卻是藉此而救全了無數的人民。因為元太祖好殺，他善於說話，能夠勸諫太祖不要屠殺。他身為宰相，卻是布衣疏食，自己生活非常的刻苦。他是個大佛學家，利欲心極為淡泊：在攻破燕京的時候，諸位將領都到府庫裡收取財寶，而他卻只吩咐將庫存的大黃數十擔，送到他的營中；不久，就發生了瘟疫，他用大黃治療疫病，獲得了很大的效果。他也是毫無積蓄，但是他的子孫，數代作宰相的，卻有十三人之多。這也是一個不肯積錢，而子孫反而大發達的證據。

再說清朝的林文忠公（林則徐），他是反對英國，以至於引起了鴉片戰爭的偉人。他如果要發財——當時發個幾百萬，是很容易

的。他認為鴉片貽害人民，非常的嚴重，所以不怕用激烈的手段，燒毀了鴉片兩萬箱。後來，英國人攻廣東，一年攻不進，以後攻陷了寧波、鎮江。清朝不得已，就將林文忠公革職充軍，向英國人謝罪談和。林公死了以後，也是毫無積蓄，但是他的子孫數代都是書香不斷，孫曾輩中尚有進士、舉人，至今日仍然存在。

再看林公同一個時期發大財的人，我可以舉幾個例子：就是廣東的伍氏及潘氏、孔氏，都是鴉片裡發大財至數百千萬銀兩的。書畫家大都知道，凡是海內有名的古字畫碑帖，多數都蓋有伍氏、潘氏、孔氏的圖章，也就是表明了此物曾經在三家收藏過，可見得他們的豪富。但是幾十年後，這些珍貴的物品，又已經流到別家了。他們的楠木房屋，早已被拆了，到別家作裝飾、木器了。他們的後人，一個聞達的也沒有。這三家的主人，畢竟是精明能幹，才能發這樣的大財；當時的林文忠公，有財卻不肯發，反而弄到自己被革職辦罪，似乎太笨了吧！然而至數十年以後，看看他們的子孫，就知道林文忠公是世間最有智慧的人，伍氏、潘氏、孔氏，卻是最愚笨的人了。

上海的顯貴很多，我所認識的，也可以舉幾個例子：一個是江西的周翁，五十年前，我在揚州鄙岳蕭家，就認識這位富翁。（當時的這兩家同是鹽商領袖。）有一天，周翁到蕭家，怒氣勃勃的，原來是因為接到湘潭分號經理的來信，說是湖南發生了災荒，官府向他們勸募捐款，他就代老闆周翁認捐了銀子五百兩，而周翁嫌他擅作主張，捐得太多，所以才發怒。那時他已有數百萬銀兩的財富，出個五百兩救濟，還不捨得。後來住在上海，有一天，譚組安先生與他同席，問他，如何發到如此的大富？他說，沒有別的法子，只是積而不用。他活到八十多歲才死，遺產有三千萬元，子孫十房分了家，不過十幾年，就已經空了。其中有一房子孫，略能作些好事，這一房就比較好，但也是遭遇種種的意外衰耗，所餘的錢也不多了。若是以常理來說，無論如何，每房子孫都有三百萬，不

會一齊敗得如此之快；然而事實上，卻是如此。若是問他如何敗法？讀者可嘗試著閉目一想，上海闊少爺用錢的道路，便能夠明白，不用多說了。這位老翁，也是正當營業，並未取非分之財；不過心裡慳貪，眼見饑荒，而不肯出錢救濟；以為積錢不用是聰明。卻不知道此種心念完全與仁慈平等的善法相違反，我若是存了一家獨富之心，而不顧及他家的死活，就是不仁慈、不平等到了極處。除了本人自己受到業報外，還要受到餘報的支配，也就是《易經》所謂的餘慶、餘殃的支配；使獨富的家敗得格外的快，使大眾親眼見到果報的昭彰，而能夠醒悟。（而本人所受的果報，若不是現世報，則旁人是不能見到的。）

再說一家，是上海十幾年前的地產大王陳某，家中的財產有四千萬銀元，兄弟兩房，各分兩千萬。1925年，我到他家吃過一次飯，他住的房屋十分的華貴，門前有一對石獅子，是上海所少見的。他的客房，四面的牆壁全部都裝了玻璃架，陳列的銅鼎，都是三千年的古物。有一位客人，指著告訴我說：「這一間房子裡的銅器，要值銀元一百五十萬；中國的有名古銅器，有一半在此。」這幾句話，正是主人最高興聽的。原來一般富人的心理，就是要誇耀，我有的東西，都勝過一切的人。而唯有道德名譽是錢辦不到的，這些富人無可奈何，只好在衣服、珍寶、房屋、器具上，爭豪鬥勝，博得希望得到好處的客人，來恭唯奉承。（驕奢兩字是相連的，驕就是擺架子，奢就是擺闊。上海常看見的是盛大的出殯儀式，一日之間，花費一、二十萬的銀元，以為是榮耀；但是若要請他們出幾千元幫助賑災，就不大容易了。這是普通人多有的卑劣自私的心理，並非是單說某一家。這一位主人，當然也不能免俗。）在我看見他之後，不過才七年的時間，上海地價忽然慘落，加以投機投資的損失，以至於破產。陳家的古董珍寶、房屋地產，一切的一切，都被銀行沒收變賣，主人也搬到內地家鄉去了。

再說一個實例，就是上海哈同花園的主人，近日報紙上常有譏

諷的評論：說他們生平，對於慈善事業，不肯多多幫助，並說他有遺產八萬萬銀元。試一設想，財產八萬萬元的收入，就照二厘的利息來計算，每年也應該有一千六百萬元，如果他們肯將這尾數的六百萬元，用作救濟貧民之用，那麼全上海的難民，就可以得救了。在三年前，上海的難民所中有十萬人，每人的糧食，以每個月兩元計算，全年不過才兩百餘萬元。到去年米貴的時候，難民所中的難民才不過一萬幾千人，每人的月費三十元，一年共五、六百萬元，也才不過是他們收入年息的三分之一罷了。再說上海死在馬路上的窮人，去年將近有兩萬多人，前年不過一萬多人，再前年不過是幾千人，就單說去年米貴，死人最多的時候，如果辦幾個庇寒所和施粥廠，養活這兩、三萬人，也不過一年花個五、六百萬元就夠了。這在他們來說，不過是九牛的一毛，然而這一毛，卻是捨不得拔。如果能花幾百萬元，救幾萬個窮民；他自己家用，若是沒有特別的揮霍，就是無論如何的闊綽，還是可以將一年所餘的利息若干萬來用作儲蓄的。這樣一來，一方面得到了美名譽，一方面作了救人的大功德，再一方面又仍然每年增加了若干萬的積蓄。這樣的打算，實是非常圓滿。然而他們卻沒有這樣智慧的眼光，一心只想這一千六百萬元，一滴不漏，全部都收到自己的銀行帳上，歸為己有，任意的揮霍。竟然沒有想到這肉身是會死的，自己既無子女，結果財產全歸了他人。幾萬萬的財產，一旦變為虛無，只是徒然的帶了一身的罪業，往見閻王，而且又遺下了一片不美的口碑，留在這個社會。

他們也掛信佛的招牌，但是全不知道《藥師經》開宗明義，就詳細地說明了慳貪不捨的罪過。經說：「有諸眾生，不識善惡，唯懷貪吝，不知佈施，及施果報；愚癡無智，缺於信根，多聚財寶，勤加守護。見乞者來，其心不喜；設不得已而行施時，如割身肉，心生痛惜。如此之人，由此命終，生餓鬼界，或畜生道。」因為大富之人，錢財有餘，自己也沒有用處，明知道多數人將會餓死，卻

不肯施財救濟。若是從道德上責備起來，這簡直是間接的殺人。積錢最多，力量最大，而不肯佈施的，他所負的殺人罪就更重了。譬如見到一個極小的孩子，站在井邊快要落井了；有一個人在旁站著，全不開口，也不拉開這個小孩，而讓他落井死了。我們一定會說，這個孩子算是被他殺死了一樣。而富人見災不救，正是一樣。何況是大富如此，連利息的一小部分都不肯捨，那麼馬路上死的幾千幾萬的饑民，豈不是要算他殺死的一樣嗎！殺死幾千幾萬人的罪過，難道是用驕慢心，以信佛作為幌子，勉強花點揮霍不盡的小錢，作點專賣面子的善事，就以為自己已經是作了功德，便可以免除一切的罪過嗎？我想恐怕天地鬼神，絕不會如此含糊的寬恕他。所以我說這一段事實，就是希望大家能夠分別真偽，打破心裡的慳貪，切不可蹈積財不施的覆轍！

俄國的大文豪托爾斯泰曾說過：「現在社會的人，左手進了一百萬元，右手佈施了一、二元，就稱為是大慈善家。」由此可知這種行為，是世界的通病。

總而言之，保富的方法，必須要有智慧的眼光，也就是要有遠大的見識與宏大的心量；以上所說范文正公等幾位，就是屬於此類。而其餘不善於保富的人，普天之下比比皆是啊！他們不能使子孫長保富厚，只因為是自己的智慧不夠；能見到一點，卻遺漏了萬端；只看見表面，而看不到內涵；簡單點說，他們看曆本，只看見初一，還不知道明天有初二，更不會曉得年底有除夕，但是像這等愚癡的人，雖然很多，而社會有慧根的人也不少，一經人點撥，即可覺悟，智慧的眼光忽然就會開朗了。

再講到如何是智慧的作法，請細細玩味老子《道德經》的兩句話：「既以為人，己愈有；既以與人，己愈多。」本篇文所敘述的范文正諸公的幾個例子，就是這兩句話的注腳。須知老子是世界最高哲學中的一個，（《道德經》與道士的道教全無干涉，不可誤認老子即是道教。）他的政治、經濟、軍事學也都極為高明，他的人

生哲學，是不能為時代所搖動的。老子學說的精義，有一句是：「反者，道之動。」大意是要反轉過來，就是幡然覺悟的動機；他的書，全部多半是說明這個道理。再引兩句：「知其雄，守其雌，為天下溪。知其白，守其黑，為天下式。」雄者，譬如是有錢有勢，可以驕傲，乃人人所貪圖的；唯有智慧的人，反之，卻是要避免這樣炫赫的氣焰，極力的向平淡卑下的方面作去，免招他人的嫉恨。「為天下溪」這句話是眾人反而歸服他的意思。「白」者的意思，譬如作大官，享大名，體面榮華，別人羨慕，這也是人人所求之不得的。但是有智慧的人，反之，卻要避免體面榮華，極力的韜光養晦退讓謙虛，《中庸》說：「衣錦尚絅，惡其文之著也。」譬如穿著錦繡的衣服，卻要加上罩衫，不願意使錦衣露到外面。這是表明了君子實修善義，不務虛名，以避免產生負面的影響，此種人更為社會所敬重。這些見解，都是與世俗之見相反的。換句話說，違背了情感慾望，以求合乎理智，這種話，多數人是不入耳的，或者以為這是講天文學，不能懂。然而社會上也有不少具有慧眼的人，當然是會讚許的。

（五）中篇

天道是什麼呢？《易經》說：「一陰一陽之謂道。」這個陰陽，不是虛玄的，一一都有事實可以做為依據：譬如，有日必有夜，有寒必有暑，有春夏就有秋冬，有潮漲就有潮落。由這些自然界的現象來觀察，一一都是一盈一虛，一消一長。從這個道理推及到人事，也是如此：例如說人事的一盛一衰，一苦一樂，一憂一喜，一治一亂等等。但是天時的陰陽，有一定的標準，是萬古不變的；而人事的盛衰，則是隨著人心的動向，變化無常。這種無常的變化，乃是依著天道一陰一陽有一定的標準，發動出來的。我們試

說如下：

　　比如說一個人若是喜歡驕傲，就一定會有忽然落魄的時候到來；一個人若是喜歡懶惰安逸，就一定會有極困苦的日子到來；一個人若是喜歡慳吝貪錢，就一定會有嫖賭浪費之子孫替他破敗；一個人若是喜歡機巧計算，就一定會有糊塗愚笨的子孫被人欺騙。這些變幻的人事，有智慧的人，自然會留心看得出來，曉得與日月起落、寒暑往來的道理是一樣的。天道是個太極圖，半邊是黑的，半邊是白的，中間有一個界限；過了這個界限，陰陽失去了平均，就要產生變化了，這叫作陽極則陰生，陰極則陽生；換句話說，就是盛極必衰，消極必長。

　　古今以來的偉大聖哲，都能夠洞悉明白這個道理，所以教人常須自己立在吃虧的地位，就是要謙卑退讓，捨財不貪，克己利人。凡俗之中，沒有見識的人，是一定不肯做這種吃虧事的。在新學家而言，還要譏笑地說，這是消極的道德。要知道一切偉大積極的事業，都是從這種消極的道德人作出來的：因為唯有消極的克己，才能夠積極的利人；唯有捨財不貪，才能興辦公眾的利益；唯有謙卑退讓，才能格外的令人尊敬欽佩，作事也格外的順利，容易成功。開始似乎是吃虧，後來仍然是會得到大便宜的。

　　淺見無知的人，只能看見一切事物的表面，不能看見事物的對面。譬如像下棋一樣，只看得一著，看不到第二、三著。不知道世間事都是下棋，我若是動一著，對方就要應我一著，而且馬上就有第二、三著跟著來。佛法說明一因一果、感應的道理，實在是世界上最高的科學跟哲學。我把下棋拿來作譬喻：我們說一句話、作一件事，都是對人動了一著棋；我們出言作事的時候，心中打定的主意，就是對天公動了一著棋；一切人、一切物，都是我們下棋的對手。

　　我們對一隻狗，表示好意，狗就會對我們搖搖尾巴表示親熱；若是惡聲對牠，牠就會垂下尾巴走開。對人則更不用說了！我若是

對待別人謙和寬厚，別人就會感謝；若是待人驕傲刻薄，別人就會懷恨在心；這還是小的對手。若是我們欺凌了沒有能力的人物，或是存心害人，或是用巧妙的手段占人家的便宜，他們受了損害還不覺得。或是借著特別的地位，例如作官、作公司的經理等職務，暗中謀取私人的利益；或是自己富厚，而對於災難不肯救濟，自己家裡卻是享用舒服。這些事，眾人固然是無可奈何，法律也辦不到他，他算是棋贏了，他對方的棋都輸了。可是天道卻是不許他贏，會替眾人作他的大對手，老天只要輕輕的動一著，就叫他滿盤棋子都輸了，最後使得他一敗塗地；這叫作「人有千算，天只一算。」我們天天都是在對人下棋，實際上是在對天下棋；若是對人贏得愈大，就會對天輸得更厲害。反之，若是人肯讓一步，還處處幫旁的人一著，使旁人免得輸，而我自己的棋，也是不會大輸的，反而要對天贏了一盤很大的棋呢！

　　上面所說的范文正公，是個最顯明的例子，他本來很窮，作了將相幾十年，到死的時候，仍然沒有私人的田產園宅。若是從俗人的眼光看起來，他算是白忙了一世，然而他對天卻是贏了一盤大棋，他的子子孫孫，多是貴盛賢才啊！其餘的像耶律文正公、林文忠公、曾文正公幾位，都是肯輸棋的，到後來都贏了天公一盤大棋。而那些會贏棋的許多人，發了幾十萬、幾百萬、幾千萬、幾萬萬財的，卻是後來被天動了一著，就都輸完了。古人說的：「人定勝天，天定亦勝人。」天定就是一定的天理。陰陽的定律，是要平均的，人們作的事情過了分，就是失了平均。由於我們的心，先違反了陰陽定律的中和，所以產生了反應，受到陰陽定律制裁，使回歸到平均的狀態。天公下棋，是不動心，也不動手的，而人們就自然輸了。譬如對牆壁拋皮球，球自然會反彈回來，拋的力量愈大，球反彈的力量也更大，而牆壁本身，亦並未動手費力。所以《書經》說：「天作孽，猶可違；自作孽，不可活。」《孟子》說：「出乎爾者，反乎爾者也。」意思就是自作業，自受報；這跟佛經

所說的：「自造因，自結果。」正是一樣的道理。

而所謂的人定勝天，也不是真正的勝了天，這是說人照天的定理，存心作事，究竟會得到後來的勝利。本來窮困的，後來亨通了；本來憂患的，後來得到安樂。這樣的勝利，便是天理的勝利。我雖然說善人對天贏了棋，實際上就是天贏了；須知天道是永不會輸的。天道一陰一陽的平均，就是中道，又稱中和；《中庸》說：「致中和，天地位焉，萬物育焉。」世間的人事若是失去了平和，就會引起天道的變化；就像戰爭及饑荒等等的大劫數，都是由於人事的不公平、人心的不中和而引起的。人與人之間的鬥爭，國與國之間的鬥爭，無論暫時的勝負如何，結局仍然是兩敗俱傷，就是暫時勝利的，也將終歸於失敗。請翻開世界各國的歷史，就知道贏棋的，到底也都是輸了，這就可以知道天理終究是公平的。人心的不平不和，究竟是會被天理制裁的。

世間的人類，男人與女人的數目，永遠是平均的。有姓張的一母生十男，也有姓李的一母生十女，所以合起全世界的計數，男女的數目，不會相差太大的。這就證明了天道的公平，與陰陽的中和，其中有不可思議、自然調整的能力。若是我們想要仗恃著我們的本領，來違反天理中和的能力，最後畢竟是要自己吃苦頭的。若是天理陰陽沒有制裁調整的力量，那麼人的男女數目，也不會永遠的平均，世間一切的事情，都會永久失去了公平，而強的、巧的則永遠富貴，善人也永遠不會抬頭了。

歐美人用短淺的眼光來觀察天理，以為世間只有強的、巧的會得到勝利，安分懦弱的，應該被人制服，所以名為「優勝劣敗」。這種不合乎道的學說，引起了世人的驕滿作惡：驕就是有所恃而無恐，我有勢力，不怕你，擺架子，顯威風；滿就是有勢要用盡，有福要享足，專顧自己的私利，不替他人設想，只管目前快意，不為日後顧慮。德國、日本等國家的野心侵略，就是被此等學說所誤啊！

　　天道是非常簡單的一件事：就是過分的，要受到制裁；吃虧的，要受到補益。中國的聖哲，儒家、佛家、老莊的垂訓，都是反覆的叮嚀，說明這個道理。《易經》說：「天道虧盈而益謙，地道變盈而流謙，鬼神禍盈而福謙，人道惡盈而好謙。」《尚書》說：「滿招損，謙受益，時乃天道。」又說：「唯天福善禍淫。」（這個淫字，不是單指性慾，而是指一切事情的放縱與過分，可以說就是驕滿。又再具體的說，就是驕奢淫逸，貪狠暴橫。）淫字的對面就是善。善字的意義甚為廣泛，若是要確切的說明，眾善都含有謙德的意義，都是以謙德為基本。《易經》是說明天道的書，乾坤兩卦是總說天道的大意：乾卦：「能利天下，而不言所利。」這就是謙德的意義。坤卦：「坤雖有美，含之以從王事，不敢成也。」這句的解說，是才華不露，功名不居，就是不務名，不誇功，也是謙德的意義。《金剛經》說：「度盡眾生，自覺未度。」又說：「佈施濟眾，不覺有施。」這是世界最高的道德，也包含了謙德在內。

　　再說，孝悌忠信禮義廉恥，都是義務心重，權利心輕。而義務心，是自己覺得我對他還有義務應盡，這就是謙。世間作惡的人，不過是權利心重，沒有義務心。古語說，重利輕義，正是謙德的反面。所以，一切道德都在謙德裡面：由謙起心，對父母兄弟，就是孝悌；對社會人群，就是忠信禮義廉恥。凡人對於謙德善行，都是恭敬歡喜；而對於驕滿惡行，都是怨怒隱恨。那麼天道的降福降禍，說是天道，實是人情；說是天降，實由自作啊！上面的文已說過，天道就是人事的表現，《尚書》說：「天視自我民視，天聽自我民聽。」《華嚴經》說：「若令眾生生歡喜者，則令一切如來歡喜。」所以，我們為善加福於人，我們自然還得其福；我們為惡加害於人，我們自然還得其禍。從此可知，我們面對的一切人、一切物，就是天，隨處都是有天理存在其中的。除此以外，更沒有別的天理可以表現。

　　那麼我們對他人作事、說話、起念頭、表示臉色，都要格外的

小心注意。不管他人或是愚笨，或是怯懦，或是老弱、孤兒、寡婦，無人幫助；我們若是欺凌了他人，我們在不久的將來，我自己或我的子孫，也會同樣的愚懦孤寡，被人欺凌。反過來說，若是我們對於這些無力可憐的人，心存慈愍，並且設法幫助他們，後來我也會得別人的幫助，而我的子孫則永遠不會愚懦孤寡，被人欺凌了。這種天理循環的感應果報，有智慧眼光的人，自然能在社會上，一家一家的人事上來觀察，更可以在歷史上，一個一個善惡的人的結果來證明。這也是社會科學中最重要的一件事啊！

（六）下篇

去年（1942年）春天，我曾經寫了《保富法》上、中兩篇文章，送請《羅漢菜》月刊刊出，後來因為患病臥床，未能繼續撰寫下篇。今年春天，經榮柏雲、黃警頑兩位先生將該文再送登《申報》，頗受讀者們讚許，並有許多人出錢印單行本；但是因為沒有見到下篇，而感到遺憾。

我寫下篇的計畫，原本想專門收集些古人行善積德，能使子孫富貴顯赫的事蹟，做為印證。近來因為編寫《先母崇德老夫人紀念冊》，恭敬謹慎的敘述了數代祖先的嘉言懿行，並且特別撰寫了〈七世祖樂山公行醫濟世善行的果報〉這篇文章。七世祖樂山公捨己利人，兩百年來，我家多代子孫，都受到他的福德庇佑，可以做為《保富法》這篇文章非常適當的佐證資料。

這雖然只是一家人的私事，但是樂山公的善行事蹟，曾經刊載於《府縣誌》中，而且又為當時的社會賢達，所推崇重視；祖先數代的積善事蹟，也有歷史資料可以考證，堪稱足以取信於社會大眾；正好是《保富法》的證據，所以將它作為下篇，我想應該會得到讀者們的認同。

　　我時常自我檢討，聽聞聖賢的道理，常覺已是很晚，知道自己的過錯，又已經是太遲；回想生平所作所為，所犯的罪惡過失，不勝枚舉，真是愧對祖宗父母、天地鬼神啊！而現在自己則已是衰老遲暮，疾病纏身，更是覺得缺乏補過的勇氣和力量，深恐祖先的德澤自我而墜，從此沒沒無聞；所以恭謹地撰述祖先的德行，用來告訴後人，使大家能獲得一些警惕、啟示和策礪，以略補我的過失。

　　開始的時候，並不敢將此文刊出問世，實在是因為好友們一再的督促與要求，務必要完成這篇文章的全文，這才敢將此文拿出刊行，並盼望能對讀者們有所交代。

（七）後記

　　近來社會的奢侈風氣非常的盛，這種奢靡之風，對政治會有極為不良的影響。關於這種道理，明朝的大學問家顧亭林先生早已見到，並曾作有專文、引證許多歷史事實，現在謹抄錄這些事實如後，提供給研究政治的人參考。

　　國家社會的風氣若是奢靡，為政的人應以崇尚儉樸來轉移風氣。《禮記》說：「君子的行為，即是宰相推行治世的標準。」意思是說我們每個人的行事，也可以影響國家的政治。顧亭林先生更明白的指出：「天下安危，匹夫之賤，與有責任。」也就是這個意思。

　　東漢時，汝南郡的許劭，擔任郡里的地方官；而與他同郡的袁紹，他的車馬隨從非常的多；但是每當袁紹走到郡的邊界時，都把隨行的人馬摒去，自己單單駕著一輛車回家，並且說：「我的隨從車駕，豈可讓許劭先生看到！」（袁紹為一代的英雄豪傑，曾經舉兵討伐當時的奸雄曹操，然而卻對一郡的小官許劭，竟是如此的敬畏。）

晉朝的蔡充，為人好學且有名聲，當時的高平人劉整，車駕衣著都是非常的奢侈華麗；但是劉整曾經對人說：「我雖然有喜好穿著華麗衣著的壞習慣，可是每當我碰到與蔡充見面同座以後，那天我的心整天就不免感到不安，覺得自己實在是庸俗不堪啊！」

北齊人李德林，父親去世了，就徒步帶著父親的棺木靈柩，返歸博陵老家安葬，葬禮也很簡單；他的明友崔諶前往弔祭，隨從的人馬有數十人之多，崔諶為了尊敬李德林的儉樸精神，沿途不斷的減少隨從的人數。到了李家門前，只剩了五名隨從，並且說：「我不能讓我的朋友李兄，誤會我是氣焰囂張，不可一世的人。」

李僧伽隱居在山中的時候，當時朝廷下令徵召他出來做官，李僧伽推辭不願前往就任。尚書袁叔德前往拜訪李僧伽，也是沿途減少隨行的僕從，並且說：「拜訪像李先生這樣高明淡泊的賢士，會令我有羞於見到自己所擁有的華麗車駕與官服呀！」所以君子高貴的行事，若是擔任地方上的官職，則可以化導一方；若是在朝廷任官，則可以教化天下了。

唐朝的大曆年間，皇帝下詔發布楊綰為宰相。楊綰為官一向廉明方正，而且生活非常的儉樸；當時的御史中丞崔寬，非常的富有，財產很多，崔寬家中花園裡的樓台亭榭不但多而且美，當時可稱為天下第一了。但是當他聽到楊綰當上了宰相的消息，當天立刻就默默地自行撤毀了花園中的樓台亭閣。而郭子儀聽到楊綰就任宰相的消息，也將自己家裡的樂伎，裁減了五分之四。須知郭子儀軍功甚大，曾經立下了收復兩京的大功勞，並封為汾陽王，威勢權力可稱震驚當世，然而對一個崇尚廉潔儉樸的宰相，卻是如此的敬畏呀！可惜今天再也看不到楊綰，也沒有崔寬與郭子儀這類的人物了。

李師古這個人擁兵自重而且相當的跋扈，常常抗拒朝廷的命令，但卻對宰相黃裳有所畏懼。李師古曾經命令自己一個幹練的親信，帶著數千兩黃金，赴黃家送禮想攀些交情。這位親信到達黃家

門前，正巧碰見一頂轎子自宰相府裡面出來，轎旁卻只有兩個婢女徒步隨行，而且衣著甚是簡陋，並稱轎內坐的是宰相夫人。這位親信非常的機警，當下就明白宰相清廉儉樸的作風，不敢貿然地進入宰相府送禮，就帶回禮金，急急歸去，並將自己的所見所聞，詳細地報告李師古。李師古因此更加地敬畏黃裳，並且改變了自己原有的叛意，終身服從朝廷的命令，再也不敢有所違背了。

從上面的實例來看，可以知道，由道德學問俱佳的人擔任地方官吏，可以使地方獲福；而中央的官吏清廉正直，則會使全國都得到利益。所以崇尚清廉儉樸與政治的互動關係，實在是非常的密切啊！古人說：「唯儉可以養廉。」而它的相反面是，奢侈則不能不貪污，貪污的結果，必然會使得社會、天下大亂。《大學》也說：「生財有大道，生之者眾，食之者寡，為之者疾，用之者舒，則財恆足矣。」這是經濟學的定律，也像數學上的公式，是不能改變的呀！今天的社會風氣糜爛，競相崇洋，揣摩學習歐美的不良風氣，衣履服飾、飲食享用，無不是窮奢極侈，動輒千金，風氣影響所及，政治哪有不亂的道理呢？（若是論到政治上的正本清源，就好比是瘟疫，細菌毒素就是從這些地方發出來的呀！為政者怎麼能夠掉以輕心呢？）

個人以為，我國本為崇尚儉樸的民族，善良的古風，亟應保存，部分邪惡的歐美文明，則應是選擇取捨，不可照單全收。可能有人會說我開倒車，但是遇到道路不能通行時，前進即有危險，這時只能速開倒車，以保住性命，這又有何不可呢？希望當世的賢達，不吝指教。

貳

新時代的人際關係

【 一、新時代的人際關係 】

文／李毅多

（一）從「鞠躬」禮儀說起

尊敬的各位來賓、親愛的朋友們：

大家好！（向聽眾鞠躬）

首先聲明一下，我比較喜歡鞠躬，為什麼喜歡鞠躬呢？因為在日本前後生活了將近十年。剛到日本的時候也不太適應，我有一位朋友是從美國來的律師，我們在一個公司一起工作，所以我們有的時候就進行交流。美國的律師就說日本鞠躬很難掌握。於是，我們說好第二天一起來觀察一下，結果發現日本人鞠躬的時候是以腰部為軸來鞠躬的，但是我們中國人喜歡點頭，我就用點頭的方法。大概美國人也不會鞠躬，只好用下蹲的方法，後來發現原來鞠躬是這樣一種方式。

說到鞠躬，末學也有些體會。我曾經到一個小鎮做了幾年的傳統文化的推廣工作。有一次我和一些老師下鄉，去拜訪當地的農戶。我們這些老師都很有禮貌，見到當地的農民也給他們鞠一個躬，然後就噓寒問暖，詢問他們家裡的情況。等我們準備離開的時候，當地的農民就跟我們說了這麼幾句話，他們說你們是哪國人啊？我們互相看了看，哪兒做的不對了嗎？然後說，你說我們是哪國人？他們說我們看你們不像中國人！我說我們說的都是中國話。

當地的農民、婦女就說：「中國人有這麼懂禮貌嗎？」這可是我當場經歷的真實事情，經歷了以後我心裡既感動又難過，感動的是竟然因為幾個鞠躬，就讓當地的農民、當地的老百姓這麼感動，就覺得這個人生還是這麼有希望；難過的是，居然說我們中國人沒有禮貌，我們常講五千年禮儀之邦，有禮、講義氣、講道義，難道這個禮儀就不是中國的嗎？

有一次我到印尼，我們在印尼舉辦了一個講座。講座結束後回到賓館，印尼的賓館門口都有門童。門童看見我們以後都很高興，「啪」就給我們鞠了一個躬。我們一看很震驚，好傢伙，印尼的人學習中國文化，學得這麼到位，「啪」就鞠躬。接著這個門童嘴裡就來了一句話「空邦挖」（音），我們幾個老師你看看我，我看看你，大家有點興奮，有點弄不清楚，怎麼印尼的人這麼懂禮貌呢？我就問問各位老師，你聽懂門童的嘴裡說的什麼嗎？「空邦挖」大家知道什麼意思嗎？這是日語中「晚安」的意思。

我聽到之後也是既感動又難過，感動的是人家畢竟給你鞠了一個躬，我們也覺得挺舒服的，難過的是鞠躬禮是中國的禮儀。

有一次，一個在日本學習的中國留學生參加我們的講座，他講起他在日本學習的體會。他說他教日本人學漢語的時候就跟日本人講，你們現在所學的這些鞠躬禮是從我們中國傳過來的。因為自從他學習傳統文化以後，才慢慢了解到了鞠躬禮是從中國傳到日本去的。講完這句話以後，他發現在場的大部分學生眼中都露出了不滿意的目光，還有個別人乾脆搖頭，當場就說不對，怎麼不對呢？他說鞠躬禮是我們日本獨有的，全世界只有我們日本才會有鞠躬禮。

這個老師很愛國，認為怎麼能這麼解釋呢？他開始跟大家解釋，這個禮是怎麼傳過去的，這一堂課也沒講漢語，專講日本的禮是如何從中國傳過去的。早在唐朝的時候，日本有很多的遣唐使，還有很多的僧侶到中國學習中國的文化，他們把中國的禮儀傳到了日本，包括中國的音樂、信仰及佛教。

　　我們知道日本著名的鑑真大和尚，事實上他是中國揚州的一位大和尚。他六次東渡到日本去傳法，五次失敗，第六次成功了。但是這時候他老人家眼睛已經失明了，失明了以後依然把中國的文化，包括雕刻建築，還有一些農業生產技術帶到了日本。所以，你要問日本人鑑真是誰，幾乎人人都知道，因為中國的文化對日本的影響是很深遠的。包括一些古典的音樂，我們中國以前講的雅樂，現在雅樂很難聽到了，但是在日本還有保留。因為中國的雅樂最後傳到了日本的宮廷，所以他們的宮廷還保留了一部分古典的雅樂。

　　我在日本參加一些儀式活動，尤其是古老的祭祀活動的時候，還能聽到一些彈唱非常幽雅、非常清遠、蒼涼的，一種和天地大自然合為一體的雅樂。你聽完之後心馬上靜下來，然後感覺到人生、世界的悠遠和廣博。我剛開始聽的時候也不太適應，我說這個音樂從哪裡來的呢？後來人家告訴我是從中國傳來的，現在在日本還有保留。所以在日本確實保留了很多的中國文化。

　　日本還有一部分文化，它是從哪裡傳過來的呢？是透過朝鮮半島。我們知道，在朝鮮半島地區也保留了中國一部分文化。我們有一個少數民族叫朝鮮族，我曾在延邊的安圖縣，和一些朝鮮族的朋友生活了兩年，因此在我身邊朝鮮族的人就很多。像在我們的律師事務所工作的助手，好多都是朝鮮族的同學和年輕律師。跟他們在一起的時候很有意思，他們見面就跟我行鞠躬禮「李老師早安」，我也趕緊回個禮「你們早」。結果我在律師事務所的同仁、合夥人就跑過來跟我抱怨說：「李律師，你能不能跟你助手講一講？」我說講什麼，他說見面以後別讓他們給我行鞠躬禮，我說怎麼了，他說年輕人見了面給我行一個鞠躬禮，我是回禮好還是不回禮好啊？我心裡說當然回禮好了，但是他們不太適應，不太習慣。所以，在朝鮮族還保留著對他人非常恭敬有禮的態度。

（二）和諧的三個層次

我們知道，我們要構建和諧社會這樣一個觀念，什麼叫和諧？中國古代提倡三大和諧，第一個叫天人和諧；第二個叫人際和諧；第三個叫身心和諧。

古人談到的人際和諧，其實用我們現代的語言來講就是人際關係。也就是說，身心和諧是指我們的身心健康問題，讓我們的心和身如何來和諧的問題。天人和諧是如何處理好人和宇宙大自然的關係。而人際和諧，實際上講的就是處理人際關係。在這裡我想請大家看一段《中庸》上的一句話。我們講的《四書》有四個內容，有《中庸》、《大學》、《論語》、《孟子》。《四書》的關係是這樣的，《中庸》講的是理論，我們講的孔孟之道的理論；《大學》講的是方法；《論語》和《孟子》講的是具體的實踐。我們來看一下這段話：

> 為政在人，取人以身，修身以道，修道以仁。仁者人也，親親為大；義者宜也，尊賢為大；親親之殺，尊賢之等，禮所生也。在下位，不獲乎上。民不可得而治矣！故君子不可以不修身；思修身，不可以不事親；思事親，不可以不知人；思知人，不可以不知天。

這段話對於我們來講非常重要。我們先看第一句話「為政在人」，這句話要如何理解呢？什麼叫為政在人呢？比如說我們在公司裡工作的時候，包括我在律師事務所或者我們組織任何一家團隊的時候，我們要安排一些職務，對吧？好，現在就面臨一個問題了，我是因人設位，還是因位找人？什麼叫因人設位呢？我設了一

個職務，我需要這個職務的人員，於是我就開始找這個人，有這種情況吧？我有個人事主管，以及人事主管這個位置，因為我現在有一些事需要來管人，所以就有了個人事主管的位置。於是我要找一個人來做這個人事主管，這個人適不適合做人事主管呢？這就出現問題了，他可能適合做人事主管，也可能適合於做其他的工作。尤其是在高層，我們每一個人都有其自身的特點。

比如我讓一個人去做銷售，很可能就能把銷售做得很好。但我換一個人去做銷售，他卻又打不開局面了，是不是有這個情況？好，第一句話講的就是「為政在人」。比如我是一個老闆，這個老闆看上去很能幹，但是他對員工不太好。於是做員工的聯手把這個老闆擠掉，再換一個人當老闆，結果這個老闆固然對員工很好，但是他不能幹，為什麼？為政在人。

我認識一位企業家，這個企業家給我講過一個故事。他說他做生意的時候很奇怪，他原來在台灣工作，後來去了新加坡，後來又到了澳洲。他說他無論到哪裡做生意，只要開一家商店，他開的店一定都賺錢。他因為其他的原因要離開，要去新加坡了，他就把這家店盤出去，盤給了另一個人。另一個人看他的店很賺錢，就接收了。通常商店很賺錢，我們都會分析很多的理由，什麼理由？比如位置比較好、風水比較好、黃金地段等等，找了一堆理由。

於是他又把這家店盤出去了。盤出去了以後，他就到了另一個地方，又接手了一間商店，結果他一接手這家店，這家店又很好，而他原來盤出去的店別人一接手就不賺錢。怪事了！結果他在新加坡工作了一段時間，他又要離開了，他說我要到澳洲去。於是，他把新加坡的店又盤出去了，結果別人一接手還是不賺錢，但他到澳洲所開的店還是賺錢。

我們經常講風水，講產品，根本原因在哪裡？夫子告訴我們為政在人，這個「政」不僅僅是指政事，也包括商業、事業、一個公司、一個團隊，也就是誰在那裡做很重要。所以一個有能力的人，

或者說一個有財運的人，一個有福報的人，他做什麼都能成功。如果沒有，那可能就要看機緣條件了。所以「為政在人」談的是這個問題，很有道理。

第二句話講「取人以身」，這句話什麼意思呢？這句話可能有兩個意思，一個意思是說我來做一項工作，比如我現在要成立一家公司，我要成立一個團隊，靠我自己可以嗎？一定是不行的，一定要有很多的人員來共同和我開創這個事業，所以我一個人肯定不行。那麼我要如何才能夠找到很多的人和我共同來開創這個事業呢？第二句話講的就是這個問題。

第一，你找人的時候你要取人以身，這是什麼意思呢？這裡有兩個意思，第一是我要用我來感召很多的人，人家為什麼願意跟你工作？人家跟你工作未來有前途，現在雖然薪資不高，未來我可以成長、學習。如果他跟了你一段時間以後，發現你心胸狹隘，不給員工成長的機會，給的薪水又少，他跟你過了幾年發現沒有什麼前途就跑掉了。所以你要替他考慮，要養才、育才、建才、護才，要有這種能力，要有德行。

人為什麼願意跟你工作呢？是因為你的德行，他覺得你這個人德行高尚。我叫張三，李四這個人的德行比較高尚，跟他在一起，他會替我的生活著想，會替我事業著想，會替我的家庭著想，會替我的未來著想。我跟他在一起工作，他起碼會為我著想。這一點我的感受就很深。我在日本工作的時候也接觸很多的人，在日本的律師事務所也常有此經驗。

在日本的企業裡頭，一個員工不需要考慮你的生活。我進到公司的時候還要跟老闆談，「對不起！我的薪資是多少？」，哪有人問這句話呀！所有的年輕人、入公司的人不會問這句話的。薪資是多少是誰考慮的事情啊？老闆、企業、人事部門。你說我現在這樣一種環境，我這樣的一種教育，我這樣一種家庭的需要，我需要多少錢請你來判斷，我作為員工只想著我能為企業做什麼工作，我有

多少能力，我能奉獻出多少，我能幫助企業承擔多少，這是我員工要考慮的。老闆、企業來替我考慮，我現在是獨身一人，我現在需要多少錢；我已經結婚了，有家庭，我現在需要如何。我原來受過什麼樣的教育，在中國學過法律，在日本學過法律，請你給我安排一個適合於我的能力，適合於我的專長的一項工作，這件事情是企業來負責的。不是我要向老闆要求，我要做這個，我要做那個，請你來綜合考慮。

這個就說明我們作為一個企業，作為一個領導人，我就要用我自己的德行來感召這些人，然後才能夠展現出我做人的魅力，展現出我的這樣一份德行。所以大家為什麼願意跟張三工作，不願意跟李四工作呢？我願意跟他一起工作，是因為這個人的德行、他的胸懷、他的眼光、他的事業、他的智慧足以能夠成長幫助我們，讓我們能夠不斷的前進。所以，第一點我用什麼樣的方法能夠感召來這麼多人呢？不光是企業領導人，我作為一個部門主管難道不是這樣嗎？上一個主管在的時候大家都願意跟他工作，到我接掌部門了，過兩天大家都辭職了，問題在哪裡？我一個企業主管，我沒有包容這些原來員工的胸襟，我自身不足以吸引這些人，這是我的問題。所以叫做「取人以身」。這是第一個例子。說到取人以身，其實在家庭裡也是這樣。我能護住這個家庭，那是因為我有魅力，如果家庭護不住，老婆剛剛結婚就要鬧離婚，那肯定也是我的問題，對不對？這也叫取人以身。

第二是我在「取」這個人的時候，我用這個人的時候，我要看他的德行，看他的狀況，也就是「我用什麼樣的人」的問題。比如我現在要僱用一個員工，我取人以身，我要透過「身」來判斷，這個「身」是指什麼呢？「身」第一個意思是健康的身體，我不能用一個不健康的人，如果說這一個人現在身體不能工作，我錄用了他，這對於企業來講是一個很大的負擔，因為我要替他療養等等。但是這個「身」還不是我們講的全面意義的身，這個「身」還包括

他的經驗，他的智慧，他的胸懷，而更重要的是他的德行。所以我取他的德行、取他的才能都稱之為「身」。

古代關於「身」的概念是很深廣的，中國文化裡儒家談到的「身」比較抽象，只用了一個身來表示。細談起來，中國佛家談到「身」談得很多，有化身、有法身，身就多了，談到的「身」的範圍很廣泛。但是在儒家看來，這個身的範圍也是很廣泛的，有他身體的狀況、有他道德的水準，還包括經驗、智慧、胸懷等等。所以我們用這個方法來「取」這個人。接下來另一個問題又來了，比如我作為一個領導人，我現在希望我的事業更加的成長，我希望我的團隊也做得更好。用什麼方法呢？第三，我們知道能夠把團隊聚集在一起是靠自己的德行、靠自己的才華，所以我就要不斷的提升我的智慧，不斷提高我的德行，不斷增加我的經驗，增加我的能力，拓展我的胸懷，這就叫修身，修身講的就是這件事情。

（三）修身以道

要修身的話，用什麼來修呢？所以老祖宗告訴我們「修身以道」。

什麼是道呢？老子在《道德經》裡說：「道可道，非常道。名可名，非常名。」他說「道」這個東西說不出來，等你把它說出來的時候已經不知「道」了。老子講的道的境界太高遠了，非常的高遠。我們能不能用一個現代的語言把它進行簡化、進行溝通呢？我們能不能用現代語言把它說出來呢？經過這一段學習，末學（末學的意思是說，在所有的學人之中我排在最後，大家都是我的學長，我是最後一個人，相當於後學或晚輩的意思。）有一個體會，我們經常講在社會生活中，我們要按規律辦事，辦企業要按市場規律辦事，處理人際關係也要按規律辦事，按規律辦事就能勇往直前、無

往而不利。不按規律辦事我們會處處碰壁。什麼是規律呢？古人講的「道」就是規律，宇宙大自然和人生的規律、法則就稱之為道。你看這個「道」字很有意思，道是什麼意思？道是道路，也就是我們走路要遵循的道路。按這個道路來走我們就會成功，不按這個道路來走就會失敗。突然之間明白了這個道理，末學汗毛直豎。

我突然之間明白了中國文化，中國講的儒釋道的文化，原來全是研究人生成功規律的。為什麼四大文明古國其他的文明或者消亡、或者衰落，只有中華文明依然屹立在世界上五千年不動搖？現在中國是十幾億人口的大國，在海外有幾千萬的華人。海外的華人對於中國文化根本不放棄，尤其在東南亞這一帶，他們家裡全都有祠堂。海外的華人非常的團結，聽說我們從中國來，來講中國文化，他們聽到以後都非常感動、非常激動。

馬來西亞有一位沈慕羽老先生，今年九十多歲了，他是一位學校的校長。在上個世紀八○年代的時候，當時所有國家的政策都關閉華文學校，不讓華人學華文。於是他就帶領所有的華人和校長、老師們上街遊行，當時他八十多歲，有關部門後來就把他抓起來，讓他改變，他堅決不改變，當然，後來政策又都調整，然後又開始恢復了華文的學習。

有一次我們到了馬來西亞，就向這位老校長去請教，他說我們中華文化五千年了，五千年的文化呀，他說他們現在所在國家的文化才六百年，六百年的一個國家的文化應該向五千年的文化來學習。在海外的這些華人對於中國文化的認知非常高，很令我們感動。我看到沈慕羽老先生在他的房間裡頭放著一架風琴，他一腳踩著風琴在那兒彈唱抗日戰爭時期的歌曲。然後，整個房間裡頭正氣凜然，我們這些年輕人被他的正氣壓倒，渾身上下都熱血沸騰，九十多歲的老人手都有點顫抖還在引吭高歌，太震撼了。海外的華人，對於中國文化那種認知度遠遠超過我們的感受，這個感受很強烈。因為中國的文化博大精深，力量太強大了，他們真正的知道了

中國文化的好處在哪裡，中國文化是宇宙人生的規律，是成功的規律。因為四千五百年，我們靠它成長，而且現在我們在世界上這樣受到他人的尊敬也是因為文化，這一點末學的感受也很強烈。

我剛到日本的時候，大概是上個世紀的八〇年代，剛去日本的時候有一種感覺。我們那個時候經濟還比較落後，不像現在高樓大廈，世界最高的樓差不多也在國內，我們也舉辦了世界級的運動比賽，百年來的屈辱差不多也雪恥「雪」得差不多了，現在是揚眉吐氣。但是在1987年的時候感覺不是這樣，因為剛剛開放，海外對我們還不太了解，有一種神祕的感覺。

我們到了國外，跟這些外國人交往的時候，就感覺到他們的眼光很奇妙。當談到經濟的時候，他們都覺得我們現在經濟很發達，但是這些外國人包括日本朋友，他們一談到孔子、孟子、老子、莊子的時候，態度就完全變了，會用謙虛的目光看著我。

所以在國外的時候，我借助老祖宗的德行佔了不少的便宜。但是那時候有一種強烈的感受，外國人看我們中國人的時候，都認為我們是中國古代聖賢人的化身。所以他們經常來請教你問題，那時候我很痛苦的。我認識一位老律師，我還記得他的名字叫山下孝之，他大概是生在山下，「孝之」是孝順的孝，「之」是之乎者也的之，這樣一位老律師。他特別喜歡莊子，他見面就跟我談，他年紀比我大，他叫我李君，我說怎麼了，他說那個莊子一會兒變成蝴蝶了，一會兒蝴蝶變成他了，你說到底他是蝴蝶呢？還是蝴蝶是他呢？我說這個問題我也不清楚。我說，莊子屬於道家，道家在現代有一個重要的流派，他說什麼？我說我跟你講，就是太極拳。為什麼我要講太極拳呢？因為我會打太極拳。所以在國外的時候那種感受很強烈，他們都不敢小覷中國文化，所以你不要以為我們中國人現在沒錢，我們可是富過的，我們歷史上是最強的國家，唐朝，最興盛的時代我們有過。他們日本人後來學中國學了一千年，整整學一千年，一直學到明朝，基本上是到了清朝以後他們才開始不學。

　　為什麼我後來回到國內以後來學習傳統文化？我們看到歷史的時候有一種很深的感動，很多在近代和現代全力以赴推廣中國文化的人，大家猜一猜是什麼人？海外留學生！他們到海外留過學，因為在留學之前崇洋媚外，嚮往國外。認為國外的文化好，如果他們沒有很好的文化，他們的經濟怎麼能發達呢？制度怎麼能那麼好呢？人家怎麼能那麼乾淨呢？那麼衛生呢？一定是他們的文化好，一定是他們的制度好，一定是他們的經濟制度好，法律制度好，所以我們想去學，想去找。那個時候末學也是這種感受，所以追真理、追救國的道路，追來追去又追到了海外，我選擇了日本。因為日本在學習西方文化和把東方文化結合方面有很好的經驗，如果我們直接學西方文化會有很大的障礙，因為文化基礎不一樣，西方是基督教文化，我們中國是東方文化，所以我就選擇了到日本去。結果在日本追了一圈的結論很讓我震撼，因為我看到那些日本社會中的現象，讓我深深的感受到那是中國，日本更像中國，像中國的什麼時代呢？更像古代的中國，他們那些言行舉止，那種謹慎的態度，仔細觀察一下以後，確定它很多方面很像我們古代的老祖宗所描述的社會狀況。因為他們一千多年來沒有巨大的變動，所以文化一直被保留下來。

　　回國以後，有一次我遇到一位日本企業家，松下電器公司的老總谷井先生，他是在松下幸之助老先生退位後接掌松下電器公司的。他現在年紀也比較大了，七十多歲時退休了，他在當志工，在一個叫日中經濟貿易中心的公益團體，擔任會長。

　　有一次，他到北京召集在北京地區的外資企業、日商企業這些駐華的代表和辦事處的主任，一起開了一個座談會。因為末學曾經在日本留過學，所以他也發了一個邀請函給我。我到達會場後就有人介紹，這位是李律師，他們都叫律師為老師。他們介紹說這位是中國的律師李老師，他在日本留學多年，有的時候也能幫幫我們日本企業，就把我介紹給了谷井先生。谷井先生年紀很大，七十多

歲，但是依然很懂禮貌，當有人向他介紹我以後，他馬上就給我鞠一個躬，然後說「初次見面，請多關照。」我一看他給我鞠躬，我也立即給他鞠一躬，用日語對他說：「我是年輕的，也請你多關照。」

然後他就問我在做什麼工作？我說我原來是做律師工作，做投資、企業法律顧問，這個做得比較多。但是我現在已經把大量的時間轉為學習中國文化和實踐工作，現在做的一項工作是在學習儒教，學習孔孟之道，儒家學說，在學習《論語》，因為我知道日本人都特別的喜歡《論語》。

結果談到這裡的時候，這位谷井先生眼睛一下子睜大了，他原來眼睛就很大。我說《論語》的時候，他就「啪」一把握住我的手，他說我們日本企業就是靠《論語》在治理的。他說，我們松下電器公司就是靠《論語》在治理的，然後就把我的手一握，喊了一聲日語裡頭的加油！

一個日本的老先生，七十多歲的一位企業家，看見一個中國人在從事中國老祖宗文化學習的時候，他居然激動的握著你的手說加油！說這句話，我很震撼，確實很震撼。

我和這位日本企業經營界頂級的企業家交往的時候，他告訴我們，我們日本企業、我們松下電器公司靠的是《論語》在治理。老年人講話不會騙你的，如果是競爭對手他可能唬弄你，但是這個老先生他沒有必要騙你，他已經退休了，所以把真話告訴了你。他為什麼那麼激動？為什麼說看見我們一個中國人在學習中國文化的時候他那樣地感動？因為他一定是真正的受益者，所以這種感受很強烈。我們知道了他為什麼會感受很強烈，因為他在用中國文化真正讓日本企業成長和壯大起來。

說到這裡，松下電器公司還有一個故事。我們知道日本的經營之神叫松下幸之助，松下幸之助講過一個故事，大概是在他的企業規模160人左右的時候出現的狀況。這個時候世界經濟正好遇到了

金融危機，日本也面臨了金融危機。很多企業面對危機的時候，大多數採取的方法是什麼呢？第一個是裁員，然後降低成本，降低庫存，就是用這個方法。當時松下電器是160個人，在那個時候遇到了這樣的危機，他怎麼辦？他在尋找這個危機的解決辦法。

後來，他參加了一個有信仰的團體，他很驚訝在這個團體裡有很多的志工，每天都在那裡不停的工作。他就問這些志工，他說你們工作每天都做到很晚，星期六、星期天也不休息，你們有薪資嗎？那些人說我沒有薪資。沒有薪資還這麼拚命啊？然後接著就問他，你蓋房子有很多原材料，因為在日本蓋房子都需要很多木材，而且都是很好的木材，很貴，他說你們這是從哪裡做到的呢？他們就說木材全是他們捐獻的，他又很震撼。靠什麼力量能讓這些人不拿錢還捐錢還拚命做，什麼力量在支撐著他們？他開始思考這個問題。

結果想了幾天，他突然有一天開竅了，第二天他就把大家都召集起來開了一個會。他說我把一個問題想明白了，以前我們認為我們的企業是用來賺錢的，是做成一個賺錢的、發財的平台，要想發財就要辦企業，把它當成一個發財手段，當成一個發財的平台。但是我突然明白，我們不把企業當成發財的手段，也不能當成發財的平台，我們要把企業建成幫助日本社會脫離貧困的平台，這是我們的使命，我們這一代人的使命，幫助我們的國家、幫助我們的人民、幫助日本復興，這是我們的使命，我明白了這個道理。所以我從今天開始以這種精神帶領大家一起做，講完了以後沒想到全體員工群情興奮，很亢奮，所有的人都上台說「好，我願意跟著松下老總這麼做，我們把自己的一生不為自己賺錢，為了國家民族、為了子孫後代來付出，這是我付出給社會的平台」。然後大家萬眾一心，這160個人成了現在松下電器公司的核心人物。

現在我們知道，松下公司的員工是幾十萬人，全世界各地的規模很大，松下老先生他提的這個思想是什麼思想？他用什麼方法把

他的企業員工所有的生命活力都調動出來？用的什麼方法呢？其實就是中國老祖宗的方法，就是我們講的天下為公的思想，也就是孔老夫子講的仁愛之心的思想，他把仁愛之心拓展出來，這就把所有人的力量調動起來。後來他遇到金融危機的時候，怎麼來度過金融危機呢？第一他帶頭降低自己的薪資，他不是裁員，而是率先降低自己的薪資。

當松下幸之助下定決心降低自己薪資的時候，所有的員工都跟著一起把薪資降下來。然後，松下幸之助老先生帶頭和他的員工一起去推銷庫存，把產品的價格降低，把庫存都銷售出去。這樣能收回一些流動資金，然後度過了這個難關。這是我在日本看到的報導，他們如何轉型、如何把思想拓展、如何度過難關的，度過難關之後，就是他的新的天地的開始。

所以他們用的是什麼方法呢？確實用的是孔孟之道的思想，確實用的是仁愛之心的思想，所以這句話就非常重要——修身以道。

（四）修道以仁

我們談到這個「道」的時候，雖然上面介紹了一番，好像有點明白了，但還是有點不太明白，能不能再講得具體一點呢？你看我們的老祖宗很慈悲，他已經告訴你如何修道，他說「修道以仁」。

怎麼修道呢？道的方法各家各派都有很多種說法，孔老夫子把心法告訴我們了。我們講學習都要學會心法，什麼都要學會心法。所以善學的人從心法上開始學，不善學的人可能從皮骨上開始學，從皮毛上開始學。

孔老夫子非常為我們子孫後代著想，他告訴我們修道很重要，這樣才能讓你的「身」，也就是讓你的智慧、讓你的胸懷、讓你的德行、讓你的才華不斷地提升，你要如何修道呢？他說修道以仁，

要用仁愛之心來修道，什麼是仁？仁者，人也。這個「仁」有好幾種解釋，這裡說第一種。所謂仁就是人和人之間關係的相處，也就是包容他人、接納他人，這就叫仁。我們講「仁」是兩個人，二人為仁，如果我一個人不叫仁，我一個人單獨生活不叫仁，我的心中去包容他人，接納他人，和他人合為一體稱之為仁，也就是說你要去學會包容他人、學會理解關懷他人、學會和他人成為一體。

「仁」還有一種解釋，仁者是什麼意思？仁者愛人，你去關懷、幫助、成就他人。孔老夫子的學生向夫子請教這個問題的時候，夫子當時做了一個簡單的回答「仁者愛人」。你去關懷、體貼、幫助他人叫做仁。說完之後，我們若有所思，確實我們用仁愛之心來修學，很好。還有沒有更具體的方法？我們看一看，有，孔老夫子講了，仁愛之心，如果想修學，親親為大。「親親」是什麼意思？第一個「親」是親愛你親人的意思，第一個親是動詞；第二個「親」是你的父母、親人的意思，親愛你的父母親人，孝敬你的父母親人，關懷你的父母親人，幫助你的父母親人，透過這個來修煉。所以仁愛之心是什麼意思呢？親親為大，這句話對我們來講非常的重要，也就是從孝敬父母開始，從關懷親人開始。

這裡頭還有一句話：故君子不可以不修身。思修身，不可以不事親；思事親，不可以不知人；思知人，不可以不知天。

這句話我們剛開始看到時有點看不懂，但是後來愈琢磨愈發現這句話的含義很深遠。我們知道一個人修身很重要，無論做什麼工作，為他人工作或者我們希望他人和我們一起工作，修身都是極為重要的。我們看人的時候修身很重要，我們和他人一起工作的時候，自己的修身也很重要，所以君子不可以不修身。

《大學》：「自天子以至於庶人，一是皆以修身為本」，上自天子，下自一個老百姓，全都是以修身為本。修身是我們最重要的一項內容。「天子」就是指國家領導人，下到一個老百姓，他們都知道修身，所以叫修身。那麼要怎麼修身呢？夫子接著解釋，他說

你要想修身你就要去侍奉你的親人，也就是要「親親」，你要去關心、愛護你的親人。你要想去關心、愛護你的親人，你就需要知道什麼是仁。你要想知道什麼是仁，你就需要知道什麼是天。孔夫子做了這麼一個推理。現在我們談得還都是修身的問題，跟別人無關，談的是自己的問題。

什麼叫事親？事親指的就是侍奉父母、親人。如果我們想要照顧我們的父母親人，我們就要了解我們的父母親人他到底都有哪些特點，所以我必須要知道人，因為我們的父母親人他也是人，要知道他們有哪些需要。我們怎麼知道父母親人的需要呢？我們就必須要知道什麼是天，所以這裡就給我們提出了一些非常重要的概念。這裡給我們提到了天的問題，也就是我們要想了解一個人的話，就要了解這個人的天性，天性都有哪些？夫子在《中庸》裡又解釋，天有它的道，有它的規則，天有最重要的規則：五項規律，什麼規律呢？是君臣也，父子也，夫婦也，昆弟也，朋友之交也。

君臣是上下級的關係；父子是父母和兄弟姐妹的關係；夫婦是指夫妻關係；昆弟是指兄弟姐妹的關係；朋友是指我們日常生活中朋友的關係。你看他說要知天，天能夠反映天的規則，在我們人世間能夠反映人道，人間天的規則是什麼？就是五倫關係。

在這裡我給大家講一個小故事。有一位孝子，他的母親生病了，罹患的是精神病。他的父親很早就過世了，母親一個人照料他們兄弟姐妹三人，在照料的過程中遇到了很多的困難。所以這個母親受到刺激，就罹患了精神病，但是這位母親非常能幹，把他的三個孩子，其中兩個孩子送到了大學，讓一個孩子成為高級工程師。後來三個孩子看到了母親這樣的操勞，三個孩子就立下一個誓願，我們將來一定要和母親生活在一起，後來兄妹三人一生就堅守這個諾言，沒有離開他的母親，讓他的母親一直和他們生活在一起。

三個孩子中的老大是兒子，他後來培養了兩個女兒，這兩個女兒學習成績很好，都考上了名大學，畢業後到很好的公司工作。這

兩位女兒也就是老太太的孫女，將公司業務做的很好，公司給她們很多的獎勵、以及很高的薪資，所以她們存了一筆錢。大家注意，這個故事很有意思，其實我們講的這些道理，如果結合生活來思考，發現它其實是很容易的。

這一筆錢她們用來做什麼了呢？

這兩個孫女用這一筆錢，為奶奶在自己家的隔壁買了一戶房子，為什麼？因為這兩個女兒知道，父親心裡想的是和奶奶生活在一起。因為他的父親從小就立下誓願，我一生要照顧我的母親。但是父親服務的公司分了一戶房子，房子比較小，不能把老母親接來同住。所以父親心裡頭很難過，一直想辦法能夠使自己和老母親生活在一起。父親這份對母親的心願就傳遞給了自己的兩個女兒，這兩個女兒畢業以後也知道自己父親心裡的想法，就滿足了父親的願望，給奶奶買了一間房，就在自己家的隔壁，可以讓老父親照顧奶奶。

一個人要去孝敬他的父母，他首先要知道他父母到底有哪些需要？我們的父母生活在這個社會中都有哪些需要呢？父親也是別人的兒子，對不對？所以要想知道父母的需要，就要知道父母都有哪些重要的人際關係，這才是對人真正的了解。這個女兒知道她的父親心裡在想著她的奶奶，因為她知道這是人的特點。所以她才能夠用最好的方法去幫她父親，實現父親的願望，才能真正做到孝敬父母之心。

《三字經》說：「人之初、性本善」，每一個人的內心深處，都對自己的父母、長輩們有一種發自內心的感恩之心，都希望用各種不同的方式來報答父母的養育之恩。所以有人在談到儒家的時候，解釋很有意思。儒字怎麼寫呢？一邊是人字邊，一邊是需要。所以有人講到儒家，其實就是人之所必須，我們生活在這個時代，每個人都必須的。

（五）生命中最重要的人際關係

我們經常講要處理好人際關係，在我們生命中，最重要的人際關係有哪些？首先我們是別人的孩子，或者是兒子、或者是女兒。如果我們已經結婚了？我們又是別人的父母，所以首先在我們的人際關係中，最重要的人際關係就是父母關係、親子關係。

再往下思考，在一個家庭中，如果說我們能夠出現，肯定是有我的父親還有我的母親，所以父母是夫妻。如果我們要想孕育下一代，我自己一個人肯定不能把孩子生出來，一定有我的妻子、或者有我的丈夫，所以我們之間是夫婦關係。所以第二個關係叫做夫婦關係。

好，這是我們生命中又一個很重要的關係，還有什麼關係呢？還有兄弟姐妹關係，簡稱為兄弟，實際上包括兄弟和姐妹的關係。

當然，還有其他很重要的關係，是在我們社會生活中必須要面對的關係。這一點我們每一個人都擺脫不了，就是上下級的關係，古人稱之為君臣關係。其實翻譯成現代語言，就是上司和部屬的關係。我們仔細觀察一下自己，或者是上司、或者是部屬，或者同時可能既是上司又是部屬。我們剛到一家公司，通常是先是部屬，公司裡的所有人，在我們的上面一級一級的都是上司。

隨著我們的工作經驗不斷累積，我們為社會做的貢獻，我們獲得了上司的信任，在公司的地位開始提升，這個時候我們開始要有責任，去培養、帶領更年輕的一些夥伴，於是我們就變成了上司。雖然變成了上司，但是我們同時又是部屬，因為我們在面對比我們更上級的上司的時候，還是部屬。所以在這個時候處理人際關係就很微妙了，有上司在場的時候怎麼辦？上司不在場的時候怎麼辦？上司在場的時候我們要尊重上司，下面還有部屬看著我們。上司不

在場的時候，我們就是單獨的上司了，我們這時候怎麼辦？這種人際關係都要我們處理得很巧妙，不能因為我們現在已經是管理階層，開始成為負責人，結果上司來了之後，漠視上司的存在，那個上司看了之後，氣死了。哼，我把你提拔上來，你現在剛成為管理人員就神氣了，過兩年把他解職了。所以，上司部屬關係是在我們生活中經常遇到的一種關係。

還有一個關係我們稱之為朋友關係。古代的朋友關係範圍非常廣泛，比如我們現在講的客戶關係，我們要用一種什麼樣的心態來對待朋友？比較健康的、比較有利於我們發展的心態就是把客戶當成朋友。我們經常講做生意要先交朋友，這句話是有道理的。但交朋友的目的是為了什麼？若為了做生意，那就完了。如果我們交朋友是為了做生意，不做生意這個朋友就沒有了，朋友不是這個意思。

中國幾千年來所講的處事待人的智慧，是把我們所交往的這些夥伴都當成朋友。甚至更深一層來講，是把他當成兄弟、四海之內皆兄弟，用這樣一種心態來交往。這裡面始終貫徹的一個根本的思想為何？《中庸》說，天有五種最高尚的規則、或者是最好的一種規則，是五種規則，五達道！五達道就是指五種關係。處理這五種關係又有一些方法，什麼方法呢？叫智、仁、勇這三種方法，叫三達德。

道是一種規則，我們要按照這個規則來處理好問題，遵循這個規則來行事，就叫做德，道德合起來就稱為按規律辦事。這是我們從抽象概念上講。

從具體概念上講，比如我們在道德裡展現出什麼？父子關係是父子有親、夫婦有別、兄友弟恭或者我們稱之為長幼有序、君臣有義、朋友有信，這個排列順序並沒有太多的講究。要是按排列順序來講，君臣放在第一位。也有的人首先是把父子有親排在第一位、君臣有義排在第二位的。我們這裡是先強調家庭關係、然後強調的

是社會關係，哪種排列方法都可以。

而這裡面最重要的是什麼？最重要的在「三達德」，我們用「三達德」來處理好所有的關係。所有的關係裡面都展現了這三種美好的品德，而三種美好的品德是合為一體的。比如父子有親，我們談的孝道，就是講的父子有親的關係。

有一位很著名的導演，他是一個軍人，夫婦兩個都是從事藝文工作，經常需要到外地去拍片、製作電影。

他們後來有了自己的孩子，這個孩子在兩、三個月的時候，就需要斷奶，因為他們沒有辦法繼續撫養自己的孩子。開始斷奶的時候，孩子很痛苦，母親也很痛苦，因為母親想要繼續哺育自己的孩子，孩子失去了母乳也很難過，而且要想讓孩子健康就讓他多吃母乳，這樣對孩子的身體有好處。

作為母親，她是發自內心的想用自己的奶水來養育孩子。但是因為要離開，只好強行斷奶，斷奶的時候孩子也很痛苦。作為先生，這個導演也很難過，他就突發奇想，「把母親斷奶的奶水保存起來，將來我留給孩子做紀念。」他認為「因為孩子從小喝母親的乳汁，將來沒有機會喝到了，現在我把它保存下來，等到將來孩子結婚的時候，我把保留的乳汁送給孩子作為禮物。」這個導演就把他妻子的奶水灌到三個小瓶裡，放到箱子裡保存起來。

後來他們的女兒結婚的時候，導演就跟他女兒說：「來來來，我要送給你一個禮物。」女兒說：「爸爸，我不要禮物。」爸爸說，這個禮物你是非要不可。女兒都是很孝順的孩子，爸爸說非要不可，她就等待著。父親就把箱子打開，把藏在箱子裡的幾瓶奶水拿出來，拿出來以後，父親自己就嚇了一跳，很震撼。

為什麼？因為他發現三瓶奶水的顏色已經變成了血紅色。所以當導演父親拿到三瓶血水時非常的震撼，他抑制不住自己激動的心情，拿出其中一瓶，給了他的女兒：「女兒，這是你母親的奶水，給你留作終身的紀念。」他的女兒也很震撼，沒有想到母親的奶水

居然變成了血紅色，女兒接到這個奶水以後，當場跪下淚流滿面。我看到這一幕，也很震撼，我沒有想到我們喝的母親的乳汁是用血水變出來的。

後來我在網上查詢了一下，還真有這樣的實驗，有人把乳汁保留下來，經過一、二個星期就會變成血紅色，因為它是血水變成的。所以母親對孩子的恩情，是沒有語言文字可以形容的。說到這裡，我都很慚愧，這方面的感受也很強烈。我在學習傳統文化以前，我認為我是孝順的，雖然在行動上可能沒有展現出來，把父母丟在家裡，我到海外去留學、工作。我認為我並沒有失去內心深處對父母的感恩心和孝敬心，但是行動上確實沒有很深的體會，但是當我自己有了孩子以後，這種感受就比較強烈。

有一次我的孩子生病，他在床上輾轉反側，怎麼也睡不著覺的時候，我心裡就非常非常地難過。他在床上翻來覆去的時候，我整個晚上都沒有辦法睡，所以我就跑到孩子床邊。我心裡想：「你就不要生病了，你身上的病跑到我的身上來，我來替你生病，我來受這病。如果有可能的話，我少活幾年，讓你的身體好，不要再生病。」當時就自然而然的產生這個念頭，沒有條件，更沒有「我現在請你把你的病轉移到我的身上來，你要給我多少錢？」的念頭。我說「我想少活幾年的時候」，我也沒有談價格，完全是自然而然的，孩子，希望你身體健康，我少活幾年我也願意，這個自然而然就產生的想法，就是做父母的心。

天下的父母幾乎都是一樣的。我們到這個年齡知道了，為什麼拚命工作？其中一個很重要的原因，是在為孩子工作，為家庭工作，當時這個感受很強烈，這個感受出來以後，我就很震撼。為什麼？突然想到了，回想一下自己小的時候，原來是很折騰父母的。

我的母親就曾經跟我講，她說「帶你們三個孩子很辛苦，尤其你，小的時候把我們折騰死了。」她說「你一生病的時候，我就得抱著你來回不停地走，只要停一下，你就哇哇大哭。」我一生病的

時候，父親和母親抱著我來回地走，要散步，只要一停我就哭，把父母折磨的死去活來的。現在我看到孩子生病的時候，也有深刻的反省，這叫一報還一報，因為我小的時候折騰我的父母，現在孩子折騰我也是應該的，讓我體會體會父母的恩情。

其實每一個父母都是這樣，對自己的孩子是無盡地恩情，即使是現在，我們已經成人了，父母依然對我們很關心。我們回到家裡，父母一定會問你，你的家庭安排得怎麼樣？你的工作好不好？和同事關係處理得好不好？和上司的關係處理得好不好？和客戶的關係處理得好不好？和你先生的關係處理好一點，脾氣不要太硬，跟先生老吵架；關心關心你的太太，不要老在外面，不顧家。父母現在還關心孩子，而且他們的關心度和以前、和我們在幼小的時候，完全沒有區別，這也是最近才體會到的。原來我們認為不是，我們長大了以後，父母已經不再關心我們了，因為我們已經不需要關心了，我們已經成長了。其實不是，等你回到家裡去看一看父母的眼神的時候，你就會知道父母看待孩子的眼光，從小到大沒有改變過。

為什麼我們認為父母不再愛我們了？或者父母不再需要關心我們了？其實不是父母變了，而是我們變了。我們的心不想再看父母的真心，我們認為我們已經長大，父母不再需要關心我們了，因為我們已經成長，那是我們內心深處給自己找的一個理由，在遠離自己的父母。現在我們的年紀比較大了，所以回到家裡，父母說兩句不好聽的，可能摔門就走，給父母臉色看，誰怕誰，現在我都是中年人了，吃的喝的全都靠自己。你又不用養我，還跟我說難聽的，說點好聽的，我聽一聽；說得不好聽的，我不想聽，可能扭頭就走。

可是小的時候，五、六個月或一、二歲的小朋友，他如果犯錯，媽媽打他兩巴掌，小朋友不往外跑，他往母親的懷裡鑽，他覺得母親是他的世界，是他最安全的港灣。父母是他的天地，他離開

了父母沒有辦法生活，所以他不可能離開父母，也不想離開父母。遇到困難、遇到挫折的時候，就想回歸到母親的懷裡，這是孩子最為至誠的心。而這份至誠的心，是我們內心深處，每個人其實都渴望的。

當我們生活中遇到了一些困境的時候，這種感受就很強烈，尤其我在日本留學期間，這種感受特別強烈。在海外生活，當我們遇到了困境、當因為語言不通、交流、溝通不好，或者和上司、同事相處得不好，或者因為工作沒有做好，很沮喪的時候，通常我會打一通越洋電話，打給自己的父母。通了電話之後，這個星期的力量就出來了。為什麼？你會感覺到，父母的眼睛一直在看著你，他們的心一直沒有改變，把全部的身心、全部的生命都寄託在你的身上。他們打一通電話過來，讓你的疲勞、讓你的這種頹喪、讓你的這種無力感一掃而空。為什麼？因為我們突然之間感受到了父母對我們無盡的關愛。事實上，我們的父母到現在為止，依然在家裡面想著我們。

如果我們靜下心來想一下自己的父母，你會看到你的父母，你會感受到你的父母無盡的恩情，他們依然在關懷著我們、照顧著我們。所以，為什麼孔夫子和我們的古聖先賢，把父子有親放在非常重要的地位，置於人際關係的第一位，這是有原因的。

（六）夫孝，德之本也

我們經常講德，德裡面最重要的就是人。人裡面最重要的是什麼呢？孝敬父母。《孝經》道：「夫孝，德之本也。」我作為一個人，我很希望自己成為一個德才兼備的人。我作為一個上司，我也很希望選拔德才兼備的人，希望用德才兼備的人。

什麼樣的人是德行高尚的人？德行高尚怎麼判斷？我說我的德

行高尚，我的德行可以感召人，我的德行在哪裡？夫子在《孝經》裡面就告訴我們「夫孝，德之本也，教之所由生也。」孝是德行的根本。所以一個人有沒有德行，從哪裡看起？從孝道開始看起，他有沒有孝道，這是他德行的根本。

剛開始看到這句話的時候，我很震撼、也很感動。因為我們從小在學校裡學習、長大了在企業裡面工作，工作了許多年，都講自己要成為一個德行高尚的人。可是到底什麼是德行的根本？沒有找到，確實沒有找到，看到這句話以後，我恍然大悟，原來德行的根本是在盡孝道。

曾經有一次，我遇到一個企業界的朋友，當時我們在討論，在企業界裡，我們選拔什麼樣的人才，能夠作為企業合適的人才呢？尤其是一些跨國公司、大公司，在選拔接班人的時候，選拔什麼樣的人作為接班人？將要退休的企業家，他就面臨這樣一個困境。所以就向更長一輩，就向八十多歲的人請教，八十多歲的長輩就給他出了一個主意。

你現在可能有四、五位候選人，都很能幹，但是選拔哪一個人掌管帥印很重要，我們在企業團隊裡工作，我們知道一個領導的德行、才華、人生的經歷、人生的閱歷、他能幹與否，能夠決定這個部門、這個地區、這個行業、這個團隊、甚至這個企業的生死。所以領導者很重要。對於一個學校來講，學校的校長很重要；對於一個家庭來講，家長很重要；對於一個大型企業，一個幾十萬人的大團隊今後未來的走向，絕對是由掌舵者來決定，所以這不是一般的人事，這是要很慎重的。

於是他們就向長輩請教，這個八十多歲的長輩就給他們出了一個主意，「我給你們出一個主意，叫祕密一招，你派人去考察考察他。」我們經常講人事考察，要提拔一個幹部的時候，要進行調查。調查什麼？就面臨這個問題。因為對於一個企業來講，那是實際的問題，這個企業的經理成功，這個企業就成功，這個企業經理

人失敗，這個企業就失敗了。對於一個從事多年經營的企業家，他不希望自己培育多年的一個企業未來是後繼無人，他希望能夠把它繼續做下去，所以很重要。

後來八十多歲的長輩就說：「你們派人去調查他，首先你們調查這個候選人對待他的父母好不好。」他說一個人如果對他的父母很好，比如在家裡面照顧他的父母，或者把父母接到身邊一起生活，或者經常回到家裡探望自己的父母，讓自己的父母很安心。如果是這樣一個人，說明他是知恩報恩的一個人。因為在這個世界上，對一個人、對我們每個人來講，恩情最大的人是誰？是父母。所以一個人對他的父母很好，雖然父母已經年紀很大了，雖然父母不再養育我們了，但是父母對我們的養育之恩，這種無盡的恩情是世界上最大的恩情。對於父母的恩情，我們應發自內心的去回報。

我們常常講小羊跪乳、烏鴉反哺。連烏鴉都懂得反哺，難道連人都不懂嗎？他內心深處一定是知道的，想做這種事情，可能因為各種原因他不做了，但內心深處他是想做這件事情。一個不僅想做還真正去做的人，才是真正盡孝道的人。我們每一個人其實都知道恩情，但是能不能回報恩情，這是另外一件事情。心裡想的不一定能夠做得出來，因為可能有各方面的理由和原因，我們有各種各樣的人生價值判斷，可以認為有更重要的事情去做，結果把需要回報父母或者報答別人恩情的事情忘掉。

可是如果作為一個企業的候選人，未來的接班人，他知道孝敬父母是他的生命中最重要的一件事情。知道了父子有親，人際關係中最重要的一件事情，就說明他是知恩報恩之人。所以這位老先生說：「如果一個人，對待他的父母很孝敬，說明他是知恩報恩之人，將來你用他，提拔他、他對於提拔他的上司、重用他的企業，也會知恩報恩。」這就是一種智慧，你如何去判斷？就用這個方法來判斷。

（七）如何辨別忠誠之士

我們在用人的時候，希望用什麼樣的人？希望用一個忠誠之士，希望用忠誠的人。

我在律師事務所工作的時候，有個年輕律師代理，他對我很好，我帶他去跟客戶見面，後來他就辭職了，然後我的客戶也不來了。大家知道客戶到哪裡去了嗎？被他帶走了。經營企業最怕的就是這件事情。我跟一些做企業的朋友談起，大家也比較擔心這件事情，也就是客戶群的問題，或者叫顧客名單。顧客名單在法律上屬於商業祕密。客戶名單意味著發展的機會，意味著企業多年經營，用自己的信譽建立起來的一種商業的價值、知識產權。所以他帶走客戶名單的時候，我很緊張。所以我們希望用的人、希望選拔的人、希望提拔的人是一個忠誠之士。

好了，誰是忠誠之士？首先我們自己要成為忠誠之士，如果我們自己不是忠誠之士，我們的身邊就很難遇到忠誠之士。如果我自己天天想著要怎麼背叛，要怎麼跳槽，要怎麼挖公司的牆角，那麼我身邊聚來的肯定是同樣想法的人，這叫做同氣相求、人以類聚、物以群分。遇到很多人背叛自己的時候，我都要反思一下，為什麼這麼多人背叛我？很可能是因為我以前做了很多背叛別人的事情，這叫一報還一報。真的，如果我身邊集聚的都是一些忠誠之士，我們自己可能就是一個忠誠之士。

具體實踐在用人上，要如何觀察誰是忠誠的人？有沒有方法？有，用他兩年，用兩年總能觀察出來吧？我可以先用他半年、用他一年、用他兩年，但是跟大家報告，有的時候用了十年都不一定準確，可能到了二十年以後，他會背叛。因為他得到了那個地位，正好成為了NO.2，正好就在你的旁邊，你全然地相信他，把一切交

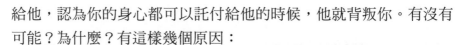

給他，認為你的身心都可以託付給他的時候，他就背叛你。有沒有可能？為什麼？有這樣幾個原因：

第一、他原來是忠誠之士，但是後來被名利給誘惑了，因為他沒有繼續的學習。人只要停止了學習道義，在名利的誘惑下心就會變，停止學習是很危險的。

第二、可能一開始的時候，他內心深處就沒有想要徹底的忠誠。

所以，要怎麼判斷？對於這個問題，宗聖曾子在《大戴·禮記》提到，「一個人我不需要他到一個公司裡去工作，不需要他在某一個領導者下面工作，我就能判斷他是不是忠臣。」曾子就講了這句話，我可以一眼就判斷出來。以前我沒有學習傳統文化，我判斷不了，這個人到底跟我怎麼樣？無論如何，我都要用一段時間，半年、一年，觀察他。在一起交往的時候，看看他的表情、看他見客戶的態度、看他處理問題的時候，是不是遵守這個規則？有沒有僭越？該報告的時候報告，不該報告的時候你自己處理，我要來判斷一下。用他個半年、一年、兩年、三年，然後慢慢地覺得比較好了，我來用他、提拔他，就是這樣的，所以總要花些時間的。這裡面可能還有一些失誤，但是至少要花些時間，可是曾子告訴我們，他一眼就能看出一個人是不是忠誠。

曾子說：「一個人在家是孝子，只要他在家是孝子，他現在願意到我這個團隊來工作，我就可以斷定他是一個忠臣。」我看到這句話的時候，有點汗毛直豎的感覺，我說「哎呀，怎麼之前沒有學到這一點。」要是早一點學到這一點，我周圍會聚集多少忠誠之士。但後來一想，不能這麼想，要是早一點學到這一點的話，我先變成一個忠誠的人。如果我不是一個忠誠的人，我就召集不來這些忠誠的人，我自己都沒有眼光。很可能很多真正的忠誠之士到我身邊，我會認為人家無能、我認為人家窩囊，把人家趕走了。結果我聚集來的都是些逢迎拍馬的，天天對我說好話的，哄得我很高興。

但關鍵時刻是不是能夠承擔責任，我不知道。

所以曾子認為，孝子是忠臣。孔夫子《論語‧學而篇》中說：「其為人也孝悌、而好犯上者，鮮矣；不好犯上而好作亂者，未之有也。君子務本；本立而道生。孝悌也者，其為仁之本歟？」這句話是什麼意思？他說，一個人在家裡面孝敬父母，對他的兄弟非常友愛。孝敬父母叫做父子有親，對他的兄弟非常友愛叫長幼又序、兄友弟恭。其為人也孝悌，孝就是孝敬父母，悌就是友愛兄弟；而好犯上者，鮮矣。好犯上，犯上就是頂撞上司、長官，經常出言不遜，跟上司翻白眼，這樣的人。鮮矣，很少有。一個在家孝敬父母的人，一個在家關懷兄弟姐妹的人，他跟上司頂撞，這樣的人很少見。接著，不好犯上而好作亂者，未之有也。他說一個人對長輩、上司很少頂撞，不恭敬的情況很少有，你讓他去作亂，從來沒有見到過。作亂是什麼意思？作亂就是背叛。比如現在我另起爐灶，就欺師滅祖了，把公司的財富、客戶都轉走，然後跳槽。當然我們不能簡單否定跳槽，因為他可能要找一個更好的發展機會。但是如果在這個過程中，是以一種背叛的心離開，就屬於犯上作亂。在家裡孝敬父母、對自己的兄弟很友愛，然後說他會背叛，不會有。我們看到這句話，真的很震撼，為什麼？第一要反省，我們自己到底是什麼樣的人？第二，我在觀察人的時候，應該怎麼去觀察？怎麼去學習？知道這一點很讓我震撼。

所以那位長輩說：「你去觀察這個人，他對他的父母好不好？如果他對他的父母很孝敬，他是一個知恩報恩的人。這種人你就值得提拔他，他自然而然就會把你提拔他的恩情、企業提供給他發展讓他成長這樣的一份恩情，放在心中，然後用他往後的一生來回報、報答這個企業，報答你的提拔之恩。因為他是一個知恩報恩的人。」他說：「你接著還要觀察，他對他的家庭好不好？對他的太太好不好？對他的孩子好不好？如果一個人，他對他的家庭盡忠職守，對他的孩子承擔起教育的職責，說明他是一個有責任心的

人。」一個人對家庭有責任心，可以把企業交給他經營，因為企業就是一個大的家庭。我們講企業家，什麼叫企業家？企業家就是企業像一個家，就叫企業家。把企業當一個家庭，他對自己的小的家庭很好，他用這份情義再來對自己的大的家庭，他同樣能夠把這個大的家庭做好，這也是他的責任心。

責任心是什麼？我們講的「智仁勇」的勇，這個勇就是指的責任心。一個人，他能夠把他的家庭處理得很好，說明他有責任心，你把公司交給他，他也會用對待他家庭的心情來對待這個公司。如果說他對他的家庭都不承擔責任，經常是見異思遷、喜新厭舊，那麼把公司交給他之後，會有很大的危險。因為他在經營企業的時候，他也會見異思遷、喜新厭舊，他會到處亂投資、隨處亂作。這邊有家公司上市了，買他一堆股票，現在房地產蓬勃，趕緊買些房地產。結果就把資金到處投資，等到遇到經濟危機，或遇到困難的時候，資金就收不回來了，甚至可能整個資金鏈就會斷掉。所以這個老先生說，你去觀察他對他的父母、親人好不好，以此來判定他的德行是不是高尚，是不是足以承擔大任。

（八）會處理好五倫關係是人生的大智慧

我們看到這個之後，也讓我們震撼。知道了這一點，有什麼用處？首先我們對自己會有比較清晰的定位。醫學上有一名詞叫多重人格，其實我們在社會中，就是扮演著多重人格，你看我們在父母面前是什麼樣的身分？兒女的身分；我們在我們的孩子面前是什麼樣的身分？父母的身分；我們在我們的太太面前是什麼樣的身分？丈夫的身分；在先生的面前則是太太的身分；在兄弟姐妹面前，我們可能是哥哥、可能是弟弟、或可能是姐姐、也可能是妹妹；在一個企業裡面，我同時可能是主管、可能是部屬；在社會生活中，我

可能是別人的朋友。所以這裡面就有一個很微妙的關係，一個人很善於處理這五種關係，他才能夠把社會關係處理好。如果有所偏廢，這五種關係就都處理不好。

所以古人就講，你如果想要去了解別人，首先你去了解自己，你要想了解自己，首先了解你在這個社會生活中必須要處理的人際關係，在你生命中必須要承擔的責任，永遠也割捨不下的一份道義和親情。這份道義、這份親情有哪些？我知道了以後，就將心比心，替走進我生活的每一個人去思考。我可以替我的太太思考，如果我真想要愛我的太太，我就要愛她後面的五倫關係。然後我要替我的孩子思考，不要以為我把孩子培養好了，讓他有好成績，他就幸福了。錯！我們仔細觀察一下我們的孩子，將來他走入社會以後是不是同樣面臨五倫關係？你看我們的孩子將來要做什麼，如果是一個女孩，她要成為別人的太太，所以，我就讓我的孩子要學會和他的先生處理好關係。我的孩子如何才能和她的先生處理好關係？她要做一個溫順的人，要會做家事啊！她不會洗衣服，也不會做飯，雖然會彈一首鋼琴曲，可是又不能當飯吃！因為一日三餐是天天要做的，鋼琴不聽是可以的，所以，如果我真為我的孩子著想，我就要為我孩子未來的五倫關係著想。

如果我的孩子是女孩，她將面臨和她婆婆的關係。婆媳關係是家庭中非常難調解的一個關係，很多人就是因為婆媳關係處理不好弄得家庭經常是吵鬧不休，所以我真為我的孩子著想，我就要教育她從小學會在家孝敬父母，然後用孝敬父母的這份心去孝敬她的公公婆婆，我為她安排了幸福的未來。

如果是兒子是不是也是這樣？同樣地，我要培養我的兒子，我要讓他承擔責任，因為將來他也會面臨他的五倫關係，所以如果我真的愛我的孩子，我在開始為他著想，怎麼讓他學會處理好這五倫關係？而處理好五倫關係是要有高度的智慧的，不僅僅是一顆心，他還要伴隨著能力。比如我想孝敬父母，可是我不會洗衣服，怎麼

孝敬父母？我都不會做飯，怎麼孝敬父母？我連自己的生活都沒法保障，如何去孝敬父母？所以如果我真的想做到孝敬父母，我就要不斷地提高我的各種各樣的生活的能力和技巧。我還希望我的孩子將來成為一個盡忠職守的人，成為在社會中受到企業、受到貴人幫助的人，我希望他成為這樣的人。成為這樣的人，如果他在企業裡頭不能幹，沒有為社會、企業服務的能力，他能夠成為一個忠臣嗎？他能夠成為一個受歡迎的人嗎？我們現在讓孩子們學這些技巧，其中的一個目的是讓孩子學會謀生，也是替他未來著想。

　　仔細地觀察一下，其實我們日常生活中所做的很多事情都是和這五倫關係相契合的。明白了這樣一個道理以後，我們對人的觀察會準確許多。比如，我們作為管理部屬的上司，有一個重要的職責就是你要觀察的每一個部屬。一個有智慧的人，透過他的表情就能夠觀察出他今天大概遇到哪些問題，因為一個人的表情可以反映他的心理變化，他可能進來之後愁眉不展，沒有吃飯的樣子，你可以斷定早上他沒有吃早餐。他為什麼沒有吃？因為你知道他剛剛結婚，一個剛剛結婚的人沒有吃早餐，那可能是早上他跟他的太太或者他的先生吵了一架，我們可以看到這個問題。你也許會想，他為什麼會吵架呢？這時，作為上司就要關心他一下，他是不是嫌薪資不高啊，是不是他不知道處理好夫妻關係的方法，我透過一個表情就能夠觀察出產生這個問題的原因。孔老夫子在《論語》中說：「視其所以，觀其所由，察其所安」，這句話的意思就是說一人走過來了之後，我就要觀察他現在的這個狀況。為什麼現在是這種狀態，我們可以透過表情，透過他的服裝，透過他的態度來觀察。接著就觀察他現在這個態度是從哪裡來的，然後我再觀察他下一步要往哪裡走，他的心要往哪裡走。觀察的時候有一個很好的方法，我們觀察他的五倫關係，因為一個人的變化一定脫不開五倫關係的影響，或者是家庭的父子的關係，夫婦的兄弟姐妹的關係，或者他日常生活的關係。比如，孩子現在回到家裡頭，你透過他的表情就可

以看出來，他今天在工作公司裡是不是和上司或同事處理得很好，這就是善於觀察。他為什麼今天回來吵架？很可能是因為他在外面的關係沒有處理好，或者家庭關係沒有處理好。學習五倫關係以後，讓我們對人的理解度會大大地提升，同時會讓我們的心量變得很大。

我們仔細地觀察，人生成長的一個過程，其實是讓我們的心量愈變愈大的一個過程。你看我們剛開始的時候在家裡，剛剛生下來的時候，我們的心有多大呢？我們的心不太大，心裡頭只能裝進去父母，所以，父母是我的天地。後來父母給我們添了兄弟姐妹，這時我們的心開始變大了，兄弟姐妹進入到我們的生活裡，我們的心開始包容兄弟姐妹。然後，慢慢地，我們開始走向社會上學了，心裡開始包容更大了，包容誰呢？同學和老師。

在家孝敬父母，在學校尊敬老師，老師走入了我們的心中，同學走入了我們的心中，我們的心胸又大了一圈。如果我結婚了，意味著我們現在開始包容生命中的另外一半，她開始走入我們的心中，然後另一半所帶來的所有的人際關係開始走入到我們的生命。如果我們善於學習，就知道其實中國的老祖宗告訴我們這一套方法，是讓我們在成長的過程中，讓我們的心量愈來愈大的過程，胸懷愈來愈大的過程，理解度愈來愈大的過程。我們走向社會以後，我們包容度更大了，誰走入我們的胸懷？同事、領導、下級、客戶都慢慢地走入到我們胸懷，所以我們在和社會交往的過程中，並不是心中愈來愈煩。人際關係愈來愈複雜，恰恰是開拓我們胸懷的一個過程。有時候在生活中經常會遇到人際關係的衝突和矛盾，這時我們會覺得有點煩。仔細地觀察一下，其實我們在煩的時候，恰恰是在突破我們心中那個壁壘的時候。再仔細觀察一下，我覺得有點煩，怎麼事兒又來了，這個事情之所以來，恰恰是突破我們心中的狹隘的心量，讓心量打開的過程，我們包容了，接納了，我們的心量就大一圈，這是老祖宗告訴我們的學習方法。我們知道了五倫關

係以後，對自己會更加了解，對別人也會更加了解，然後包容世界的心會更加廣大，也就是古人講的量大福大。

一個人為什麼能當領導者，一個人為什麼經營企業能夠成功，你可以看出來，他的心量有多大，他的成功度就有多大。一個人成功的程度不會超出自己的心量範圍，這是肯定的。一個善學的人在不斷地拓展自己的心量。當然不等於心量大就一定能成功，還有其他的一些條件，比如我們有沒有相應的能力，有沒有相應的魅力等等，但是他的前提首先是要心量大。如果心量小，我就接納不了很多的優秀人才，我自己就不能夠包容別人。所以量大福大，福至心靈。當然，若我心量很大，我的福分累積到一定程度的時候，我的智慧就開了，對別人的理解就更加深廣。我們學習聖賢的教誨，學習中國的五倫關係，其實這個學習的過程，第一是拓展自己的心量，第二是我們對他人有更深刻的理解，讓我們的心中真正能夠做到孔老夫子告訴我們的智、仁、勇三達德。

【 二、王鳳儀倫理演講錄 】

文／于從雲

人生若大夢，轉眼即成空。光陰如矢，歲月如流。此次練習班開課以來，不覺已一月有餘了，關於性理問題，已告一段落。但道是體，有體還得有用。性是天理，是天道。倫理是人道問題。古人云：「五倫以外無大道」，可見大道即在日用倫常之間。在性分上說，是仁義禮智信五常之道；在人身中行出來，就是五倫之德。然而五倫之德，是從天性中流露出來的，不是人生後來才學的。所以孩提之童，無不知愛其親，及其長也，無不知敬其兄。說到五倫之德，「孝」字為百行之源，孝就是為人子之道。今根據鳳儀學說講述如下。

（一）婦德女道篇

女子為國民之母，世界的源頭。要想兒女好，家庭好，社會好，國家世界都好，非由婦德女道實行不可。婦女道有個根，本立而道自生。不講婦女道，好比水的源頭不清，總是渾濁的。想濁水變為清流，總是要先清水源。婦女到了老年，稱為老太太。老太太的根在哪裡？是從多年的媳婦熬成的。媳婦是從哪裡來的？是從在家當姑娘來的。所以，姑娘是世界的源頭，要提倡婦德女道，必先講姑娘道。

講婦德女道，就是想救婦女們脫離苦海，享得人生的幸福。種

什麼因，結什麼果。現在應該是女子出來救世界的時候，必須提倡婦德女道，才能救正人心，挽回劫運。婦德女道，是家庭倫理要道，家庭教育之根本，救世之大本源也。

婦德女道，分三段來研究，是姑娘道、媳婦道、老太太道。女子是世界的源頭，姑娘是女子第一步道，所以要想齊家，必先明白姑娘道。

（二）姑娘道

「當姑娘的對於家庭，身有補助力。性如棉是意氣發動，是成神的根。志為根是志向堅定，成佛的根。心知眾人的好處，能提起全家的和樂精神，是結緣的，是成佛的路徑。」

兒女都應當盡孝，但本分卻不同，所以盡孝的方法也就不同。因為姑娘在家是半賓半主，為一家之貴星。為姑娘的道，當性如棉、志為根、提滿家。性如棉者，如棉花之潔白，守身如玉；如棉花之柔軟，性子不許暴躁；如棉花之溫暖，待人不冷淡；如棉花之綿長，不要退志。任何事皆可做，沒有挑選，沒有分別心，這是性如棉的道理。志為根，就是立志不爭不貪，立志孝雙親，敬兄嫂，愛護侄男侄女。家中一切的事務，都幫助工作，志向立住，不為貪心所動搖，這就是志為根的道理。遇到家中婆媳偶有不和，一面在嫂子面前安慰她，提到平日母親的好處，以解除其怨怒心；一面在母親面前說嫂子的好處，因為姑娘是母親的心，姑娘說話，母親一定愛聽。兩面解勸，避免一家生閒氣，不和順。如此在母親跟前盡了孝道，兄嫂面前盡了悌道。嫂子感激小姑，便相親相愛，每逢犯了過錯，依靠小姑救護她，有意無意中，在丈夫面前誇小姑的好處，哥哥當然也喜歡妹妹。遇到妹妹有想要的東西，哥哥想不到，嫂子必告訴他丈夫說：「妹妹需要什麼給他買一些吧？」。小姑不

用開口要，比要還強得多。所以「不爭不貪，福祿無邊」。如果嫂子的家事多，姑娘要替嫂子做家事。把母親的衣服，請嫂子去做。因為親娘偏心，見姑娘做活，心裡疼愛，滿心歡喜地穿上姑娘做的衣裳，有人問誰給你做的？便說我的姑娘呢。還好有閨女，我才有衣服穿！若叫媳婦聽到這些話，心裡會高興嗎？其實姑娘無心之中，倒有錯了。所以姑娘不爭功，不要好，處處替嫂子做家事，讓嫂子幫母親做事。父母見兒媳殷勤孝順，心中歡喜，必誇獎兒媳好。嫂子感念妹妹，讓其搏得好名，哪能心裡不感激呢？如此在親戚朋友面前，必說她小姑賢慧，傳到四鄉里，人人都羨慕這個好姑娘，一定找個好婆家。這樣的姑娘人見人愛，家庭中一定和睦，這便是天堂家庭，真可說是福家的貴星。在家能當好姑娘，出閣一定能當好媳婦，能助夫成道，恭敬丈夫，和睦妯娌，孝敬翁婆，全家歡喜，真正是喜星臨門。後來有了兒女，自然會教子成名，能為良母。老了一定會當老太太，也能全家和樂，為一家的福星。因為女子是世界的源頭，欲世界好，國家好，社會好，家庭好，必從姑娘身上好。欲當好姑娘，可得必須明白姑娘道。

　　若不明白姑娘道的，在家中好多嘴多舌，遇到嫂子或弟妹有錯便跑到父母面前告狀，使嫂子生氣，母親能不生氣嗎？這等於是姑娘直接送毒藥丸給她母親吃。母親吃了毒藥丸不知道，還說多虧姑娘告訴我，不然我怎麼會知道？你想這樣婆媳如何能和順。嫂子受了氣，當然怨恨小姑。姑娘依仗母親，嫂子則依恃丈夫。往往因為婆媳不和，連累母子不和，間接連累父子也不和，使父母落個不慈、兄嫂落個不孝的罪名。一家之中，種下這種惡因，將來可能會惹出更大的禍患。母親本來偏愛姑娘，什麼零食小玩意兒都願意給姑娘，這雖是些小事，卻早被嫂子看得明白，口中不說，心裡卻不舒服，自言自語說：「有什麼東西都給你姑娘，有家事可不叫你姑娘做」。無形中對婆母孝道上漸漸差遲。起初是心裡恨，後來嘴裡就說出來啦，「你指著你姑娘養你的老吧」。一家不和睦的病根，

就出自姑娘身上。這樣能使闔家美滿嗎？簡直把全家人心都踢散了。及至出閣離開家，兄嫂如同去除一大心病，如何能按四時八節去接送呢？因此婆媳仇恨更深了，鬧得一輩子享不著兒媳的福。這樣糊塗的姑娘，在家不懂孝道，出閣怎能盡孝道呢？因此不得翁婆的歡喜，使娘家母親擔憂，終日如同在苦海地獄裡一般。畢竟姑娘何嘗願意她母親受苦呢？不過因為不明白道的緣故。考其根源，當父母的不明白道理，不會教訓姑娘，以致使自己苦惱，姑娘也跟著苦惱，一生不能脫離煩惱。另外，稟性不化，便不會當姑娘，媳婦不好，婆婆不好，總之當姑娘的時候就錯了。姑娘為世界的源頭，姑娘道講明白了，是正本清源，所以王鳳儀先生才倡明婦德女道，首先辦義務女學，誠得治世之本也！使天下的姑娘，皆能性如棉，志為根，能使全家和樂，為一家之貴星。在家能當好姑娘，出閣必能為賢妻，將來更能為良母，自然能教育子女，成為好國民。現在想要國家太平，世界大同，還得從女子身上有很好的起頭。況且現在天時世運，應該女界渡世化人，離苦得樂大放光明的道運來到了。女界諸位同仁或諸位姑姊妹，千萬注意才好。

（三）媳婦道

「當媳婦的，身界要實行，心界要知眾人的好處。性如水，是要常樂知足。意為根，是要始終不改其樂，如受屈打屈罵的時候，也必定說他是為我好。這樣想便能知足常樂了。這便是婦女的真道。當媳婦的侍奉愚笨的婆母，必須侍奉明白了，才算盡孝。譬如照吃飯人數下米，約略相當數目，再去問她，數次後，婆母也就知道了。裁衣服的尺寸，也是約略數字，再去問她，幾次後她也曉得了。日久婆母必然感激你、佩服你，婆媳還有不和的嗎？」

從前研究姑娘道，是女子立身的根本。姑娘道明白了，奠定下

一輩子的根基。媳婦是姑娘變的，當媳婦的道，和當姑娘卻不一樣。在家庭中，要上孝翁婆，中和妯娌，下教子女，還得助夫成德。必須自己守住本分定住位，才能盡道。媳婦當性如水，意為根，托滿家，為一家的喜星。在個性方面由如棉而變為如水。如水云者，如水之柔和，不生急躁性；如水之就下，沒有高傲行為；如水之隨圓就方，合味合色。丈夫家無論為士、為農、為工、為商，先助夫盡孝悌之道，然後按著他的職業，助夫成德。如丈夫是讀書人，當助其勤學好問，志在希聖希賢，立身行道，揚名顯親。丈夫是農人，當助其勤儉治家，早起晚眠，盡力耕田種地，使五穀收成得多，好奉養老人。或丈夫是工人，助其工作精良，以利百家，不要作虛作假，工業方能發達。丈夫是商人，當助其公平交易，童叟無欺，貨真價實，以義為利，才是商人道德。丈夫是作官的，助其忠於職務，愛護人民，省刑罰，薄稅斂，以厚民生，而恤民命。這就是性如水，隨方就圓的道。意為根者，以樂為主。無論境遇如何困難，命途如何不順，心中總是快樂，不可面帶愁容。丈夫或性情愚魯，相貌醜陋，或是貧賤殘疾，皆要認命，並屈己事人。在翁姑面前，和顏悅色，對妯娌皆和睦，待侄輩以慈愛。此即意為根樂為主的道理。性既隨圓就方，意又以樂為主，再能找一家人的好處，使全家歡喜，一團和氣，這樣便是闔家圓滿的喜星，家道必然興旺，孝名傳之鄉里，賢慧傳到四方。娘家的父母，也增許多光彩。你看每逢人家娶媳婦，大門屋門，都貼上喜字，親友族人，都來道喜，因為他家來了喜星。媳婦若不喜歡便是丟了天命。若是遇見事不隨心，便面帶怒容，或口出怨言，甚至爭貪攪擾，終日吵鬧鬥嘴，不但當不了喜星，簡直成了喪門星。其實她不是願意當喪門星，因為不明白道，守不住本分，定不住位的關係。媳婦的位，要定在意界上，心裡常存一家人的好處，不抱屈，不怨人，才能樂起來。給人家當媳婦，是有這一分因緣。當知到婆家去，不是為吃、為穿、為承受房產去的，是為行媳婦道去的。盡道而不爭理，無論

如何，總是歡喜，這才真是一家的喜星呢。

歌曰：「媳婦道，媳婦道，細研究，務要早。性柔和，勿煩惱，養親教子你有責，助夫成德家庭好。功圓果滿有福報，子孝孫賢養你老。」

（四）老太太道

婦德女道，分為三大部分：一、姑娘道，二、媳婦道，三、老太太道。女子一生，離不開這三條道。由童年、中年到老年，便稱為老太太。這個名稱最貴重。回想一生辛苦，費盡心力，現在家業成就，兒孫滿堂，這時候就當了老太太。當老太太，要性如灰，志為根，兜滿家為合道。因老太太為一家之福星，知足常樂，閒事莫管，一切無愁，全家託福，過太平日子，所以說是一家之福星。

「性如灰者」，灰是過了火的本性，溫溫暖暖的，好比老太太氣度溫和，一點火性也無有，永不會生氣，平心靜氣。把一切家務，交於兒媳管理。交給兒媳還得要放心，若是遇事總是不放心，不斷地嘮叨，不但自己操心，惹得一家人都不耐煩，終日受苦，一輩子也不能出苦。且顯得子孫不孝，助長兒媳的依賴性，學不出當家的道理，永久不能替你代勞。一旦故去，使得兒媳無所倚靠，平添許多困難。當如灰之溫暖沉靜，千萬不要灰中帶火，能以燒人，且傷老人養生之道。什麼是志為根？人到老年，宜安心靜養，當以修道為主，看破紅塵，見世事一向皆空。（金也空，銀也空，死後何曾在手中。兒也空，女也空，黃泉路上不相逢。唯有樂道修真好，留下芳名傳萬冬。）不用掛念兒女，兒女問到的話便告訴他，不問的，也不多管。無掛無礙，來去自由，自然不煩不躁，火自不生。無火便不動心念，才能定住位。所以老太太當志為根。雖然心不動，還得要兜滿家。兜什麼呢？兜住不是在身上。凡家中媳婦孫

子等，一切晚輩，倘有過錯，老太太趕快兜過來。因為老太太是一家之尊，就算是兒子當家，老太太把過錯攬過去，兒子也就不問了。別看老太太兜過去沒有事，放在有過錯人的身上，可是擔待不了，一定會受氣。家中人有了過錯，當家人追問時，老太太趕快兜過去，立刻大事化小，小事化了。對於犯錯的人，免去挨打受氣，心裡一定感激老人，知恩改過，對於老人，一定格外孝敬。這樣能給別人免災，自己還能享福，不是福星是什麼？假設晚輩人做錯了事，心裡害怕，擔驚受怕。這時候老太太必先穩定住自己，再穩定別人，便說你們不用害怕，全有我呢，這一句話，他的心中得到安慰。等到當家人知道了，一進門的時候，老太太笑哈哈地說「由我錯的」，一句話，滿天大事，便就消失於無形了，真是兜滿家的老福星。閒暇的時候，談話常提祖上的德行。對於兒子常說他父親的好處，對他的父親常誇獎他兒子長進，對孫媳誇他婆婆的好處，對他婆母常說孫媳的殷勤。使得全家和睦，彼此感恩，滿家道氣充足。顯得父也慈，子也孝，婆婆也好，媳婦也好，全家和順，四季平安。語云：「老太太炕頭坐，一福壓百禍。」就是說老太太為兜滿家的老福星。若天下老太太都能這樣，豈不是兜滿世界的活佛嗎？若不明白道的老太太，終日操心費力，專為顧念女兒。無論吃的用的東西，遮遮掩掩地，忙給女兒送去，惹得兒子和媳婦都不願意。又因為偏愛女兒，便偏愛外孫，媳婦見婆母偏向，便生煩惱。因此往往婆媳不和，這是老太太的普通病。還有嘴碎的老太太到處宣傳兒媳的不是，兒媳聽到，心裡能痛快嗎？惹得兒媳不親近她。又有老太太，吝惜財物，待兒子兒媳，太刻薄。到老只作守財奴，自己白費心。給兒子媳婦存著，惹得別人不高興，家務事上處處不順利，何苦呢？何必老不知足，自尋苦惱呢？所以人到老年，活著當安心修道，以樂天年。自己知足常樂，人人稱道這老太太真有福真會享福。活著快樂，就是活佛，家庭就是佛國了。

　　歌曰：「老年溫和性如灰，家務皆宜推。引導子女入正規，清

閒樂庭幃。養心性，講道德，莫說是和非。無憂無慮笑嘻嘻，人稱有福氣。」

（五）為人子道／孝之真假

子女的本分，是一孝字。孝乃天經地義，人倫之本，八德之首也。你看水必有源，木必有根。根深則葉茂，源遠則流長。人的根源就是父母，孝是道的根本。然有小孝、大孝、近孝、遠孝之分別。小孝孝於庭幃，大孝孝於天下；近孝孝於一時，遠孝孝於萬古。孟子說：「人之所以異於禽獸者幾希。」要打破人禽關，孝字以外無他道。盡孝不在年齡大小，不在貧富，不在識字不識字，是在良心德性流露不流露，發揚不發揚。王鳳儀先生說：「孝親必得孝親之三界。」三界係指性、心、身說。孝身要從父母衣食住上留心，使父母的口福不缺，按四季更換衣服，臥宿使其安適，行動有人扶持。孝心要處處順從父母的心：父母所愛之物，我必愛之；父母所愛之人，我當敬之；父母所願意的事，我當奉行之。孝性尤為重要，要時時順著父母的性，使父母心中歡喜，按著父母的五行性，隨快隨慢，務要使老人天性和樂，面無愁容，即是將父母送到天堂上。不使老人動性，含飴弄孫，以樂天年，就是將父母送到佛國裡。孝乃天性所流露，所以孩提之童無不知愛其親。如果恐怕別人恥笑才行孝，這便是假孝。然父母做事，也不免有錯處，若一味順從，難免陷親於不義，也不算真孝。真假的分別，可拿父母愛子之心作對照。回想父母未生我以前，我本什麼也沒有。出生以後，只是赤條條的光淨身子，連一根線也沒帶來。父母也不嫌我窮，也不是因為兒對父母很好，卻是歡喜之至，對我這樣真誠，毫無貪圖心，可說完全是真的。不料想兒子長大成人，嫌父母窮，沒給他留下房產。你想自己一文錢也沒帶來，怎麼也能長大成人，沒有挨餓

受凍呢？懷抱三年把屎把尿，父母也不嫌我髒。父母老了，吐痰流涕，你嫌他髒，對嗎？小孩若是一哭，父母會察顏觀色，說我的孩子餓了，或者是冷了，趕快給他奶吃。抱在懷中暖暖，給他穿上點衣服，不轉眼珠兒地看著，恐怕小孩受委屈。兒子大了，在父母面前說話不管不顧。父母告訴的話，當了耳旁風，說的遍數多了，還生起厭煩心，甚至說出冒犯父母的話，對嗎？再想想老人生我以前，懷胎十月，提心吊膽，唯恐傷著兒胎。兒子降生之時，正是母親過閻王關之時。兒子的生日，俗云「母難之日」，此之謂也。降生以後，吃母親的奶，就是喝母親的血。經過乳哺三年，父母的心血，不知費盡多少，方才長大。稍有知識，便不聽父母的話，對嗎？到了六、七歲時，送到學校讀書，還認為是給父母念的，及至年將弱冠，便給兒子定親完婚。一生到老，心力用盡，只累得耳聾眼花，牙掉了，腿疼腰彎，行動不便。你想這是為了誰呢？當然是為了兒女。父母對待兒女，處處都拿出了真心來教養。人子若想盡孝，當想想父母待我之慈愛真心，即便拿出良心孝養父母，亦難報父母之恩於萬一，況黃泉路上無老少，老人的壽限，和自己的壽數，難以確定。老人在世還有幾年？即使能盡孝，又能盡幾年？語云：「樹欲靜而風不止，子欲養而親不待」。想到這裡，真令人心酸落淚。既然明白了孝道，當拿出良心，去找父母的心，及時盡孝，以補以往不孝之罪。在父母已去世的，趕快補行孝道，對父母生前所愛之人，所愛之物，我當愛之敬之，以安慰父母在天之靈。推行大孝，孝於天下，使天下老人皆得其養，以達到不獨親其親的大同景象；實行遠孝，孝於萬古，立身行道，揚名顯親，為千古人子孝道作模範，留孝名於青史，遺孝風以化人，才是真孝子呢！人能把孝道行到圓滿處，便能救國救世界，就是由小孝擴充到大孝，近孝推及到遠孝。將身化行全球，歐美的老人，得享有子之樂，中國的父母，全得歡喜之心，那才算以孝治天下，達到孝道圓滿的目的呢。

（六）父母之道

　　夫婦為人倫之始，到了生兒育女，又給兒女當父母。所以進一步講，就是父母之道。

　　古人云：「為人父，止於慈。」母親稱為慈母，父母之道，就是一個慈字。慈是本乎天性之仁德。性發為情，道　落到情上，往往就有偏頗。

　　語云：「養不教，父之過。」必須教之以道，把兒子引導到道上，教與管不同。管是以稟性制服他，教是用天性領導他。教是率性合道，誇獎他的長處，糾正他的短處。管是任由自己的性子，找人的錯處，拂逆他的性子，所以往往愈管愈管不好。因為用脾氣管兒女，不但管不好，反把兒女的脾氣激發出來，彼此產生衝突，甚至父子成仇，都是當父母不明白道的緣故。所以教子要有義方，首先必須以身作則，自己先要性存天理，心存道理。從根本上教育，在未生兒女以前，先種下善因。種什麼因，結什麼果。父母的性常存天理，兒女就是天理所生。父母的個性和平，生下的子女，個性一定和平。父母的心常存道理，兒女就是道理所生，因父母的遺傳性，關係重大。這就是根本教。若說到胎教，更得平日涵養天性，視聽言動，處處要合道。兒女在胎中，得到天性的正氣，所生的兒女，性子一定純正。現在人多不明白道，兒子未到成年，父母便為之早婚，妨害身體的發育，所生的子女，往往不長命，或衰弱多病，害及血統，殃及民族，為父母的，難辭其咎。這就是不真慈，就不合道。更有一般人，倚仗自己財產豐富，溺愛子女，任意浪費金錢，習染上不正當的嗜好，造成種種罪業。或因酒色過度，敗德喪命；或任其浪蕩逍遙，不能勤勞工作，養成遊民；或溺愛過甚，把自己累死也不肯指使兒女去做。一面是不放心，一面是溺愛不

明，卻不想一旦身死，撇下兒女，一切事都不懂，成了一個廢人，一無所能，不能守祖業，成為流氓，且害及社會。兒子在少年不令學道，壯年便不能行道，老年又哪能成道呢？這就叫愛子如殺子，大大地不慈了。當父母的道在乎慈，但是慈卻不可離道。第一幼年不使失學，無論家財有否萬貫，總得教子有一技之長，能自謀生活，不依賴人，使他一生能以自立，有祖業能守住。即使無祖業，也能自謀生活。人人能如此，不但能自立，一定能立國呢。

（七）教養子女之方

　　道是行的，不是講的，換句話說，道是人走的。當父母的，是從幼年兒女道走過來的。到中年有了兒女，就得行父母道。父母之道不外教與養，教養兼全才是道。在未生子女以前，看你種的什麼因，生出兒女來就是結的果。欲產生良好子女，全在自己種因上求。在夫婦二人，好比是個開飯店的，你開的是大旅館，掛大招牌，安寓仕宦長官，所招來的全是作官為宦的。若是開大店招牌掛的是安寓客商，所招來的全是買賣客商，提包大氅。若是開尋常店，所招來的，全是推車擔擔的。你若開小店，所招來的是乞丐窮人和東奔西跑的苦力人。這些窮苦人，絕對不會上大旅館裡去。可是那些高官貴客，也絕不會來小店裡住。道是自然之理，人的生育子女，也是這樣。你若存天下為公的心，斷不能生自私自利的子女。你要存賢孝的心，也不能生忤逆不孝的子女。甚至兒女聽話不聽話，守本分不守本分，孝順不孝順，全在自己種因如何，生出子女是結的果，你還問誰？兒在胎中時，當實行胎教，尤其為母親的，坐必正，行必穩，心平氣和，目不視惡色，耳不聽淫聲，口不出惡言，心存正念善意，生出子女，必然賢孝。這是說的先天教育。至於後天教育，更須明白，尤其小兒在食乳時期，更有關係。

乳汁是大人的氣血，大人氣質清，化合的乳汁必清，小兒吃了，不但體格能發育，心性中必然清明。假使大人常著急上火，動稟性，懷著恨、怨、惱、怒、煩的五毒氣化合的乳汁，也是毒乳，小孩吃了，長稟性，還生疾病，危害身心性命，關係最大。再者，大人若是不明白道，在抱著小孩吃奶時，生氣上火，擦眼抹淚，或恨天罵地，小孩一面吃奶，一面眼看，這叫給小孩種惡因，種毒因，不可不知。還有稟性不好的人，抱著孩子和他人打架，指東罵西，指桑罵槐，打小孩的屁股，羞辱別人的臉面，表面上是打罵孩子，其實就是打翁罵婆，也許辱罵妯娌，是不是給小孩種下毒因呢？不但給小孩種上毒因，還給小孩加罪，這是何等的愚癡呢！另外，小孩才會說話，教導著他罵人，又教導他打人，拿人家的東西，不制止他學懶學壞，學著不吃虧。當父母的認為是孩子聰明，還很歡喜。要是從小給孩子種下這種因，將來哪有好結果，一定橫行無禮，逆倫犯法。這不是送孩子下地獄嗎？若父母明白教養子女之道，實行教養子女，這是根本教育，關係非常重大。現在為什麼大道失傳，就是因為缺乏根本教育。學校教育，社會教育，民眾教育，都是成年人的教育，是後來的教育。父母之教，乃是教育的根本。先入者為主，根本培養好了，枝葉自然成長得好，這是教養兼施之道。當父母的應負的責任，「教養」二字，是離不開的。但教養要合道，就是義方教子。為父母者，不可不知也。

（八）教與管的區別

愛子不得其道，就是不慈。「慈」字之誤用，在管、教二字分不清。

1.溺愛不明。自從有了小孩，愛之如掌上明珠，對於吃穿，迎合小孩的心理，養成驕慣性，好吃懶做，由習慣進而染上嗜好，吃

喝嫖賭吸毒，無所不為，自身又無一技之長，成為流氓，喪德敗家，妨害社會，觸犯國法，成為罪人，受刑亡命。這種惡果，皆由「溺愛」二字所造成，不慈孰甚。

2.**不管不教**。有了小孩，只知道養，美衣美食。對於小孩言行動作，任其性之自然，不教也不管，這又錯了。小孩天性未離，此時若不好好教導，漸漸性流為情，情流為欲。初則放蕩於禮法之外，漸至入於下流社會，很是危險。不但品行不端，行為不正，將來招災惹禍，後患不堪設想。昔日有囚犯某到了法場，臨刑時要求法官，見他母親一面，死也放心。法官哀憐他這番孝心，許之。他母親來到法場見面時，該囚犯想要吃他母親一口奶，其母愛子心切，聽其子之行為。其子竟將其母乳頭，一口咬下來，其母大痛喊叫，說你好狠心哪！其子回答，你的心比我還狠得多呢！想當初我小的時候，偷了人家的東西，你不管我，還獎勵我，所以我大了，便做了賊，因犯法判了槍斃的死罪，這是你不管我，養成我的偷盜心，送了我的命。我心狠，哪知你送了我的命，比我還狠得多。這段故事，當兒子的固然不對，當母親的算對嗎？這是不管，也就是不慈。至說到不教，關係更大。古人教小孩，能食，教以右手吃飯，吃飯先讓老人吃。有食物，老人不分給不要。能言時，教以數與方名。教他見人行禮，恭敬長上，孝敬老人，大了自然能孝能悌。若不教導，便不知禮節，不知尊卑上下，習慣成第二天性，養成逆子，不孝不悌，為父母的，不能辭其咎。所以古人云：「養不教，父之過。」這是放任太甚，也是不慈。

3.**管得太嚴**。有了兒女，恨鐵不成鋼，自己孩子，總是要比別人強。兒女稍有差錯，非打即罵，毫不留情。原來父子是主恩的，威多恩少，便失慈的真道，使兒女對於父母，初則畏之，漸漸疏遠，甚則離心離德，這就是管之過嚴，亦非中正之慈道。

以上三種，均不合慈道。真正慈愛兒女的，從小就教養兼施，由胎教、褓褓、嬰兒等等，處處留心。小孩在發育成長的時候，固

在善養，但養中須有教。在小兒初學會說話，先教導他明白老人的稱呼，叫爸爸、叫媽媽、叫爺爺奶奶、叫伯父叔父、姐姐妹妹、哥哥嫂嫂等，使他知道尊長親親，慢慢再添字，問爸爸安，媽媽好等的話。等他會走路行動的時候，教他行禮。有了食物，教他先奉老人，讓給哥哥先吃，知道孝悌之道、謙讓之禮。稍有點好處，必須誇讚他，或用相當的獎勵鼓勵他，讓他高興，以便能明確方向，不斷實行。小兒有了過錯，不可先打他，更不可罵他。先說明是非，使他知過必改。善言開導，不可體罰，免傷他的自尊心，自然小兒能遷善改過。千萬不要罵他，罵則口出惡言損德，老人聽著還不願意。更不可一錯便打，把孩子打完了，小孩還不知道為什麼，打得直瞇瞪眼，生出毛病來的很多。教小孩說話，先提說祖上的德行，老人的好處，一家人的長處，大家都愛聽他的話，小孩無形中產生愛敬老人的心。小孩漸漸長大，教導他灑掃地，接待客，見客行禮、問安等等細事，然後入校求學，養成端正人品，立身行道，揚名顯親，有功於世，有德於人。這才不虧天覆地載，父母所生，為天地的孝子，古今的完人。人人能如此實行，世界哪能不太平呢？然追本溯源，還是歸功於父母之教養有方。

（九）三綱三從之真理篇

「女子助夫之道，須要考查丈夫所交往的都是哪樣人，談論的是什麼話。讀書人談話時沒義氣，而心性窄。作官的人不講廉恥，以貪得為心。當女人的，能把丈夫勸化過來，才是真助夫成德呢！夫要不良，而能勸化過來。這就叫做旋乾轉坤。」

這夫婦道題目重大，關係到人類社會之幸福，國家世界之安寧，所以聖人說，「君子之道，造端乎夫婦」。

道是整個的，有天就有地，有男就有女，夫婦乃是一小天地。

男子必須明白三綱，女子必須明白三從，夫婦道乃能完善。三綱者，性綱、心綱、身綱也。全在以身作則，「其身不正，雖令不從」。

　　身綱要立起來，妻若歸不到道上，萬不可打罵，若打人罵人，身綱先倒。必須用心綱引導她，找妻的好處，這叫夫義。縱一時妻或有過，念想她前日好處，必是我引領的不對，不可生怨心。心綱不倒，才能引領人。女人錯了，如同墜落深淵；我再錯了，等於掉在井裡。心綱倒了，如何能引導人呢？要知道妻的心中有何困難，或口裡不能說出，先給她解釋開導，明白她的心，說出話來，她一定心服，這就叫達彼岸。有錯是果，先考查其因，或是對家中老人，或其他方面，有不滿意處，順其意而引導之。不然，若用壓迫手段制服她，雖不敢不聽，口服而心不服，終非根本辦法。應先說她的好處，引導她自己說錯的原因，等她怨氣發洩出來的時候，再以正義勸告。若不明白她的心理，不讓她說出來，叫她抱屈在心，又種下錯因了。若妻與老人口角，立時責罰她，致老人更生氣，也不算孝子。當先容量一步，稍後以理喻之，使她的怨氣沉澱，心裡自己反省思考，便找出路往前走，再用好言勸解。她感激你能包容她，有良心。因其錯不是故意，是迫於無奈，說些原諒她的話，她必然有悔過之心，再用正確的話引導她，一定能聽從。倘一味強迫打罵，她一面恨你，又恨老人，給老人種恨因，非真孝也。面從心不從，非大義也。知其心，順其心往前領，這就是心綱。人的稟性不同，要知道她是什麼性，順性去渡她。若她是個性直硬，或她好爭理，或死板不靈活。或她個性好說，好分辯，或愚魯不達。因她稟性用事，並非良心。男子若性綱立不住，也用稟性對待她，這叫碰性。心性不和，精神上感覺痛苦，恩愛缺欠了，即生育的子女，性質一定不好。或是兒女缺乏，皆是稟性之害。蓋陰陽和而後萬物生，陰陽在人身，即是氣血。你想氣血不調和，哪能生男育女？情投意合，才是真夫婦。若女子動稟性，男子也不快樂，就是性綱倒

了。若以天性用事，她動性我不動性，還要順性去渡她。若女子個性直硬不服人，若直說她直硬的不是，就會愈說愈不服，非鬧出事來不可。要用柔和性去引領她。說柔和話，使她快樂順心，一定能聽你的話，乃能合性。或用大義制化她，找她的好處，說她心直口快，有仁愛人的心。等她怨氣慢慢消了，再說你好是好，可是說話直接，對外不免傷人，對內還要傷己，她必悔悟改過。用明理的話引領她。總之，自己把性綱立住，絕不動性，隨性推轉，隨性應用，效力真大。無論怎樣奸巧，怎樣愚魯的女人，沒有引領不到道上的。用性綱領她，夫婦準和睦。用心綱領她，能使她悔過。用身綱領她，自然歸在道上。再說女子的三從，是性從天理，心從道理，身從情理。怎樣是身從情理？應做的事，親自去作。上孝翁姑，中和妯娌，下教子女，助夫成德，替夫做應做的事，不怕苦，不怕難，並不委屈。這是身從情理的道。何謂心從道理？道即五倫之道，除去爭貪攪擾的私心，一心行道，思想老人全好，應如何報答老人的恩，如何才能得堂上歡心。念想兄弟妯娌都好，應如何和睦妯娌，使兄弟友愛互助，以盡手足之情。對子女應如何教導，使長大成人，增光耀祖，揚名顯親。心內常存著這樣心，行出事來，自然處處合道。什麼是性從天理呢？以不動稟性為主，還要把稟性化除，方能圓滿天性。如個性直硬不服人，或個性急躁好爭貪，或個性死板的，或個性滑稽溜，或個性愚魯不達的。先把自己性子認清，不動稟性，自身三從定住位，才能助夫成德。譬如夫是農人，幫助他勤儉治家，專心盡力於田畝，使收穫豐富以供老人食用，且有補益於社會國家。若丈夫是讀書人，除替夫孝敬父母外，助其用功讀書，立身行道，揚名顯親，希聖希賢，流芳百世，作天地間第一等人物。若丈夫是工人，要助其製造物品，以利社會，不可偷工減料，有誤主顧。如此既有益於社會，自身事業也能成就。若丈夫是商人，當助其流通百貨以供人需用，且貨真價實，童叟無欺，以義為利，大道生財，完成商業道德。若是丈夫作官，自己是太太本

位，當知作官並不容易，當初寒窗苦讀，費盡心血，女人成為官太太，便一味吃喝穿戴闊綽，沾染上些壞習性，浪費金錢，那就不對了。要助夫奉公守法，除暴安良，興利除弊，為民造福。省刑罰，薄稅斂，重農桑，興教育，引領民眾，全歸於道上。作縣長太太，給一縣裡的婦女作個榜樣。作省長太太，給一省婦女作個榜樣。助丈夫，愛國愛民，立功立名。倘丈夫一時迷昧，貪贓枉法，應從旁勸告，往天理上著想，不可欺天害民，羞辱祖宗，迨功成名就，光宗耀祖，名垂青史，這才是助夫的真理與正道。夫婦是有因緣而結合的，男女雙方，無論哪一方面不好，要明白有前世之因，才有今生之果，要夫義婦順，了此一生，還清宿債，同歸極樂。男子用三綱引導女人，是男子能成道。女子用三從幫助丈夫，是女子能成道。人道圓滿，因果自了，在世即是出世，在塵即能了塵。因果不了，人生在世是為還忠孝饑荒倫常債而來，不能盡人道，如同欠債不還，這筆帳永遠不能清，必致種果為因，因又為果，果又成因，輪迴不息，永遠不能解脫，總是一再地輪迴。所以，人當明白夫婦道，好明道行道，成道悟道呢。

（十）夫婦道

　　王鳳儀先生說：「道是什麼？道就是兩口子。」也就是，一陰一陽之謂道。夫婦為人倫之始，男子為天，女子為地，夫婦是一小天地。陰陽和而後雨澤降，夫婦和而後家道成。夫婦和就是天清地寧，夫婦不和就是天翻地覆，不但家不能齊，國亦不能治，天下亦不能平。夫婦道之關係於家國天下，其重大如此。為丈夫的，必須先把三綱立住。所說的三綱，就是性綱、心綱、身綱。性綱要無脾氣，心綱要無私欲，身綱要無嗜好。綱者，領也。必須把女人引領在道上。現在為丈夫的，約分三等：一是懦夫，二是暴夫，三是丈

夫。何謂懦夫？就是懦弱無能，自己不能自立，反聽從女人的話。遇事自己不好出頭，強推女人出頭說話。日子久了，習染成女子當權。聽妻言乖骨肉，鬧得家務不和，兄弟分居，均是犯了這個毛病。此之謂懦夫，於道為不及。或有一等暴夫，說我不怕女人，不聽女人話，不好就打就罵，這又錯了。妻者，齊也，是平等的意思。女人從幼在她娘家，受父母養育之恩，長大成人，對他父母的恩德尚未能報答，便出閣來到我家，孝敬我的父母，恭敬我的兄弟姐妹，甚至連她的姓都改了，隨同我的姓，為的是什麼？況且將來生兒育女，繼承先人的後代，多大的功勞！我若輕視女人，打罵女人，不但現在國家法律所不許，問問良心又安在？這樣又成了暴夫，於道為過了。怎樣才算合道？必須從「義」字上立腳，不能一味聽妻言，可是當聽的不能不聽。妻或有過錯，要勸導她，萬不可打罵。若是打罵，就是打三綱，罵三綱。總要抱定一個義字，才稱得起為丈夫。夫婦是一陰一陽，男子要抱定三綱，女子要明白三從。三從是性從天理，心從道理，身從情理。要助夫成道，助夫成德。現在女子亦分三等：一等是弱婦，在家吃穿賴父母，不願工作、做家務。出閣時總嫌嫁妝不好不多，恨不能掃地出門全拿走。及到了婆家，不知孝悌之道，敬戒之禮，還說嫁漢嫁漢，穿衣吃飯。倘衣食不如意，終日抱屈，好像應當怨、應當賴。這是一種軟弱無能的弱婦，只是累夫造罪。又有一等女人，雖然精明強幹，但性子卻很蠻橫，依仗自己有知識、有能力，輕視丈夫，精神上欺壓男人，使男人不痛快；或依仗娘家富、夫家窮，說話傲慢無禮，讓丈夫受欺負生氣；或出外不回家；或染病早亡；或少年孀居，女人何嘗願意這樣？因為不明道、不能化稟性的關係。此之謂悍婦，因性情強悍故也。此等女人，哪能助夫成道？哪能使翁婆歡喜、妯娌和睦？只是鬧得家務不和分居另過。你想人倫孝當先，兄弟如手足，人家有個兒子，從小費盡心力，長大成人，便把父母扔開，兄弟離開，叫女人獨佔了去，多麼冤枉呢！所以王鳳儀先生說：「世

界哪能不壞？男子無良心，被女人霸去，這就是投降外國了。」總而言之，因為不明白夫婦道。若女人明白道，一定能當個賢婦。何謂賢婦？女人以順為主，柔和為本。丈夫無論家道貧窮，或相貌醜陋，這是命裡註定。須明白因果道理，恪盡婦道，上孝翁姑，中和妯娌，下教子女，能助夫成德，能使家族圓滿，使全家歡喜，將家庭的責任，完全擔負起來，使男子在外服務社會，無內顧之憂，能報效社會。不但治家這樣，即在社會工作，能為國盡忠，與男子立於平等互助地位，助夫卻不依賴夫，方稱為賢德婦女，家庭喜星。夫義婦順，真可謂夫婦道的模範呢。

（十一）兄弟道

孝為百行之源，然孝是對父母所行的道，同一父母所生的，就為兄弟。若兄弟間不能相親相愛，父母一定憂心，孝道仍不能圓滿。所以孝敬父母，就得和睦兄弟。兄弟之道就是「悌」字。悌道也是出於天性之自然。孟子說：「孩提之童，無不知愛其親。及其長也，無不知敬其兄。」可見孝悌都是天性所固有的。如人在幼童時期，哥哥弟弟同在一處玩耍，若有人打他哥哥，他一定不願意，一定護惜他哥哥。你想誰教他護惜哥哥來？那是出於天性。他哥哥被人打哭了，弟弟不能幫助他，也一定幫著他哭，流同情的淚，這是出乎天性之自然，並不用教導。為何當長大了，兄弟多不睦呢？探討不睦的原因，大約有三種。（一）偏愛妻子，為情慾所牽。（二）為爭貪財物，被物慾所迷。（三）為爭辯情理，受稟性之害。細想這三種毛病，多半犯第一、二兩項。這怨誰呢？全是怨男子不明白道，沒有真主意，女人也跟著落個不賢孝的名字。兄弟本是一母同胞，情同手足。本身的手足，行動相隨，一刻不能相離。且手足是互相維護的，譬如手去拿物，腳不用吩咐就走。如腳被碰

傷或包紮著，手不用腳請它，急速去摸護扶慰它，此是痛癢相關之至情也。兄弟失和的原因，在未娶妻以前，總還差一點，一娶了妻，情誼就漸漸疏遠了。有句俗話說：「院外放火鞭，屋裡寫過子單」，給誰過繼呢？給新媳婦。因為一娶媳婦，把父母的恩情就忘了，兄弟的情也沒了。細想方才來一個異姓人，為什麼就忘了父母兄弟？到底女人有什麼好處？全是因著男子重情慾，薄恩義，不明白道的緣故。又有一等人，好爭好貪，兄弟之間，為爭祖宗產業，各不相讓，打罵鬥毆，鬧得兄弟成仇，骨肉乖離，連累得老人生氣，無法可使，甚至鬧災生病，罪莫大焉。因兄弟失和，妯娌也就不睦，將家業分開，連老人也輪流奉養，總是算計個人合適不合適。此等人真是見利忘義，連父母之恩都忘了。父母養兒防備老，哪知兄弟分居，不但惹老人累心，反把人落個老無所歸，輪流吃飯，如同沿門求食一般。這不是悌道不盡，累及孝道嗎？還有為家產鬧成訟事的，經年累月傷財敗德。兄弟乃是一母同胞，為祖宗遺產之小節，傷手足天倫之至情。財產是身外之物，用以奉養父母的，乃為家財，有傷天倫。傷天倫，便是逆天，將來定受天罰。即便財產到手，天理有虧，家道也過不好，不是人口生災長病，便遭橫逆之事，或生下不肖之子，傾家蕩產，並給老人丟名譽。試看世上害兄害弟的，哪一個得到好結果呢？世上之物，完全是假的，唯獨道是真的。人若明白此理，當借假修真，把兄弟道行真了。擴而充之，四海之內，皆兄弟也。能愛全世界的同胞，便是大同世界。

（十二）姑嫂道

　　嫂子與小姑，是名分上的關係。起初本素不相識，由名分關係，作情義上的結合。嫂子是從哪裡來的呢？是從當姑娘來的。到了婆家，才當了嫂子。現在在家當小姑，不久出了閣，又給別人家

的小姑當了嫂子，好像是個因果輪迴一樣。在當小姑時，若明白道，在嫂子初進門來，見嫂子孝敬父母，恭敬兄長，友愛弟弟妹妹，如同親人一樣，何等令人欽佩。但家中事務，嫂子全不熟悉，應從旁告訴她，引導她，幫助她，使她不致作錯了。唐詩：「三日下廚房，洗手作羹湯。未諳姑食性，先遣小姑嘗」，這就是嫂子入門，初求小姑的情態。小姑於此時，應有協助之精神，尤其在父母面前，常常提嫂子好處。嫂子偶有過錯，替嫂子用好話解說。如此嫂子心中能不感激嗎？在嫂子方面，要盡孝道，總得找著婆母的心。婆母心愛的是小姑，對小姑衣食方面，要格外留心。一方面順婆母的心，一方面助丈夫盡悌道。遇著小姑有應用之物品，或梳妝等物，嫂子早早盡心，在丈夫面前，多方提議，為之買辦。這是助夫行悌道，能使小姑歡喜，婆母順心。想想小姑在家能有幾年，為何置身事外？這樣嫂子處處盡道，小姑處處感恩，姑嫂雙方之道盡矣。對於已出閣的大姑，逢年過節，不等婆母開口，首先張羅。或送禮物，或去探視。對於外甥、外甥女，要招待周到。如是老人歡天喜地，姐妹滿口誇獎，家庭和樂，日子自然興旺。要是小姑不明白道，對於初來的嫂子，在父母面前說長道短，互傳閒話，往母親耳中送毒話，母親愛聽愛信，這叫自己吃毒藥丸，存在心裡，時時不舒服，種上惡因了。遇事一不隨心，指東說西，淨挑毛病，發洩心中的怒氣。鬧得日子久了，媳婦忍耐不住，不免分辯幾句，因此婆媳失和，媳婦從此受氣，婆母心中也難受。你想這樣是誰種的惡因，不就是小姑嗎？媳婦受了氣，必定告訴男人。丈夫仔細查問，不免生氣，又轉變成母子不和了。如是母親便說兒子不孝，娶了媳婦忘了娘，還要告訴他父親，管教他兒子。父親一生氣，管教兒子，兒子若是不服，又鬧成父子不和，一家人全都不合，家道哪能好呢？如此顯得兒子媳婦都不孝順，又連帶的父母也不慈愛，這個病根就是從當小姑不明白道來的，姑嫂道關係多大呀！再說當嫂子也得會當。若嫂子不明白道，倚著丈夫的勢力，慢待小姑，對於小

姑吃穿使用，處處打算盤，好像過日子節儉，其實是待小姑刻薄。小姑心裡不如意，在母親面前，訴冤流淚，惹得母親不歡喜，心中生氣。這是多麼不孝呢！結果姑嫂不和，婆媳必不睦，父子也離心離德。這是嫂子不明白道，落個不孝不悌之名，罪莫大焉。所以小姑嫂子必得都要學道，要知現在的小姑，就是將來的嫂子，因果輪迴，自然的道理，結冤結緣，很有關係。為何不種下好因，將來得好結果呢？對於侄男侄女，更要處處盡心，不但嫂子感激，老人本來愛孫子，一見如此，心中更加歡喜。一家男女老幼，和和樂樂，顯出小姑敬嫂，嫂愛小姑，全家和睦，真是姑娘圓滿全家的貴星，媳婦圓滿全家的喜星呢！

（十三）妯娌道

妯娌本是異姓姐妹，隨著自己的緣分，同居度日，真是三生的天緣。起初全是在家當姑娘的，一出閣當了媳婦，為哥哥的內人，就是嫂嫂，為弟弟的內人，就是弟妹。兩人本來素不相識，過門以後，定名正分，有嫂嫂，有弟妹，稱為妯娌，親如姐妹，同聚一堂，這個緣分最大。如果各人盡道，多麼快樂呀！可是社會上的人，多半不明白道，眼光太小。在未出閣以前，就先探問婆家有多少土地房產，兄弟幾人，翁婆年歲多大，還有生育沒有，大姑小姑幾人，全家老少同居有幾口人，把婆家的家產，早算計得清清楚楚。所以過門後，唯一的事，就是覷覦丈夫家的房子地，這心地全用錯了。總沒想到來到婆家是為還倫常債而來，對上當孝敬翁姑，中間當和睦妯娌，下則慈愛侄男侄女，並應當助夫盡孝，助夫成德，助夫興家立業而來的。專為丈夫身上著想，孝道或有見不到的地方，家事或有作不到處。當女人的，處處要彌補缺漏，務求件件事周到圓滿，才顯出內助的德能來。家中妯娌失和，多半由於存爭

貪心，對於財物方面，你多我少，你爭我奪，一不滿意，懷恨在心。起初還不肯破臉面，背地裡對丈夫說長道短，怎樣吃虧抱屈，便挑唆分家。丈夫初時還不聽，日子久了，哪能會不聽呢？彼此若各存這樣心，兄弟就失和不遠了。初則漸漸冷淡，隨後便言語衝突，甚至爭吵打鬧，情義乖離，就不能合作了，非分家不可。分家的事，父母哪能不憂心？要管管不了，要說沒人聽，骨肉分離，老人真是傷心。上不孝父母，下不愛兄弟，孝悌之道皆虧，造下莫大的罪。在分家以後，私心上好像自由舒心了一點，但大體上元氣已散，勢力就單薄了，對內對外，處處多不方便，實在可惜。推其原因，總是由於不明道。妯娌們如要好，總得明白道，把道與財物，要分得開，看得清，知道本身是為還帳盡孝而來，不是為承受家業而來，自然把爭奪貪心止住，一心盡道，把挑唆丈夫分家的心，變成助夫成道的心。各人要自立，要自謀生活。祖宗的遺產聽老人自由處理，概不過問。俗語說：「好兒不要祖遺產，好女不貪嫁時衣」。如此則妯娌永無分爭。嫂嫂念弟婦年輕，隨時要幫助她。弟妹感激嫂嫂的情誼，互助友愛毫無介意處。你感我恩，我感你德，化貪爭心為謙讓心。妯娌和睦，兄弟自然無說，老人更是歡喜了。過得家業興隆，助得丈夫成道，教育得子侄成名，這才是真正托滿家，托得全家歡喜。妯娌道的關係，非常重大啊！

（十四）婆媳道

　　家庭內的婆媳，全是自外邊來的，到了一個家裡，如同母女。道在恩義並用，相處合道，能侍奉終身。若不合道，便婆媳不睦，鬧得家務不順，所以婆媳道不能不研究。當婆婆的命，是從哪裡來的？是當媳婦多年熬出來的。等到娶了兒媳，便當了婆婆。媳婦的命，是從哪裡來的？是從在家當姑娘，一出閣嫁到婆家，便當了媳

婦。說起來是一條道。但婆婆是早來的，對家中事務駕輕就熟，全都知道。媳婦是晚來的，一切事務，全不明白。常言道：「教子教嬰孩，教婦教初來」。婆婆總得把媳婦領在道上，待兒媳如女兒，不知道的告訴她，引導她，如同黑夜行路，你一指導她，好像暗室明燈，光燦明亮，媳婦感激婆母的恩，本心上佩服，遇事指導她，一定聽話。婆婆教導兒媳，是引導性質，與人談話，必領著她的話說，作事須婆婆先著手，教她跟著作，便不作難。日子久了，她準能學會，如何能不感恩呢？見了親戚朋友，說話常提兒媳的長處，感激她娘家的教育德行，媳婦聽到這些稱讚話，不知如何的感激呢！媳婦如有過錯，在背後指教她，千萬不可與她吵鬧。若在親友或鄉鄰面前宣傳兒媳短處，羞得她臉上紅一陣，白一陣，她心裡哪能過得去。要不然，就說她娘家無教訓，便引起兒媳火氣上升，暗氣生發，這就是種惡因，不定哪一時，因著事不能忍，便說出口來。婆媳不睦，毛病在此。若兒媳有過錯，婆婆趕快兜起來。兒媳稟性不好，婆婆寬容她，媳婦處處感恩，時時想報恩，才合道理。至於當媳婦的，知道當媳婦，不是為承受房產財物而來，是為行道還帳而來。媳婦應當聽婆婆支配，最要緊的，是先找著婆母的心。婆母所愛之物，我當愛之。所愛之人，我當敬之。天下的老人，多半是愛小兒小女，媳婦要格外留心，一定能得到婆母的歡喜心。若是有大姑小姑，出了閣，婆母一念叨，當兒媳的，便趕緊去迎接招呼。有了外甥男，外甥女，當姥姥的最愛他，要時時照顧。就是婆母所愛的雞犬，也要替她照管，才能找著婆母的心。能順老人的心，便是盡孝。再能與婆母性子相合，便是得了道。媳婦初進門，全仗婆母指教。本來兒媳不是婆婆生的，婆婆若不明白道，未先施恩，先揭短處，或以大壓小，使脾氣來管她，說話不管不顧，婆媳如何能發生好感情。日子久了，怎能不拌嘴呢？這是大大的病源。若婆母明白道，會引導媳婦，媳婦感恩，婆母也享福。媳婦當想到婆母以前奔波勞碌，受盡千辛萬苦，怕後來兒女受饑受寒，今已娶

了兒媳，不能再使婆母受累。在初進門時，什麼也不懂，仰賴婆母指教，費多少心。婆母的恩，比生身母親還重大。一方面要報恩，一方面要盡孝道，教婆母心滿意足，歡歡喜喜，家庭和樂，日子一定能發達興旺，才顯出婆母仁慈，兒媳賢孝。如此必能齊家，家道興隆矣。

（十五）繼母道

　　當母親的對於子女，一養一教，本不容易。要是為子女的，母親早去世，父親再繼娶一位來，這就是繼母。當繼母更是不容易，本來在家是當姑娘的本分，出閣後，就給人當母親，在名分上，還不能推辭。並且對待前房子女，還得格外盡心，稍一差點，旁人便說閒話，你看無論哪家，若娶個繼母來，全家老幼男女，以及三親六故，沒有不注意的。對於前房子女的吃啦，穿啦，往往背著他繼母詢問孩子，你繼母待你怎樣啊？不受屈嗎？到了自己生了子女，更有了比較，看看待遇上有分別沒有，這是一般普通人的心理。在當繼母的，對前房子女，固然有心偏的，卻不可一概而論，只要當繼母的抱道而行就對了。往往當繼母的，有好名的心，在表面上要面子，這就錯了。蓋倫常大道，重在實行，根本在用良心作事。本分是繼母，既然稱為繼母，當繼續前母之志，完成教養子女之事。當繼母，總比前房來得晚。兩人前後同伺一個丈夫，實有姊妹之義，緣分非同小可。不幸她故去，因為有這個空缺，我才來此填補。現在我的丈夫，早是人家的丈夫，所有家業，早是人家的家業，我來是享受人家的現成福。知道這個，我們對她遺留的子女，應當繼續教養，完成她在世的志向，一點也無二意。對於教導撫養，要處處盡道，這才是當繼母的真道呢。倘若對待前房子女有差錯，良心上如何能過得去。若再有打罵虐待行為，他親母在九泉之

下，多麼心疼哪！況對自己的陰騭上，有絕大關係。想到這裡，第一要拿出良心待遇子女，這是本分應盡的責任。偏了是自己的罪過，要與自己親生子女，一樣看待，並教導他知道手足之情，兄友弟恭，使兒女心理上無有隔閡。在衣食財物方面，依照次序，應有盡有。更不要客氣，總要無分別心。若是有心顧表面，內在就有假了。可是該管的也得管，該教的也得教。不過教之得以道，希望他長大成人，品行端正，並有自立的能力。能立身行道，揚名顯親，超拔他先母的靈魂。他母親在冥府中，也很感激你的。如此方顯出當繼母的恩德廣大，教子有方，還能助夫成家，多麼光榮呢！大人無分別心，前房子女，與自己的子女，自然互相親愛，忘了是同父異母。等到兒子娶了媳婦，待遇上視如同母一樣。只要我的心真，兒女斷乎不能假，將來必能盡孝道，孝敬你就是孝敬他前母，這才是當體成真，功成名就。到老年子孝孫賢，享受子女的奉養，快樂無窮，福壽無邊呢。

（十六）孀婦道

「孀婦是有兩層責任的。男子中途丟下父母而死，也是有虧孝道。孀婦要替夫盡孝，才算合道，所以說孀婦有兩層責任，豈可自恃而欺人呢！」

丈夫在世，是給老人當兒媳，能盡媳婦道便是孝。今丈夫去世，是擔負兩層責任，又得當兒媳，又得當兒子。在老人方面，老年喪子，是大不幸。在兒子方面，對老人未能養老送終，孝道未盡圓滿，就早早地死去了。此時當孀婦的應替丈夫盡孝，比丈夫在時還要盡心，晨昏定省，在旁侍奉老人，如兒子一樣，這是替丈夫盡孝。能夠全夫妻之義，這才稱起孝義雙全呢。這才找著自己本分，才能盡道。

玉者，白也。潔者，純也。心性如白玉，白圭無玷，美玉無瑕，消除一切黑暗，性中大放光明，立志不爭不貪。在物質方面，全不叫他累住，一心盡道，盡孝盡悌，更要盡慈，教子成名，繼續丈夫的志向，揚名顯親，超拔故去的夫君。人死德不滅，精神永遠長在。要能行真道，便能成真人，倫常道盡，功圓果滿，節孝德行，萬古流芳。這就是孀婦的道，可為千秋節義的模範。（編者注：王鳳儀先生說：「凡意志堅貞，不願改嫁者，可以守。願代亡夫完成孝道或慈道，不願再嫁者，可以守。如果只是拘泥於禮教而勉強守者，可改嫁。」）

（十七）家庭五行定位與生剋

人人皆有家，要想家齊，必須明白道。按家庭的組織，就是父母兄弟祖。家庭的五行方位如下：
- 祖父母居中央戊己土位，為一家的元氣。
- 父親居南方丙丁火位，主掌家政，為一家之元神。
- 母親居北方壬癸水位，管理內政，為一家之元精。
- 長子居東方甲乙木位，操持家政，貴乎能立，為一家之元性。
- 其餘家中弟弟子姪婦女等晚輩人，均居西方庚辛金位。要處處圓情，辦事而不主事，為一家之元情。

五行能定住位，各盡各道，自然相生而不相剋。若定不住位，不能守本分，盡倫常，一定是犯剋。假設當祖父母的，年老好管閒事，不知道修養，終日亂說亂管，淨挑一家人的錯，令一家人心中不安，且老太太找媳婦的錯更厲害，使得主婦左右為難，不說不行，說了又不能為主，便生起厭煩心。上受老人的壓迫，底下人說了不算，帶領不起來，日子久了，家中內政雜亂無章，誤事太多。

這是老太太不能居土位，兜不住元氣，為土剋水的家庭。水一受剋，母親性中起火，一起火，凡事不能海涵，心裡煩惱，不但家務不順，遇機會便對著男人抱怨。男人本是常在外的，一聽家中不順，想要管，上邊是長輩，不管又恐怕誤事，心中著急。著急就上火，便成了水剋火的家庭。家長受剋了，父居南方火位，火主元神，元神一受剋，一家人心就散了。凡事不高興，常生怒氣，無處出氣，對兒子、女兒、媳婦及小孩等無故打罵交加，晚輩人受剋了，不但家事不順利，錢財上還受損失，口裡還怨晚輩人不聽話，做事不順手，家運準不旺，這便成了火剋金的家庭。晚輩人居西方金位，金一受剋，情義上不能諧和，作事心中不愉快，無心治家，財帛哪能興旺？且家長嚴厲太過，小孩一見，驚魂失色，或致生病。兒媳亦因此生氣，凡事做著不高興，演成有令不從，有話不聽，兄弟手足之間，漸漸不和，又成了金剋木的家庭。兄居東方木位，是上承父母，領導全家人的。自己終日辛苦受勞，一家人不受支配，口裡還閒言閒語，勞而無功，事情做不好，老人還責斥受氣，因此便有事也懶得做，對老人且出怨言，對侍奉老人，無形中懈怠不周到。這又變成木剋土的家庭。因家庭中五行定不住位，一錯百錯，一定會使家務不順，這就是俗話說的五鬼鬧宅。所以道德中人，給人家闔家，先按五行方位，令其各盡各道，相生而不相剋。一行能生起，五行自然步步相生。假設金位上弟妹子侄等能明白道，先定住自己的位，守住自己的本分，自己本分是圓情的，處處要遵從父命與兄長的命令，盡心盡力去作了，工作時候，還高高興興的，母親一見，心中歡喜，有事不用操心就做了，還做得件件隨心。母親居北方水位，母親一歡喜，便能定住位，這是金生水。母親一高興，家中事務，全能拿起來，能托起全家的精神，大小老少，歡歡喜喜，行有餘力，還要助夫成德。家務不用老人操心，助起當家人的高興，無內顧之憂，全家姒娌和樂，婆媳和睦，孫男弟女，同力合作，這樣便是水生木。兄長居東方木位，心中非常高

興，上承父母的命令，引導弟弟子侄等，一齊工作。一切家務，處理得條條有理，真叫父親放心。長子能盡本分，擔當起全家事物。父親非常歡喜，一家元神充足，這是木生火。父居南方火位，父親心滿意足，全家精神快樂，如同過天堂日子。自然皆盡自己本分，一面孝敬老人，一面領導子女，歸在道上，侍奉得老人笑哈哈的，思食得食，思衣得衣，長樂無憂，如同活佛一般，這便生起中央土來了。老太太、老爺子，位居中央，為全家之元氣。土能生萬物，老人無事領著孫子孫女遊玩，心中歡喜，子孫滿堂，非常快樂，時常誇獎孫子的好處，和媳婦的長處，引起大家的高興來。晚輩人或有過錯，老人全能包容，包容便了，使晚輩人依靠如泰山。沒有主意，老人給晚輩人立起主意來，全家大小，個個歡喜，提起全家人的和樂。土主元氣，元氣充足，有利全家，這又是土生金了，家庭一定和順，一定興旺，這就是齊家之道。家之本在身，自己能定住位，家庭自然能定住位，自然五行相生，家道必昌。擴而充之，家齊而國治，國治而天下平矣。關係固重且大也。

（十八）四等家庭之根底

世界上無論什麼人，都產生於家庭。但家庭情形不同，可分作四等：有光明家庭，有和樂家庭，有苦惱家庭，有黑暗家庭。這四等家庭，各有各的根底。光明家庭是清底，和樂家庭是淨底，苦惱家庭是混底，黑暗家庭是髒底。清底家庭，是以志界當人，能扎道根，全家人各盡各道。父慈子孝，兄友弟恭，夫義婦順。他和姊妹妯娌，姑嫂叔伯，個個盡道，彼此感恩，人人快樂，享極樂的幸福，顯出佛國家庭的氣象來。淨底家庭，是以意界當人，能扎德根，也是各盡各道，縱然父不慈，兒子卻盡孝。雖然子不孝，父親也必慈。不管兄友與不友，弟一定恭其兄。無論弟恭與不恭，兄必

定愛其弟。正己而無求於人，盡道而不爭理，逆來能順受，口裡常說別人的好處，心裡常思自己的過錯，一家人聽不出閒話來，都是歡歡喜喜的，表現出一種天堂家庭的樣子來。混底家庭是以心當人，扎苦根於一家之中，個個為自己打算盤，表面上沒有分別，其實各存意見，彼此用心計，記仇不記恩，言和意不和，憂愁煩惱，終日如在苦海之中，這就是苦海家庭。髒底家庭，是以身當人扎罪根，不顧倫常，不務正業，不論尊卑上下，為財物爭吵打鬧，各不相讓，互相仇視，父不父，子不子，兄不兄，弟不弟，骨肉成仇，同室操戈，鬧得天昏地暗，活著也是活受罪，家庭變成了活地獄。這種家庭，因為扎下罪根，他的財產來得不正當，全由造孽得來，作事損人利己，不顧廉恥竟貪意外之財，這個底是髒的。由造孽得來的財產，還得造孽而去，所以家中不出正派人物，多遭意外橫事，後輩子孫，為非作歹，敗家喪德，拿著有用的錢財，花錢去造孽，不但羞辱宗祖，親身惹下災禍，亡身敗家，活著就受罪，家庭不就是地獄嗎？苦海家庭，因為他扎下苦根，處處計謀巧算，使盡心機，求不到手固是苦，求到手不知足還是苦。因他的家財，是動心機得來的，清混不分，善惡相混，總是佔便宜取巧得來的居多。雖然費盡心血，也不是容易得來，但多不合道，終於操心，一生苦惱，所以家庭成為苦海。若清底家庭，扎的是德根，守本分，盡倫常，不爭不貪，作事循天理重公義，救人之難，濟人之急，樂善好施，積功累德，家中財產，全從道義上得來，正入正出，家中人全是正人君子，完全辦正事，錢財不妄用一文，金錢流向清楚明白，德根深厚，所以子孝孫賢，家庭和樂，如天堂一般。淨底家庭，扎的是道根，作善作德，並不要名義，救人救世，不以為功德，不求人知，不望人報，遇到國家有大事，毀家紓難，犧牲金錢，犧牲精神，毫不動心。雖未成功，絕無悔意，看破世界現象，完全是假，抱道而行，扎下道根，與天合德，替天行道。天地是大父母，四海之內皆兄弟。本大慈大悲心，作救苦救難事，造成光明家庭，如同

佛國一樣。人皆願意家庭好，子孫好，不知扎下好根，打下好底。往往愈想過好，愈好不了。因為不知道德是家庭的根基，專注重在財物上，尚浮華，學時髦，哪知富貴花間露，榮華草頭霜，皆不能長久。一旦遇上變亂，東奔西逃，所有物品，既無處收藏，又不能攜帶，身心反被物拖累住。若是淨底家庭，在太平無事時，早把道來看重，物來看輕，把家產歸在道德上，一家人皆立上業，衣食住全不用顧慮，捨身救世化人，為社會服務，多麼快樂。現在盜匪四起，人民都不得安居，況匹夫無罪懷璧其罪，有錢多了，更易招災受罪。而淨底家庭不受物累，隨遇而安，這就是扎下道德根，享受道德福。現在世界，要變為立業世界，不變就換。既明白四等家庭，皆由源底造成，早早扎下個道德根吧！

（十九）家道轉移在根底之培養

　　王鳳儀先生常說：「你修廟我修神，你過日子我過人。」這話很有道理，因為現在的人，完全為過日子起見。日子過好了，人過壞了，還不知道。心的靈機，身子的能力，都消耗在財物上，這就叫物慾所蔽。心為物累，求不到手，便使心上火，上火就稟性衝動，自身又為氣稟所拘束。因此天性被遮障住，良心顯露不出來，專以私心用事，你爭我貪，甚至同胞骨肉之情，有時也不顧，為些小財物，鬧得家庭不和，傷了天倫之樂，結果好好過日子也不能長久，這不成了苦海家庭嗎？再進一步，為爭財物，各不相讓，無老無少，你打我罵，鬧得父子分離，兄弟成仇，姒娌爭吵。古語云：地獄恩人。父子弟，原來以恩相合，這樣寡恩悖倫，豈不成了地獄家庭？家庭的行為如此，哪能有家庭教育？既無家庭教育，斷不出良好子弟。所以下輩之人，正事不為，入於下流社會，花費有用之錢，作些無益之事，敗壞家風，羞辱先人，這就是以前扎下罪根，

現在結這樣的惡果。縱然後人不作大罪，也會使小心眼，計謀巧算，光怕吃虧，看著人家，房子好地好，千方百計，想著到他手，使盡心機，扎下苦根，這樣即便創下家業，家中人各懷私心，將來分成七零八落，一生苦心，到底享不著福，唯有苦字跟著他，脫離不開，你可受苦吧。所以持家不講道，不是打就是鬧。持家不講性，不是生災就是長病。因為不知人之道，良心沒有，人先壞了，生育不下好子孫，無論家業多麼大，一定守不住，尤其天理輪迴，不差分毫。由爭貪上得來的家財，還得由爭貪上去，不是子弟不良，就是遭些橫逆不順之事，把家財喪盡。這是持家不知人之道，得這樣結果。當知持家，先要做人，不是不要財物光要人，是教人不貪不義之財，不取非禮之物。要把人來看重，財物看輕。錢財是流通的，是公用的。若是有功於世，有德於人，花了也是應當。做人，就是教人先明白道，家庭扎下道根。種什麼因，結什麼果，自然生下好子弟，立身行道，揚名顯親，家道長久，福祿長享。按理說，髒底的家庭還得髒著去，與其髒著去，何不如用這錢財積德行善，扎下道根，家庭自有好結果。家庭是個混底的，還得混著去，與其混著去，倒不如用家財辦慈善事業，扎下德根，自然能結道德好果。這就是苦海化蓮邦，地獄返天堂。以前家庭，或是髒底，或是混底，若能花錢辦道做德。一方面與老人修德免罪，一方面為子孫培德扎根，上能超拔祖宗，下能庇蔭子孫，自己還搏得樂善好施的名譽，這是何等的光榮！無論先人的家庭根底如何，我的子孫家庭的根底，還是由我創立，應該扎什麼根？打什麼底？不用說，應扎下道德根，打下清淨底，這才是真正愛兒女，真能盡慈道呢！根底立得正，子孫一定賢孝，家道一定興隆，定然造個天堂佛國家庭，享受無量的幸福了。

（二十）新家庭之建設

　　君子之道，造端於夫婦，夫婦和而後家道成。現在家庭之間，不是男管女，就是女管男，或是互相管轄，互相打罵，真成了地獄家庭。若不改造新家庭，如何能得享家庭幸福呢？有人提倡男女自立，不相依賴，不相管束，就是化地獄家庭而為天堂家庭。男人所以名為男人，因為有女人。女人所以名為女人，因為有男人。若男人無女人，則為鰥夫。女人無男人，則為寡婦。那就不叫男人女人了。所以男人要明白女人的道，女人要明白男人的道，雙方各盡其道，這才是夫妻好合，如鼓瑟鳴琴，自然能造成和樂家庭。在男女正式結婚以前，都以盡孝道為第一步。結婚以後，男子以盡夫道為首要，女子以盡婦道為首要。男子若不能把女人領在道上，能孝翁姑，和妯娌，教子女，雖自己十分盡孝，老人也不放心。女子不能助夫成道，雖然自己能孝敬翁姑，翁姑也是不甘心。所以男女都要明白道，方能盡孝。男子的道，要把三綱振起來。不動稟性，性綱能立住；不起私慾雜念，心綱能立住；不染上嗜好，身綱能立住。男子只可引導女人，不可管轄女人。若是罵女人，就是罵三綱。打女人，就是打三綱。罵女人是動威風，打女人是動殺氣。女人雖不敢回嘴，不敢動手，卻把恨氣惱氣存在心裡。恨氣惱氣就是毒氣。當時放不出去傷性，傷性生病，病重了要命，害莫大焉。不然這種恨惱毒氣，遺傳到兒女身上，胎毒太大，小兒壽命不長，或性質不良，長大後不孝父母，其害不可勝言。凡子女能盡孝道的，由自己能作德來的。凡敗家之子，是由自身上造孽來的。要知子女之好壞，且看自己的行為是德是孽，便可了然。種什麼因，結什麼果，辣椒結子必辣，酸梨結子必酸。物理如此，人道亦然。現在為父母的，常常埋怨兒子不好，不知道自己稟性不化，氣血帶著毒性，遺

傳在兒女身上，哪有好子女？怨人是結冤，惱人是種毒。兒女不好，正是自己命不好，教你修命呢。自己不修命，還埋怨子女，真是不要命了。子女有過錯，要引導他，糾正他，不要責罰他，以身作則來教化他，久之自然知道悔改。不然，你怨他，他恨你，別人有氣，自己還生氣。家務不和，原因在此。舊家庭的家長都會裝鬼。一進家門，便看著這個不對，那個不對，口中罵人，或舉手打人，恨怨惱怒煩五毒一齊發作。這不是五鬼鬧宅嗎？氣是鬼，樂就是神。我會裝神，神用事便不傷害人。

見家中人不對，便付之一笑。當時不必說他，等他快樂的時候，或是他問我，或是我問他，講明白道理，他自能悔改。就是小孩不聽話，要先說他聽話。他好哭，也要說他不好哭。這就是引導的方法，常了自然能改變性質。裝鬼的家長，久之家人必入地獄。裝神的家長，久之家人必登天堂。這是改造新家庭的妙訣。新家庭的男女，以志意當人，皆不動癖氣，互相感恩，知足常樂。舊家庭是以私心當人，既不感恩，又不知足，所以終日苦惱，如在苦海裡過生活。家庭道若研究明白了，脫離舊家庭的苦惱，享受新家庭的幸福，這就是地獄返天堂，苦海化蓮邦，由明德而出新民，由新民而建設新家庭，由新家庭而建設新國家，創造新世界，世界大同，也就實現了。世界大同，要從建設新家庭起始。建設新家庭的責任是擔負在道德事業中同人身上啊！

（二十一）朋友道

同道者為朋，同義者為友。君子交朋友在道義，小人交朋友為權利。看人與人相交的初步，是為什麼去交朋友。知道他的起初，就知道他的末了。聖門有子路，人告之以有過則喜。告訴他過失的，才是真朋友。禹聞善言則拜，告給他善言的，才是真朋友。能

勸善規過，是為道義之交。現在人交朋友，多半注重在利害上、遊樂上。有利可求就相交，一旦失利，朋友相絕。利是害義的，勢利之交，斷乎不能長久。這是就私人交情上說，還算狹義的。大同世界，交朋友也要取廣義的。四海之內，皆兄弟也。所以要愛眾親仁，但是擇其善者而從之，其不善者而改之，便能得朋友之益，而不受其害。今人交友，往往不辨是非善惡，一味濫交，自己先定不住位，近朱則赤，近墨則黑，隨波逐流，往往受損友之累，受累不可怨人，是怨自己不明白朋友之道。有道的人，能勸善改過，不但不受朋友之累，還能改正。不但能改正自己，還能用道義把朋友渡化過來，那才真是朋友道。你看現在的朋友中，今天你請我吃酒，明天我請你看戲，試問花天酒地的聲色娛樂中，是好是壞，捫心自問，未嘗不明白。可惜明知故犯，明知是個損友，不能遠離他，也知道仁義道德的人是好朋友，而不知親近。知花天酒地不對，而不能改，是不能自救。朋友沉迷在花天酒地不能勸，是不能救人。明知道德仁義好而不為，是不能自拔。知道仁義道德之人可交，而不與之接近，是不能自渡。眼見人迷於邪路而不管，是不能渡人。兩無補益，交朋友究竟為什麼？不能救己，不能救人，口口還談救民救國，這不是欺人之語嗎？所以交朋友，必得明白朋友之道。在家庭方面，父子之間不責善。責善乃是朋友之道，但責善之中也有道，得忠告而善道之，不可則止。若不知止，則被討厭，在自己先得品行端正，令人信仰，說話才發生效力。不然，自己不正，哪能正人，他人不但不聽，反倒討厭你。朋友數，斯疏矣，漸漸地發生意見了。所以，未信則以為謗己也。總之，朋友之道，首在彼此相信，才能合志同方，營道同術，不但財物方面，看成一個，與朋友共，就是父母也視同自己的老人，不獨親其親，子女看成自己的一般，不獨子其子，這樣才合乎朋友之道。所以朋友列在五倫以內，因朋友的關係，非常重大，可是得抱道而行，那才是真朋友呢。

孝為百行之源，然孝是對父母所行的道，若兄弟間不能相親相愛，父母一定憂心，孝道仍不能圓滿。所以孝敬父母，就得和睦兄弟。

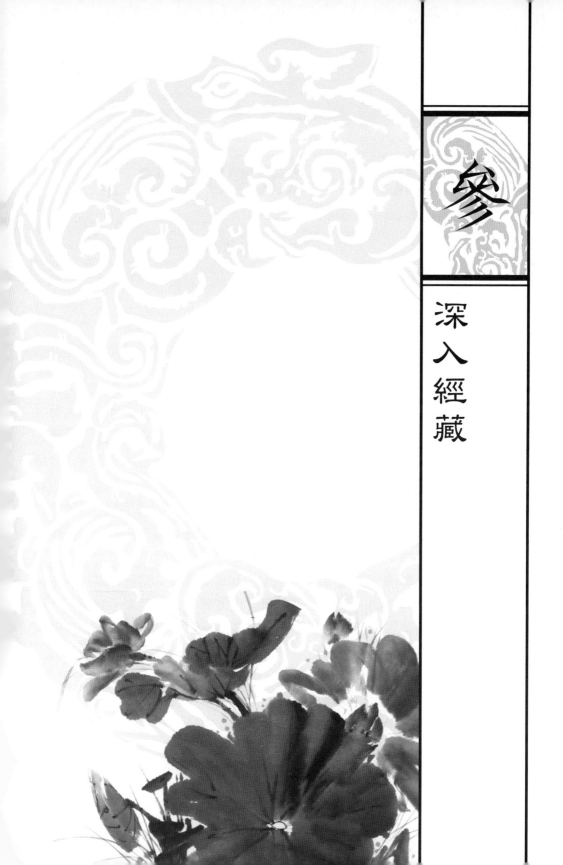

参

深入經藏

【 一、《大學》新講 】

文／天虛我生

（一）序

　　我覺得現在的青年，凡是沒有讀過四書的，往往要怨天尤人，甚至於自殺。因為他受著環境的壓迫，想不出一個奮鬥的方法來。所以，只要另有人把他一引就會引到另一條路上去的。這一條路是什麼路呢？不是邪路，就是末路，歸根結柢恰似一條死路，什麼樣的路叫做邪路呢？醇酒婦人，聊以自解其抑塞，不惜蹧蹋自己的身體，以至於志氣頹唐，終日昏昏，在醉夢之間，結果就不免於夭折，豈不是等於慢性自殺？什麼樣叫做末路？好吃懶做，狂嫖濫賭，因而鬧下了虧空，以致破產失業，或是自己並不如此，而是間接所受的影響，例如所賴以衣食之人，或為家主父兄，或為店主經理，因為他們的破產導致連累到自我失業。如此之人，肩背相望，因而造成了一個偏差的社會，大家覺得無路可走。於是，有種桀驁之徒，鋌而走險，流為盜匪，終致殺身之禍，豈不是一個急性的自殺？都是走上了死路。

　　有人問我，眼前實在沒有可走的路，失意的青年大都彷徨在歧路之間，覺得瞻望前途，絕無生路，大家只是掙扎著要想從死路求生。一般先知先覺的，只叫我們起來奮鬥，卻又沒有一個奮鬥的方式來指導我們，究竟拿什麼來做奮鬥的工具？我說，生路只有一

條，他的指標只有一個「做」字。做點什麼呢？就是做人，做人應該怎樣做？可就不能不學。而能學點什麼呢？就是學奮鬥。

　　奮鬥的成功者第一個要算是虞舜。我們應該學他，他的環境可謂極人世的難堪。他的家庭狀況，父親是個頑父，是個有眼無珠的開眼瞎子，叫做瞽叟。他的母親是個嚚母（口不道忠信之言是謂嚚），專門嘮嘮叨叨的罵人。他的兄弟是個傲弟，昏頭昏腦的，愚蠢不堪，所以叫做象。還有一個妹妹叫做嫢，大概似匏瓜，嫢而不食的，所以叫做嫢。一家五口，完全都由舜一個人去耕田養活。他兄弟不但不肯幫他耕種，還要和他作對。他的母親是個後母，舜是前母所生，因此他的母親只偏愛自己所生的象，對於舜更加以毒害。他的父親似一塊頑石似的，一動也不動，無論什麼事都要舜去做，耕田、捕魚，還要做陶器，還要做泥水匠，做窯溝匠去浚井，做到手胼足胝，痛苦不堪（胼胝病解云：胼胝為皮膚之硬結，有時皸裂，非常疼痛，其傷口化膿破潰，雖壯男子亦輾轉反側，不得安靜。除轉業或廢止其引起原因之職業外，無根本之療法。），還要被他後母用大杖趕出門來。無可奈何，只好嚎泣呼天。但是他並不怨天尤人，只是自怨自艾。意謂父母愛子之心，無所不至，我的父母不喜歡我，一定我有不是之處以致如此，因而格外的盡力於畎畝之中。（畎與畝有分別，畎是每一畝田間都有一畦一畦的水稻，深闊各一尺，以曳其水，使下游而至溝洫，以入於川，而注於海。）使得所種之田，不致遭受山洪暴發淹沒之災，所以歷山下的耕者，遂都讓畔曳水，避免了洪水之禍。後來舜叫禹去治水，就是從經驗而來的格物致知。只教他去（盡力乎溝洫）而洪水以平。但是他在田間的時候，並沒有富貴的思想。他後來的富有四海，貴為天子，並不是他自己求得的，而是用誠意去耕耘他自己的田，他的心裡也沒什麼忿懥、恐懼、好樂、憂患，他只吾行吾素做他應當做的事。他到三十歲還是一個單身漢，沒有娶妻，當時唐堯在位已七十年，自己覺得老了，心力不濟，想要讓位於有德之人，諮於四嶽，而四

嶽與群臣諸侯，大家眾口一致地保舉虞舜，說他能夠在惡劣的家庭環境之中克諧以孝，在歷山的鄉土中，能使得群眾感化（蒸蒸又不格奸，就是說他們的歷山田畝，能避免了洪水之禍，日漸推廣，而農事都蒸蒸日上，人們都能俊又不凡，不猶丕也。丕，大也）。凡是作奸犯科之輩，大大的受到了教訓，都被他感化了過來。然而當時，堯尚未能深信，於是先支使他的九個兒子與他共事，以觀其外（丹朱亦在其內），後把兩個女兒嫁給了他，以觀其內。居然一年而所居成聚，兩年而成邑，三年而成都，天下之士多就之，堯遂率天下之民歸之於舜。堯對舜說：「詢汝所行之事，而考其言，則見汝之言，致可有功，於今三年矣！汝宜升帝位。」而舜自謙德薄，不足為嗣。堯因請其攝政，經過二十八載。堯死以後，他尚不肯即位，而避堯之子於南河之南。天下諸侯，不願歸附於堯之子而歸於舜，然後始踐天子之位。你看他使禹治水，以通溝澮而平土地；使益掌火，以焚山林而驅猛獸，使后稷教民稼穡樹藝五穀，以防荒歉而禦饑寒。他是專門和惡劣環境去奮鬥，而使大家從死路上掙扎出生路來的。當時的洪水災荒是人力所不能抗拒的。天災地變，而他能夠奮鬥。那時的猛獸害人，也是無理可喻的，弱肉強食，和現在侵略我們的外國人一樣，而他能夠奮鬥驅蛇龍，而放之菹，他的功績多麼偉大！

所以，我說舜是一個奮鬥的成功者，就是在他的歷山之下，耕田的時候，盡力於畎畝之間，也是和洪水饑荒奮鬥著，只不過所處地位前後廣狹不同。在先只有一己之力，保其田畝。歷山之農，從而效之，不過在一個狹小的地方，做他應該做的事。後來做了天子，幫手自多，他就率領臣工，做他應做的事，推而至於廣遠以平天下。豈不是一個好榜樣？我為什麼不先說堯而說舜，因為「當堯之時，天下猶未平，洪水猛獸，尚為人禍」。他雖也曾使鯀治水，卻所用非人，是個能行而不能知的，畢竟要比舜的能力差上一點。所以稱說堯的，只說「大哉，堯之德也」，而稱說舜的，卻說「舜

其大知也歟」。孔子祖述堯舜，係專指其明明德，引證不到奮鬥上去。所以我當說舜的成就是由格物致知而來，他的富有四海、貴為天子，則由正心誠意而來。誠意並不為難，不欺，便是誠；正心，也不難，不偏就是正。

「舜人也，我亦人也」，我只要和舜一般內而正心誠意，外而格物致知，盡我之力去和惡劣的環境奮鬥，就可以從死路上掙扎出一條生路來。這生路就是大學之道，孔孟當時不得其位，只好以周公自期而期，望於春秋戰國之君能為堯舜禹湯文武，實在是為了天命所限，不比現在的總統可以由民選而產生的。公司的董事，是由股東選舉的，經理是由董事聘任的，各部主任是由經理選任的。假如你現在還是一個學生或者小職員，而你能夠如舜一般的正心誠意，做你應該做的事，彷彿舜在歷山之下，盡力於畎畝一般，你一定會被四嶽諸侯推舉為舜的一般薦之於堯，由主任而升為經理。正與堯禪位於舜的一般，並不是個夢囈，因為堯老而舜攝是個天演的公例，孔子所謂「唯天為大，唯堯則之。」堯的盛德，即在能以天下為公，傳賢而不傳於子，只要有舜不患無堯。因為現在人的壽命絕不如堯之長，無論何人，他要傳位的時候，一定要找到一個舜的。因此，我說不論何人，應該學舜，應該學舜的能與惡劣環境去奮鬥，而奮鬥的工具就是《大學》之道的一章經。

所以，我將它來細講一番。但是我要聲明一句，我並不是宗教家，也不是理想家，我是一個「求知」的實行者。自從十八歲踏進社會之門，經過了三十七年的種種環境，覺得無論應付什麼環境，只有一個「誠」字可以免除一切的困難，《大學》的一章經，其中主要只不過是一個「誠」字，曾子的「一日三省吾身」，亦不外乎一個誠字。現在的青年，服務於社會中，能如曾子一般的反省其身，即不至於失業，而生財之道亦在其中。現在，我把生財之道試講一些：「生財有大道，生之者眾，食之者寡，為之者疾，用之者舒。」這四句，可以和曾子的「三省吾身」融匯在一起講的。譬如

一個家庭之中，父母兄弟妻子，你不替他們想法子，在可能的範圍內做點生產事業，你就是為人謀而不忠。因為無論男女老幼，總有相當之事可為，若使大家坐食，單靠自己一個人去養家，這就違反了「生眾食寡」的原則。有人說，父母是應該奉養的，「有事弟子服其勞」，怎好反而是老人去工作？我說種竹養魚本來就是老人之樂，五雞二彘亦是老婦所優為，而教導兒孫尤為老人所願負其責者，但使為箕為裘，亦足以紹良弓良治之業，若使飽食暖居，無所事事，豈不是傳而不習，誤己而且誤人嗎？至於兄弟妻子，則可為之事更多。假使兄弟俱是無能之輩，你就應該給他介紹幾個朋友與他共事，以期同化。例如籌點資本，不論為農為工為商都好，只要你自己能擇友，那就是「端人之友必端」，絕不至於欺辱你的兄弟而為損人利己之圖。不過所求乎友，貴在先施，你在平時果能「主忠信」以盡交友之道，則朋友們受過你的先施者，他必以德報德，一定也能忠信於你。所以，生眾為疾亦有賴乎朋友，俗話說「靠朋友吃飯」，因為所靠的朋友大都是「無友不如己者」，他們都是拿本事換飯吃的人，並不是靠著我來「圖哺」的。所以，我的家裡雖然增加了幾個朋友吃飯，但他們都是做了吃的，不僅自己吃過有餘，而且還把有餘的錢來給我家裡的人買飯吃。假如我請了兩個朋友來幫我兄弟做生意，我的兄弟本來是不會做什麼的，最低限度，一月之中兩人要吃十元的飯，而今能夠跟著朋友做工，所得薪資足以餬口，豈不是表面上增加了兩個朋友吃飯，實際上反而減少了兩個兄弟吃飯？這就所謂是「食之者寡」。又比如你的兄弟會做工，所得薪資除了吃飯，能多十元一月，現在增加兩個朋友，幫著他做，所得薪資除過吃飯也多十元。本來就只有十元的收益，而今可得二十元收益，在用度上就覺得舒暢了些。因為是「生眾食寡」，為疾才能得到用舒，而不憂其窘乏，這就是所謂生財之道，人人都能辦得到的。

　　至於烹飪縫紉，本是婦人之識，她在未出閨門之時，她不是定

受過母教的，你若使她拋棄荒廢反而雇用傭僕為之執役，豈不對她也是為謀不忠，教她自省有愧做了個傳而不習的懶人嗎？不過你自己一定要以身作則，四體必勤，你若不能自修其身以盡做人之道，你的父母、兄弟、妻子、朋友，一定會和你一樣，若大家抹煞了良心，做個消費者，而非生產者，你就苦了一生一世，壓迫在家庭社會的經濟桎梏之下，直至老死也翻身不得。所以，《大學》一章，重在「修身」二字，而修身的要件，就不過是「誠意正心」，也就是「明明德」。總結一句話說，就是子思的《中庸》所說的一個「誠」字罷了。現在我講《大學》也不過就是一個「誠」字。我若不誠，不要說講一章經，就是寫一篇序言，也早半途而廢的了。所以要請諸君鑑諒我的一番誠意，莫當做一席空談。

（二）第一講：大學之道

大學是對小學而言，古人七歲入小學，十五而入大學，二十而冠，才算成人。三十而娶，有了子女就算做大人了。做了大人之後，就要做國家之事，如果不學無術，他就不能齊家治國。所以到了十五歲的時候，就應該學做大人。孔子十五而志於學，他在十五歲以前，並不是不學的，不過在小學中學些灑掃應對進退之禮，以及學樂誦詩舞象舞勺，和現在的小孩子一般，他的心思並不專一，也並不把這些學問之事放在心上。「在心為志」，直到十五之年，他才專心一志於學。所學的是什麼？就是學做大人，而以平天下為己任。他的心得之學，所謂心傳就是這一章經罷了。現在的小學，不過以識字為目的，所以凡是單單講究說文音義的一般學者，即使是個老師宿儒，也只稱為小學家。小學不過識字講義，而大學是要讀書明理的。讀書而不明理，仍不過是個小人而已。現在的大學，單單選出一科來，造就專門人才，與從前的大學目的絕對不

同。從前的大學目的，是要把小人的器量放大開來，直把天下國家當做一己之事，學成一種大人的氣概，不存小見。所以說大學者，大人之學也。因為等到做了大人之後，出身處世若是有己無人，專門以私慾而求利己，不顧損人，譬如大斗小秤，貪圖便宜，這就是小人的器量。這「器量」二字，就是度量衡，俗語說：「宰相肚裡好撐船」，「器欲難量」才是大人的氣概。如果做了個大人，與人接物而仍是小器偏見，不能夠大度包容，就算活到了七、八十歲，仍是個小人而已。所以，凡是不明事理的人，人家就說他是小人。因為他的見識簡直和小孩子一樣，不過小孩子還有一種天真，而沒有機心。譬如他看見一樣好玩或是好吃的，他想要，就會向大人討，絕不會搶奪盜竊的。要不到手，不過如大舜一般號泣罷了。而且小孩子並不是個小人，因為他年齡小，還未成人，所以鄉黨中稱年紀小的人為小子，而不稱之為小人。若是已經成人仍舊和小孩子一般的行為，這種人才是真正的小人呢。

道猶路也，即俗語「的」字，但亦可作「到」字講，就是「先生將何之」的「之」字。大人所應該學的是什麼？就是應該走到一條大路上去，千萬不可走小路，所以「君子行不由徑」，因為從小路上走，往往遇到歧路會走錯的，或徘徊歧路，進退維谷，不知所之。究竟該走哪一條路才會達到目的地，自己也就迷惑了。譬如從靜安寺路到黃浦灘搭乘輪船，要到一個口岸上去，本來是一條筆直的大路，絕不會錯的，不過行人很多，汽車電車橫衝直撞的，不免有些危險。或是遇到有人出殯，立住了走不過去，你就覺得心焦，有人教你轉個彎，抄小路過去，於是從西摩路轉彎，走過威海衛路，到了十字路口，便不辨東西南北，竟然會走到鄉僻角落裡去，找不到歇宿飯店，耽誤了船期。僥倖遇到一個識路的人，重新尋到黃浦灘來，可是已錯過了一班，費了許多勞力，誤了許多時間。若是從大路走去，豈不方便穩當？如今我們讀孔子的一章經，就如坐了一部電車，從大路上走去可就省力多了。這一章經，雖然只有

二百五十個字，但是總綱卻很簡單，不過是下文三在而已。猶如大路上的電車站，要到目的地，一定要經過三個站頭，但是起點終點只不過兩站。起點就是明德，終點就是平天下，王陽明的所謂「良知良能」，就是在明明德的起點，朱子講的格物，就是平天下的終點，其實都是一條路上的說法。不過孔子常說：「物有本末，事有終始，德之本也，君子務本。」所以王陽明要詆毀朱子，意謂他是捨本逐末的。他說朱子叫人家去「格物」，我曾在庭中格竹子，格了幾日，並沒有格出什麼來，這一個笑話至今傳說不衰。其實王陽明也太笨了，若是竹子已經枯死了的，經過幾日，也一定會有些物理化學上的變化表現出來。若是活的，你用科學方法去考察它，做一個詳細的紀錄，在最初注意的時候，用精細的尺度量準了某節到某節的長短，以及圍圓和顏色深淺的程度，不要說經過幾日，即在二十四小時內也一定有一種變遷。這一種變遷，是由什麼原因而來的呢？那一定有關於天地人三者，或者因為天時的晴雨寒暖，或地氣的燥濕和人工的灌溉，進而曉得竹子若要容易長大就應該用什麼方法來幫助它。這一種行為，就是現在的理化，但是從前的讀書人，往往矯枉過正，以為這種是人欲，不是天理，是人為的，而不是天然的。因為世界上的人，大多數用人為的方法而求滿其人欲。所以世界上就紛紛擾擾的不安靜了，一切爭奪竊盜多由此而來，要想挽救這個流弊，於是乎有一班專講道學的人要把天理來克人欲，又恐自己的話人家不信，所以把堯舜抬在前面，說三代以上多是無為而治的。其實，上古時代的人，何嘗真的無為，耕種陶漁，何嘗不是人為的，如果真的無為而靠天吃飯，世上的人種早已絕滅了。我說「無為」的「無」字，是個禁止之詞，與「毋意毋必毋固毋我」的「毋」字相同，「無友不如己者」的「無」正是這個無字。無為而治的「為」字，就是「有所為而為」的「為」，也就是「意必固我」四大端。譬如說，我意思是這樣，我一定要如此，我固守著一個方法，只顧於我有利，不顧他人，這就是人為而求滿其欲的

一種行為，也就是小人的行為。所以，《大學》之道第一步的克欲功夫，即是「在明明德」。現在我把在明明德的一句，細細講來。

後記

世人稱其父兄師友曰大人，即因其年必長於己也。《禮》云：「年長以倍，則父事之。十年以長，則兄事之。五年以長，則肩隨之。」此後泛言少長之序，肩隨云者，與之並行而差退，即所以致其敬，使行者不亂於其途。又云：「群居五人，長者避席。」此言一席之地，僅容四人，長者必居首座。若有五人時，則長者避席異坐，使後至者得與列席，即所以示讓德，使坐者不亂於其席也。今人於行止之間，每多不檢，行則爭途，坐則爭席，聚則若麕鹿，散則如鳥獸，是即《曲禮》所謂「鸚鵡能言，不離飛鳥，猩猩能言，不離禽獸。今人而無禮，雖能言，不亦禽獸之心乎。夫唯禽獸，故父子聚麀。是故聖人作為禮以教人，使人以有禮，知自別於禽獸。」故吾以為不及讀四書者，不可不讀《大學》一章，不及讀五經者，不可不讀《曲禮》一篇。

其二

大人先生之稱，自民國以來已廢大人，而獨稱先生。因從前稱官府曰大人，故深惡痛絕之。其實，父母之官必當愛民如子，故為子民者，事之有如父母，稱為大人，亦固其宜。稱先生者，不過先我而生。無論何人，凡其年長於我者，皆當以先生稱之，唯與父兄通問。若在書函中，不稱大人而稱先生，則以後生自居，直不認為子弟，未免無禮太甚。對於師長，應稱大人，則以弟子自居，視彼一如父兄，所以示尊敬，而望其教育者也。口頭稱先生者，則以朝夕相見，或與父兄同在一處，所以別親疏也。近人函牘，稱謂每多失當，即自稱亦多未妥，例如稱愚，乃師友對於弟子之自稱。疏親遠戚，對於早卑功，亦都自稱為愚，正所以示謙也。近人濫用，殊

失其當，不如自稱其名為較妥耳。

（三）第二講：在明明德

　　凡是一個人，自襁褓而至提攜，第一件事就是學步，而學步就是學走，應該向大路上走，方才不至於迷惘。如何而能不迷惘呢？第一步，就是要明德。什麼叫做明德？就是《中庸》的第一句「天命之謂性」。所以一般社會上，常把「德性」二字併在一起去稱讚人，說某人是有德性的，是個好人。不過，人之性本善本惡，各有各說，至今還沒有個定論。據我想來，人秉天地之中以生，先天之性是天然的，所以父子兄弟之親出於天性。後天之性，是習俗相傳的，所以「龍生龍，鳳生鳳，老鼠生來打壁洞。」因為他的父母已經有所習染，習於善則善，習於惡則惡，這已是人為的，而非天理。

　　什麼叫天理？要先把這理字講明瞭。什麼叫做理？我把一件最淺近的東西做個比方。譬如王陽明所格的竹子，我把它砍下一節來，用刀劈給你們看。直劈，是順著紋理的，它就迎刃而解，我們眼光看得見它的一條條的紋路，這就是理；若是橫劈，它就碎裂了，但是它的碎裂之處，仍是順著理路的。它從地下生長出來，能夠扶搖直上，而成一有用之材，這就所謂順理成章。它的旁生枝節，其中也有理路。正如人身的脈絡，有條不紊，如果沒有這些理路，即使有適當的天時地利，或人工的灌溉，也沒用處。但是這個引證，還不過是物理，而非大理。什麼叫做大理？天是無為的，因為它的風雲雷雨，並不是有意為了什麼目的而為的，它是完全出於自然的一種行為。它並不是要植物滋長而下雨的，也並不是要摧殘草木而起風的。因雲聚而至雨，因電擊而生雷，它並沒有先施責報的心思存在其中。若是人為的，它就存著一個先施責報的目的。所

以，人慾與天理，不可同日而語，「天地無私」就是說天與地，是沒有一毫私慾存在的。

人生之初，本與天地之心無二，乳哺之嬰，無知無識，無所謂貪生畏死之心。索乳求飽，雖是人慾，但亦自然而然的天理，猶之草木需要雨露，他本來並沒有向天去求，天以雨露供給草木享用，比之父母把衣食去供給兒女，本來是一樣的，不過父母對於子女，還有一半人慾參在其間。「天地之大德曰生」，他養活兒女，原是好生之德，與天地之心無異，但是養兒防老，就不免有先施責報之心，這便是人慾，不過仍是合於天理的。因為天道循環，他所走的軌道，仍不外乎天然的理路，因而循環不息，至今不曾毀滅。若是走錯了一條理路，地球便會與星球碰撞。天文學家只知天文，而不明天理，常常會和杞人憂天一般的鬧出笑話來。殊不知天理也和物理一樣，天地由陰陽二氣，輕清與重濁而分。譬如把水來分柝氫氧二氣，因為比重不同，在分解的時候，其中也有一條理路，不過粗心者看不出來。若把兩種有色的氣體做個實驗，一定很容易看出，天上的雲霞，就是一個引證。凡人順理行事，就與天道運行一般，就是天理。人的良心，就是合乎天理的德。大凡一個人，本來總有良心的，這就所謂天良，因為他有了一種私慾，於是乎抹殺了良心，以求滿其私慾，這種人就是昏昧的小人。如果把良心擺在當中，即使不學無術的野人，他也不失為庸德之人。什麼叫做庸？就是極普通、極平常一個中等的人，既非上智，也非下愚，是世界上最多數的，所以堯舜治天下之法「允執厥中」。如果單單為上智下愚而設法，就不免有所偏倚，使得大多數的人無所適從。《中庸》一書，就是講這個中行庸德的安人之法。而《大學》是講正心、誠意、修己之法的。必先修己而後能夠安人，所謂正己而後正人。所以，大人之學，第一件先要把你自己的良心放明白了，然後教導眾人也把良心來放明白了，這就是明明德。明德是修己之功，明明德是治人之術。什麼叫做術？就是一個法子，用什麼法子來治人，才

能夠明其明德。亦復如我，且聽下文。

後記

孝悌忠信，禮義廉恥，謂之八德。世人痛詆無恥之徒，謂之忘八，即謂其人縱具上述七德，而不知人間有羞恥事，故又目之為冷血動物。其實，帷薄不修，乃閨門之污點，烏龜之種，特取「污閨」二字之諧音耳。忘八與烏龜，雖皆謂其無恥，然有廣狹義之不同。今則此八德者，大多數竟已全忘，故又新立八字，曰：忠孝仁愛信義和平。兩相比較，則以悌易愛，以禮易仁，所包自廣，唯以廉恥而易和平，或不免有誤會。殊不知以和為貴，而天下平，特舉其大者言之耳。至於國恥則為盡人所知，而廉潔政府，亦為國民所服膺，故不必以口頭禪號召於天下。試一涉足於都市或集會之場，商店之廉價標識，以及國恥紀念之標語，昭昭人目，隨時隨地，可以解除眼簾，正不必存之於心，亦已足使民不能忘矣。

（四）第三講：在親民

親民或作新民，但在刻本上，明明是親民，而非新民，現在先把個「民」字講明白了。天之生民，本無君臣貴賤之分，作之君，作之師，都是由人自作，而非天命。孔子直到五十學《易》之後，方才知道天命，他從前的一切作為，要想以人力回天，因而棲棲一代之中，所如輒左，只算自討苦吃罷了。結果獲麟絕筆，不過做了一個萬世之師，這是天命使然。所以他就死心塌地，不復夢見周公，他的「祖述堯舜，憲章文武」，原是一個治人之術，猶之道家托於黃老，釋家托於如來，也不過因為「人微言輕」，怕人不肯信從於他。所以假「神道設教」來一個「述而不作」的開場白罷了。

稱作人君的為天子，實在是一個異想天開的牢籠之計，對百姓

說他是天的兒子，他的所作所為，都是替天行道，你們不可違抗天命；對人君說你是天的兒子，奉天承運，來主宰萬民，你就不可逆天行事，專逞一己之慾，而不顧及民生疾苦。若是民怨沸騰，無法可以格君心之非，他就只好仰觀天象，代表天意，說你的父親生氣了，你看上天示象，荒旱就在眼前，民不聊生，國亡無日，你雖貴為天子，然而做了個不肖之子，豈不讓天怒？「天命之謂性」，你若背了天理，昧了天良，你的姓名就沒有了。你既沒有了姓名，你的身子也就死亡，身亡尚何有家？尚何有國？尚何有天下？於是做天子的，一定誠惶誠恐，不敢逆天行事，成湯禱天自責，也不過是「畏天命」耳。

　　從前的人家，往往在家堂中供奉一個牌位，上面寫著「天地君親師」五個大字，朝夕焚香，歲時必祭。雖然是個迷信，但是這五者，卻是人人得見，並不涉於虛誕，而且人人都受著他的益處，實在值得崇拜的。天地果然無私，而人君以平治為己任，親之養子，師之教弟，亦無非為人謀而忠於其事，並不沾沾為己，以求逞其私欲。在這五個字當中，最切近的，就是親親之於子，痛癢相關，簡直是自己身上的一塊肉，絕不肯任人宰割的。所以說君之於民，應該和親之於子一樣，才是道理。改做「新民」二字，那就變做狹義的了，若不是民眾的見聞習慣有了舊染之污，有什麼革新可言。湯之盤銘，日新又新，周雖舊邦，其命維新。他是在放桀伐紂而後的時代，所以要與民更始，重新做起。而大學之道，第一步是明明德，曾子所引的詩書原不過是「明德」的註解，而日新又新也不過是「明明德」的註解。何必定要把「親民」改作「新民」來附會上去？

　　古時候，貴賤無異學，天子元士以及諸侯卿大夫之子，皆同在大學之中。元士就是後世的狀元貢士。大學在郊，即所以示招致四方賢士，使君卿大夫之子與民親近，以便熟悉人情物理，為出身臨民之張本。所以第一步要在明明德，第二步即在親民，正恐君卿大

夫之子妄自尊大，不能為親民之官。所以叫他把親親之心推及於民。親親，仁也。人人能有仁心，無論尊卑貴賤一視同仁，有如父子之親，自然而然的引起敬愛之心，使我中國四萬萬的民眾，真個和同胞骨肉一般，豈不是一齊走上了大路嗎？所以我說這一句，應從古本《大學》，在親民的不錯，就是尋常的人出身處世，與人接物，都應該學這「親民」二字的功夫。譬如一個商店中的主人，俗語叫做老闆，就比方是一國之君，他的學徒工役，就比方是人民。若能把親親之心，去對待人，那就可以一德一心的替你出力做事，同其甘苦，絕不至於背叛你的。又如一家之主，稱為府君，他的僕人，就比方是人民，你能帶他如父兄子弟之親，也就可以收到絕好的效果，這就是齊家治國本無二致的一個不二法門，古聖之傳不過如是。因為是個牢籠天下之計，不過是先施責報的人欲，借著天理來做一個術語，只好心照不宣，不能筆之於書的。不過以親親之心，激發大眾的天良，使得人人能夠明其明德，同走到一條大路上來，所謂上行下效，上有好者，下必有甚焉者矣。未有上好仁，而下不好義者也。這就是格物致知。

後記

親民之官為民父母，故在從前時代，對於貳尹，則稱之曰父台，而對邑令，則稱公祖，謂其權位在貳尹之上。貳尹稱邑令曰堂翁，是猶父之父，亦猶母之稱其夫之父也，故稱之曰祖，而且為公民之祖，非一家之長也。然而愛民如子，古今能有幾人。蓋雖科舉出身，曾經讀過《大學》，而所讀者皆易親民為新民。是故一行出仕，往往其命維新，與民更始，殊不知五日京兆，轉瞬又易地而易人，朝令夕改，各有各之主張，以致民無適從。故諺有之曰：一個官兒一個令，一個茄兒一個柄。吾嘗從政七年，五易其主，所經各地，每誦斯諺，以當諷諫，然而未嘗讀大學之道在親民者，雖與言之諄諄，而聽者渺渺，其效亦等於零耳。

【115】

其二

工商廠號之管理者，即無異於親民之官。但其所存之見，往往以為疏不間親。有關係者，則在親親之義，莫不處於近水樓台之地位，是蓋親其所親而已，未嘗能親民也。君子賢其賢而親其親，吾甚願為管理者，抱「賢賢易色」之旨，外舉不避怨，內舉不避親。對於此一講中所謂心傳之法，心照不宣，三致意焉。

（五）第四講：在止於至善

至，極也，不過是一個相當的界限，即是化學上的所謂臨界，亦即超峰極頂之極。譬如登山一步一步地走上去，凡是可以息足的地方，就該息足，養一養精力，然後更上一層，方不至於喘息。若是已到峰頂，還想更上一層，豈不是妄想登天嗎？善乃不惡之謂，不惡即是好，凡人久處惡劣的環境之中，能夠掙扎到比較安適一些的地方，站住了腳跟，安定了心思，這就是最好的一個境遇。至善即是最好，但是究竟是怎樣一回事，才可以算得最好，這是沒有止境的。俗語說，做了皇帝想登仙，做了神仙之後，說不定還想下凡呢。人類的慾望，往往有加無已，與日俱深。譬如在失業的時候，他想最好有個啖飯之地，及至有了一個啖飯之地，供膳而不供宿，他想最好能夠有個安身之處，及至有了一個膳宿之處，他想最好領了膳宿費，把妻子帶來，住在一起。你想這一種念頭，豈有止境？所以要把「止」字提前，做個要件，教他止於至善。就是說你所以為最好的一回事，本來是度德量力，比上不足比下有餘，酌取其中，適當其分，並不曾做過分的奢求。既然能夠達到目的，你就應該暫時止住你的妄想，加以一番考慮，然後可以有自得而無失。否則，一味妄進，說不定因為無厭之求，會把方才認為最好的一個機

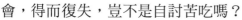

會，得而復失，豈不是自討苦吃嗎？

　　凡人在吃苦的時候，一定想最好能夠免吃苦。苦的對立面是樂，善的對立面是惡。凡稱為善，就是不惡；凡稱為樂，就是不苦。人生本無極樂之事，世上豈有至善之地。曾子所引的綿蠻黃鳥，止於丘隅，已是一個最好的比喻。土山為丘，丘隅乃土山之隅，並非至高無上。好得無以復加的所在，不過是黃鳥出於幽谷，而欲遷於喬木，一時之間飛不到牠的目的之地，一味盲追不止，不免有些自討苦吃。那麼丘隅之間，暫為棲止，也是個很好的所在，因為土山之隅，地處荒僻，弋人何慕必不來此射宿，所以牠就可止則止。這一個「止」字，彷彿是個軍隊中的口令「少息」二字，也彷彿音樂譜中的「休止符」。「至善」二字，亦可做正好解。凡人所當以為正好的事，往往因為身分地位之不同，因而有異。例如，為人君止於仁，這個「仁」字，就是除我之外，尚有別人，我把別人和自己一樣看待，所以二人兩字合併起來，成為一個仁字。果子的核裡面，有一個仁，它是物質無識的植物，怎麼會有仁心？因為它是秉天地之氣而生，所以它的結果能夠落到地上去，再生出果木來。這個生生不息的生理作用，全在乎仁。這個仁，就是天理良心的實據。人君之心，在止於仁，就是在明德親民，以收善果。而下文所說的為人臣，止於敬，為人父止於慈，為人子止於孝，都是適可而止，剛剛正好的引證。如果為人君者不止於仁，太過一些，就要偏到市恩以買民心的一方面去。為人臣而不止於敬，太過一些，就要偏到逢迎諂媚的一方面去。為人父不止於慈，就會偏到溺愛不明，莫知其子之惡的一方面去。為人子的不止於孝，就會偏到割股殉葬的一方面去。所以應當止於什麼地步，才算是剛剛正好，實在隨人而異，不能一概而論。大學之道，是以平天下為目的的，並不是在止於至善便算是大學之道已到盡頭，這不過是第三站的停車所在。譬如到黃浦灘搭乘輪船，你坐在電車裡，不停的前進，而不知止，豈不是永遠兜著圈子，永遠到不得目的地嗎？所以下文就從止

了之後，來說那進步的途程，如何而後能使天下平，且聽我再講下去。

（六）第五講：知止而後有定，定而後能靜，靜而後能安，安而後能慮，慮而後能得

「知止」二字，乃是平天下第一步的功夫。以個人論，左思右想心不定，這人一定要煩躁而生病，一會兒想到東，一會兒想到西，自己拿不定一個主見，到頭一事無成，白費了許多心思、許多勞力。他的結果，往往求之不得，或者得不償失，這個原因，就是他所欲得的一回事。他不曾仔仔細細地思考一番，其實也並不是完全不考慮，只因為他的心思不定，胡思亂想，就連自己的身心也沒個安放之處，這就是不知止的毛病。以國家論，不患寡而患不均，不患貧而患不安，這個「均」字，就是平字，「平安」二字，是連帶的。譬之於水，如果奔流不定，它的波瀾絕不會平，已經產生了波瀾，你要它平靜下來，一定要把這水止住了不流，方才會得平靜而澄清。民心也是如此，你要使得民心安定，就要使他們大家都能夠止於至善之地，那就不至於作亂。

所謂至善之地，究竟是什麼地方？邦畿千里，為民所止，因民之所利而利之，他們所以為最好的一回事，就是「平安」二字，能夠使得他安居樂業，站得住腳，不致永在流離顛沛之中，他們的心也就安定了下來，種田的想要收穫，他就安心定魄的專於耕作，慮到水旱災荒而加緊工作，人人各就其立足之地，而謀最好的方法，使得能夠永久平安，有得無失，不必再有患得患失之恐慌，那就得了。北方人口頭所說的「得啦」，正是這個「得」字，它的意思就是「正好」，並不是江北人口頭所說「太好了」的意思。太好已是過了分的，大凡過了分的任何事物，一定不能適得其平。不看

別的，只要看看太極圖，便明白了，它本來是個混元之體，伏羲畫卦，本來不過一畫，所以叫做一畫天，也就是堯舜的「允執厥中」。它把一個圓圈中，試加一畫，就是一個中字（從篆文），在未加一畫之先，陰陽二氣，混合不分，所以由無極而生太極。太極就是太過了分，失了中的程度，所以一面凸了出去，一面就凹了進來，成了一個太極圖形。兩儀本來相對並立的，也就被它擠到了半邊，偏到凸出太過的一面去，變作了一個重心，就不免畸重畸輕，失卻了平衡的均勢，因而旋轉不定，永無停止之時。試把太極圖旋得極快極快，一定會眼花瞭亂，依舊變作了混元之體，分辨不出陰陽黑白。你如果要分辨一下除非把它止住了勿動，方才辨得出它的黑白，看得出它哪一部分是太過，哪一部分是不及。猶之用天平來秤物件，你把砝碼用的太過或不及，都會晃動不定的失去了平衡。除非熟能生巧，估量到應用砝碼，適如其分，而無毫釐之失，它就可以一畫水平的止定了不動，而且安如磐石。這一種功夫，老店員往往能之，因為他是有了經驗的，所以能夠知道這一種適如其分的天平砝碼。就比方是明德親民之官，止於至善之地，無所不用其極。這一個「極」字等於電學上的陰陽兩極，單有一個陽極或是陰極，絕不會產生感應的作用。比方是一個指南針，它的形狀就像一畫開天的一字，一端是陰極，一端是陽極，它的居中一點，比方是冬至夏至，過了夏至，就偏向於陰，過了冬至，就偏向於陽。所以至善之謂，猶言不偏之謂中，指南針要它指示方向，必須放在極平正的地方，然後能夠止住不動，不偏不倚的指示你一定向。所以說「天下定於一」，這個一字，就是個指南針。

人心的向背，雖不能用指南針指示出來，但是可以由指南針而悟到一個方法，這個方法，就是止於至善，使得人心有了個定向，篤定心思，去做他應該做的事情，而不至於舉棋不定，誤了大局。大家既然能夠定了心，有了一個定，就可使得紛紛擾擾的一班搗亂分子，找不出導火線，釀不起大風潮，自然而然的把滔天大禍平

靜了下來。「靜而後能安」的「能」字，與「知止而後有定」的「有」字不同，有的反面是沒有，能的反面是不能，沒有就是未之有也，是從來所無的。不能，不過是不可能，本來含著可能性的，只要有能力去做，就能達到目的。所以循序漸進，下文都用能字，由定而靜，由靜而定，是個免除煩惱的不二法門，便是常言所說的「安分守己」。知止，便是安分；定靜，便是守己。鎮定自己的妄念，自然可以隨遇而安，下文的「安而後能慮，慮而後能得」，乃是處世接物的一個方法，並不是教他終日的憂慮著，如杞人憂天一般。若是如杞人一般，他的身心早就不定不靜，哪裡還能夠安呢？所以這個「慮」字，應該作考慮的慮字解。凡是遇到一種為難的事情，一定要安心定魄的考慮一下，然後可以權衡輕重，取捨適當，不致有患得患失之心，自己游移不決，紛擾不寧。若在紛亂之中，一味憂慮，那是無益而有損，有失而無得的。所以這個「得」字，仍不過是北邊人所說的「得啦」，並不是「戒之在得，貪得無厭」的「得」字。但是「戒之在得」的「戒」字，亦可由慮而知所當戒，而「貪得無厭」的「貪」字，亦可由慮而知所謂貪。「君子見得思義」，就是處世接物的時候，憑著安定的心思，一加考慮，是否為「不當得利」，那就得啦。

（七）第六講：物有本末，事有終始，知所先後，則近道矣

「本末」二字，譬如一株樹，根部是本，梢部是末，你若要它茂盛，一定要在根部上注意。栽植固定，勿使搖動，灌溉無失其時，它的枝葉自然會發展起來。你若單單只見它的枝葉茂盛，專門用些水來澆漑樹梢，忽略了根本上的灌漑，等到根本枯竭，枝葉也就凋謝，任你怎樣去補救它，也就沒用了。所以，樹木的方法和樹

人的一樣，當以培養根本為先，修剪枝葉為後，才是正法。至於「物」字的解釋，即凡心之所欲，可以取與的東西，皆謂之物。不論有形的無形的，無形的如富貴利達，有形的如飲食男女，皆是一種普通人類的目的。物凡在取與之間，就得審慎周詳是否合於義理。合於理義的就是德。所以，德者本也。明德為本，親民為末，「民物」二字往往相提並論。因為「天生烝民，有物有則」，凡物之取與一定，有個正當法則，這個正當的法則就是義與理。如何曉得是否合於義理？就是憑著良心去省察，這就是明德，也就是良知。如果不先省察而便取與，意謂「親民」二字應當視同骨肉之親。凡是他所欲者，我便應該與之，凡是我所欲的，也就不妨取之於他，而不復顧是否合於義理，這就是所謂「捨本逐末」。即使能夠達到目的，而在良心上一定有所不安。這就因為是未經考慮，不知先後的緣故。所以，治人者必修己，親民者必先明德才對呢！事與物本來是一樣的，逃不出一個理字，譬如木紋一定由根部而起，無論中途如何分枝，它的理路一定有條不紊，辨識事理，亦然如此。某一種的結果，必定先由某一種因而起，可以尋繹而得，絕無差誤，絕不會有無因之果的。譬如一篇月結帳，它的結數共是幾千幾百幾十幾，你要知道它是否正確，你應該從頭一筆算起，仔細覆核一遍才會承認它是正確，這就叫做事有終始。

凡事之終，必先有始。普通人做事，有始而無終的固然不少。但是，成功者之成績，一定經過許多階段才得斐然可觀，不過似月結帳的一個月終結數。而他所以致此的過程，一定有個最初的起點，這是必然的一個定理。所以，凡人自己做事，要達成功之目的，應該「慎始圖終」。看人做事，要知成敗之因，應該「推原其始」，才明白事理與物理之互相表裡，絕不至於冒冒失失地做事了。

如上所說，若果知之而不能行，就像是走進了大路之旁而不舉足前進。所以「知所先後則近道矣」。近是近了，如果知而不行，

仍是不正確的。好像火車在鐵道上，你把車子從歧路上推近了正軌，心裡知道從這條軌道上去一定能夠達到我的目的地，絕對不會錯。但是，知之而未能行，你並不會開到正軌上去。所以也只是近道而已，你應該如何開上正軌向前而近，且待下回再講。

（八）第七講：古之欲明明德於天下者

上文所說的明德是修己功夫，明明德是治人功夫。天下的人如果皆能正己而正人，就可以永久太平，回復到三代以上不爭不奪的景象。所謂三代以上，就是唐堯虞舜，而三代是指夏商周的。因為事物上的發明雖在羲媧炎黃時代已有，而洪水猛獸之患尚為人類之害，直到堯舜手裡才把這些害人的東西平治下來，使得大家安居樂業，不爭不奪。不但人民一方面把私利看輕，以粟易布，並不用什麼巧取豪奪的方法來占人便宜，完全憑其良心，順應天理去做他應做的事，就是堯舜自己也是以天下為公，並不認為一姓之私的。所以，堯禪位於舜，舜禪位於禹。在三代以上得天下者與三代不同，因為三代的得天下就不免要動干戈。例如，禹的得天下從舜禪讓而來的。他初傳位於啟，是因為他的兒子是個孝子，能夠繼承父業，無改於父之道，做得下去。不料，傳至於桀，竟把天下國家認為一姓之私，只顧利己而不顧利人，以致民怨沸騰，如在水深火熱之中，引起成湯的弔民伐罪之師，遂由禪讓而變為征誅。湯傳至紂，又忘了他的祖訓，弄到荒淫無道、人心離叛的一個結果，又被周文王以德服人，把民心吸引過去。到了武王，他就效法成湯取而代之。在這個時候，一切政令大都仍是順著天理良心，與民同其好惡，定出一個方策來使民悅服，並不是橫徵暴斂的。而在一般人的心理來說，也都安定而無紛亂，於是禮樂大備。所以，後世盛稱三代之風，這一節的「古」字，就是所謂「祖述堯舜，憲章文武」，

是專指唐虞夏商周的一般聖帝賢王而說，因為他們都是修己而安人的，一個理想來平治天下的。他的目的就是要使得天下的人，都能夠明其明德，而不用機詐手段和搶奪的行為取得天下。和後世專門「以力服人」的人，而不「以德服人」，就不能相提並論了。所以，孔子推尊堯舜而祖述之，至於文武，則不過取其憲章而已。朱注謂：「祖述者，遠宗其道；憲章者，近守其法。」既稱為近，即不是古，所以這一個「古」字當指堯舜而言。

（九）第八講：先治其國

上文所說的成湯以及周文武，他們都是先治其國的。因為當時的分封子姓各有其地，讓他去領導百姓耕稼陶漁，以裕財用，使得大家安居樂業，而不至於流為寇盜。這就是有國的賢君，不但他自己國內的人民感戴他，就是鄰國軍民也都認做榜樣。假使鄰國之君暴虐無道，他的百姓一定會歸化到施行仁政的一國來。例如，成湯本來不過是個分封於亳的一個小國之君，初無大志，他不過自明其德，只在正心誠意上用著修己的功夫，並沒有兼併鄰國的一種企圖。只為臨邑的葛伯放縱無道，成湯用種種方法去勸化他，甚至於叫自己亳邑之民幫他去耕種。對於葛伯的百姓，凡是老弱無能者，且把自己所有的酒食去供給他，而葛伯不但毫不感化，反而率領他的一批暴民看見酒食就搶。亳邑之民在葛伯那裡協助耕種的，大抵都是壯丁，因而叫一班童子去送田飯。葛伯竟把這些童子殺掉，搶了他的田飯，《書經》裡所說的「葛伯仇餉」就是這個故事。成湯於是去征伐他，四海之內都說成湯的本心並不是想富有四海，他是為匹夫匹婦復仇。（古時間所用的駕車之馬都是選一樣顏色的，四馬為乘，兩馬為驂。如果只有一馬，則稱之曰匹。所謂匹夫匹婦是指無婦之夫以及無夫之婦而言。無婦之夫並不是鰥夫，凡是已至

三十而娶的年齡而猶未娶者，也就是所謂餘夫，因為當時的制度，一夫授田百畝，以養父母兄弟妻子。所以，上農食九人，下農食五人，而餘夫只授二十五畝，比較上少去四分之三，也就因為他只養自己一個，負擔較輕，並無家室之累。所以，這種人就稱為匹夫。至無夫之婦，也並不是寡婦。大抵到了二十而嫁的年齡還未曾嫁的，她不過幫助她的父母兄弟從事耕織，未嘗有偶，所以叫做匹婦。這一種人的身分是和童子一樣的。）因此，義兵一舉，引起一般受著虐政的他國之民，也都希望他前去除掉其暴虐之君，拯救於水深火熱之中。所以，東面而征西夷怨，南面而征北狄怨，大家盼望成湯前去解救他們，和大旱時節的災民渴望著雲霓一般。因為雲霓是雨澤的先兆，可以使得將近枯死的田苗能有復甦之望。正和人的生命垂絕時候，求生免死的慾望一般。因此，夷狄之君，凡是不行仁政虐待百姓的，都被成湯克服了過來。於是，十一征而無敵於天下，這就是先治其國所得的效果。

　　周朝也是如此。昔者太王居邠，狄人擾之，事之以疲敝犬馬珠寶求免於侵略之禍而不得。他對老百姓說，狄人所欲只在我的土地，我想土地是用以耕種而得收穫，所以養百姓的。如果我把土地看重而把百姓的生命看輕，死守著不去，認為這土地是我一姓所私有的，而不是百姓所公有的，豈不是反而害了你們？你們只要有一個仁德之人出來做個領袖，能力勝過於我，能夠免去這場兵禍，我就離開了這裡，也是與你們有利而無害。他就舉室偕遷逾梁山而居岐山下。但是，邠人都說這個人是個難得的仁君，豈可失掉？於是，眾百姓都爭先恐後地都跟了他，就和集散市場的景象一般，只剩下一塊不生產的空地，狄人也就沒了用武之地。及至後來文王生於岐山，依然施行仁政，治他自己的岐邑。另一方面，成湯的子孫殷紂卻是反其道而行之，一味的驕奢淫逸，勞民傷財，以致民怨沸騰和夏桀時一般暴虐，引起武王的弔民伐罪之師「一怒而得天下」。這些故事都是先治其國的一個明證。只看商周兩代就可知道

他的因果，桀紂之失天下，失民心耳。孟子嘗對齊景公說，若以小役於大，弱役於強，為可恥，莫若師文王大國五年，小國七年，可以無敵於天下。文王不過行仁政於岐邑，結果奄有天下。所以說，三代之得天下也，以仁；其失天下也，以不仁；一國之所以廢興存亡者亦然。

後記

今欲圖強者，必先致富，致富之術，胥在國內之民。人人能安其業，盡力於生產，則庶幾乎「足食足兵，民信之矣。」如何能使人人安其業？則第一要件當使「不奪不饜」之普通觀念悉變而為「克勤克儉」之唯一方針。在民上者，則當以孟子對齊景公之言奉為圭臬。所謂仁政，亦不過惡民之所惡，亦不反其所好已耳。凡百工商廠號之瀕於危亡者，挽救之法亦不外是。若以權威而謀對付工潮，以強力而圖增加生產，吾未見其可以。宜如何而後可，則治千乘之國不外乎「節用愛人」。凡百工商廠號之圖治者亦不過節用愛人，即足以起死而回生，轉弱而為強。

（十）第九講：欲治其國者，先齊其家

大凡一國之構成，內中必有許多的家庭，而家庭之中又有許多人。假如各有各的一種主張，一定弄得亂七八糟，智愚賢不肖的見識不同，種種行為也就參差不能統一。若是一國之中許多的家庭都是如此，這一國的危亡可立而待，他的任何政令也就行使不通。所以，應該由國君先把自己的綱紀倫常整齊劃一以作榜樣，然後可以正己正人。假如國君的家庭之中，父子、兄弟、夫婦之間意見分歧各求滿其私欲，就不免有弒父與君篡等大逆不道的一番亂事出來，引起鄰國的義兵假借名義來興問罪之師。亡國之禍，大抵肇基於

此，即如葛伯其初的荒政，不過是他對祖宗不盡祭祀之禮。祭祀，古人的本意全在提倡一個「孝」字。唯其能孝，才能夠繼承他的先人之志，恪守先人之訓，而不墮其先人之德。把自己的祖宗都輕易地丟開一邊，他就不免忘形肆意做出失德背信的種種事體來了。凡人如果把「孝」字丟開了，他對父母也就沒有愛敬的心。孝者，所以事君也。他對父母不能盡孝，就可以料得定他事君不能盡忠。所以，堯之取舜，亦以其孝，而武王、周公亦是以孝為前提。他的宗廟祭祀並不是個迷信，乃是一個達者的治人之術。讓人在家門之內養成敬愛的習慣，他就不至於犯上作亂。所以，俗語說「百善孝為先」，「唯孝友於兄弟，施於有政。是亦為政」，這個「政」字就指家政而言。因為一家之中一定有一家之主，猶之一國之中一定有一國之君。他的政令如果不能統一，則「君不君，臣不臣，父不父，子不子。雖有粟惡得而食諸。」你想有了現成的飯，尚且都不能好好吃，這就是所謂「不奪不饜」。饜，飽也。因為人人都只顧自己的肚皮，而不通力合作地尋求謀生活，就會釀成社會搶食無秩序的現象。

（十一）第十講：欲齊其家者，先修其身

大凡一家之主與夫一國之君，如何能夠使得政令統一？應該以身作則，例如「顏淵問仁。子曰：『克己復禮為仁。一日克己復禮，天下歸仁焉。為仁由己，而由仁乎哉？』」克己就是明德修身，復禮就是反躬自問是否合於禮節。所以，顏淵請問其目，孔子很簡單地說：「非禮勿視，非禮勿聽，非禮勿言，非禮勿動。」只此四句就抵得幾千百部的修身教科書了。假使一國之君，一家之主，他的視官所好在美色，他的聽官所好在淫樂，他的言行毫不檢點，只是胡言亂語，他自己不知道自己的短處，不能約束自己，而

想出許多繁文縟節的政令去約束眾人，則不免引起眾人的鄙視，所謂「其身正，不令而行；其身不正，雖令不從。」你想，一個是不令而行的，所謂「上有好者，下必有甚焉者矣。」一個是雖令不從的，即所謂「反其所好而民不從」。究竟「好」是什麼呢？只不過一個「德」字罷了。孔子常說：「吾未見好德如好色者也。」因至春秋之時，去三代已遠，人人好美色而不好德，以致一般喪身辱國的君主終日昏昏擾攘之中，不責己而責人，要想他的政令歸於統一，那是不可能的。所以，孟子說：「愛人不親，反其仁；治人不治，反其智；禮人不答，反其敬。行有不得者皆反求諸己。其身正而天下歸之。」又說：「天下之本在國，國之本在家，家之本在身。」這句話不啻為這一節書的註解，是值得深思的。現在的人只歎國事日非，危亡可待，而不回頭看看自己的家庭，豈不是捨近而圖遠，捨本而逐末？

（十二）第十一講：欲修其身者，先正其心

一個人的身體本由五官四體合組而成，視聽言動各有所思，所以稱之為官，而皆受命於心。故心為君，猶之一國之君。若是放辟邪侈其心不正，則視聽言動必不中禮。放者，放縱其心之所好；辟者，就是一種偏見；邪者，趨向異端；侈者，慾望無窮。凡在此四者中犯了一種，即不得其正。孟子說：「君子所以異於人者，以其存心也。君子以仁存心，以禮存心。」什麼叫做仁？就是能夠愛人，人家自然也都愛你。不但處事待人大都如此，就是在家庭之內，父子兄弟之間也是一樣有這種回應的。什麼叫做禮？就是能夠敬重人。你能夠敬重人家，人家也就敬重於你。不但處事接物大都如此，就是君臣夫婦朋友也都如響斯應。所以孟子又說：「仁者愛人，有禮者敬人。愛人者，人恆愛之；敬人者，人恆敬之。」他又

感覺到世界上常有一種橫逆之來出於意料之外，尋常之人索解不得，而在君子，他一定反求諸身。有一個極好的解決方法以自安其心，而不因之忿懥。他說有一個人，他對人莫不以仁禮存心，向來愛人敬人的，而人家對待他則以橫逆（強暴不理順），君子一定反省其身，恐怕我對他一定有不仁的吧？一定是無禮的吧？否則，哪裡有這種事理的呢？如果自己反省而仁，而有理，他對待我仍舊是那般地強暴不理順，我一定再反省一下。我雖然愛敬無所不至，我一定為他所謀的有所不忠。這個「忠」字就是曾子三省之一，「為人謀而不忠乎？」盡己之為忠，就是應該盡我的能力為他謀劃，「自反而忠矣。其橫逆猶是也。」君子一定自己有個解說。這種人不過是個妄人，而像這種的人，他的知識行為是同禽獸差不多了。人是有知識的，禽獸是沒有知識的，人與禽獸還有什麼道理可講的呢？所以，他的結論：「君子曰此亦妄人也已矣，如此與禽獸奚擇哉，與禽獸又何難焉。」不過，天下的人究竟不是禽獸，因為是個人終究是有人心的。只要你能夠使人人把良心放明白過來，所謂撥亂反正，把他們的野蠻心術導引到正軌上，也如我的心術一樣，則所謂明明德，自然而然的歸向到一條正道上來。不過，自己的心一定先要擺正，否則「夫子教我以正，夫子未出於正也」，倒有點講不過去呢。

（十三）第十二講：欲正其心者，先誠其意

一個人的心思，在最初轉念的時候一定有個動機，這個動機就是「意」字，《中庸》所說的「喜怒哀樂之未發謂之中」。這個「中」，就是說藏諸內而未形諸外的意思，《論語》所謂「子絕四：毋意，毋必，毋固，毋我」的意字也是一樣。因為意思的發動一定係因一種事物的引起，它所轉到的念頭不免有善意惡意之分，

一定要把最誠實的一個念頭抓住了，然後它的意思發動出來不至於有己無人，所以《中庸》說：「發而皆中節謂之和」。又說：「誠者非自成己而已也，所以成物也。成己，仁也；成物，知也。性之德也。」朱注：「仁者體之存，知者用之發，是皆吾性之固有。」可見得歸根一句，仍舊不外乎明明德一種功夫。

（十四）第十三講：欲誠其意者，先致其知

　　如何能夠使得我所轉的念頭專誠一致？一定先要把事理弄明白了，否則自己把事理認錯了，還自以為是，而橫逆之來只圖抵抗，心慌意亂的去應付他。例如，正當防衛雖非故意殺人，而不免失過於當，竟構成刑事罪名，免不得自討苦吃。君子於此，他一定能夠用一種誠意去感化他，如果是一個感化不動的妄人，他一定知道這個人與禽獸無異的，絕不至於發怒而動氣，存什麼惡意去報復他。因為惡意的造成，大都由於沒有真知灼見，不明事理的緣故。所以，一定要先致其知。「致」字的右旁是從，又字上加一撇，音綏，俗從文旁，係傳寫之誤。「致」字的意思是招之使來，如羅致、招致，如不勞而獲曰坐致，咄嗟立辦曰立致，常言所謂「以致如此」，都是一樣的解釋。「致知」之「致」，就是如何能夠使得我以致有這種真知灼見的意識？那就請看下文。

（十五）第十四講：致知在格物

　　「格物」的解說向來紛紜聚訟，得不到真正的理解。王朱兩派一個唯心一個唯物，各行其是，纏到如今也不曾解釋清楚。我的意思，這個「格」字就是《虞書·堯典》所謂「格於上下」，《大禹

謨》所謂「七旬苗有格」的「格」字一樣。孟子所謂：「格君心之非」，就是去非存是，要用一種感化的手段來格的。《詩經》所謂：「神之格思」的「格」就是說，用你的精神去感動神明，他便如響斯應來歆來格，子思所謂「至誠如神」的「神」並不是迷信家的神道，是指人的精神所致。而孔子所謂「有恥且格」，也是由「道之以德、齊之以禮」而得到一種感應。

大凡天下的事情，莫不可以稱之為物。科學家的所謂物理，乃是窮盡事理，用一種方法來得到一個感應，以達其需要之目的。例如化學藥品，用一種反應來分析它，一定先要明白它的一種好惡方才可以。使得它一面親和（親和力就是愛力），一面離解，氯與鉀的親和力最大，依著順序屈指數去，鉀、鈉、鋇、鍶、鈣。鈣與氯的親和力比較上差得多。而鈣與碳酸的親和力卻比鉀強得多。比方他們是兄弟五個，氯是銀元，碳酸是銅元。老五身邊有的是銀元，老大身邊只有銅元。老五是個小兄弟，他的需要只要銅元，而老大卻非銀元不可。他們兩個來對換一下，豈不是各得其所？而他們的交換情形是由一種親愛力而構成的，並不似電解一般的強力奪取。因為碳酸鉀與氯化鈣交換而成碳酸鈣與氯化鉀，它是雙方交互而起感應的變化。不比是氯化鉀，成為一種化合物後非用電解的強力來分開它不可。這個舉例還有一種比方，氯化鈣本來就是一種化合物，不過鈣與氯的親愛力小，而與碳酸的親愛力大。所以，氯化鈣不必用電力來分解，只需用碳酸鉀或是碳酸鈉的溶液來交換一下，就好達到目的，這就是反應的作用。反應及時交互的感應，因為如此以致如此，這就是所謂的「格物致知」。凡人的心理，需要成就某一種的事物，等於化學上的某一種方程式反應，而成一種某物的原理一樣。人心所欲的種種事物，如飲食男女以及富貴利達，要怎樣的取得才是合於道理？平常的人往往昧於一偏之見，而不得其正，必定要有先知先覺的人，自己先把它上下左右前後四方考慮一番，認清了它的消長之理，辨別它的是非和取捨之途，然後專心致

志的在這一個正當的途徑上走去，便不至於錯誤的了。例如飲食方面，水何以要澄清渣滓用火來煮沸？吃米何以要去穀殼後用水火燒成了粥飯來吃？而且一日三餐，為什麼不併在一起吃呢？男女方面，男子何以要到三十而娶？女子何以二十便嫁？夫婦之道既然以生男育女為一種正當的天職，為什麼男女居室之間又要用禮教來束縛它？這些緣故都是經過了許多實驗，才感覺到不能不如是的。一個道理，這道理就是物理科學家的種種發明也不過是──「致知在格物」而已。

（十六）第十五講：物格而後知至，知至而後意誠

至，到也，並不是「極」字的意思。朱子說：「即凡天下之物，莫不因其已知之，理而益躬之。以求至其乎其極。」後儒以為天下之物無窮，而要一一以求知。如何能夠至乎其極？不過我的見解以為，朱子所說的「即物而窮其理」，一定是指當前所接觸的事物而言，並不是空頭白腦把毫不相干的事物拉到面前來，將不需要的一種東西和王陽明格竹子一般，他既不用誠意去求知，自然格不出什麼理來，哪裡會得一旦豁然貫通。朱子所謂「即物窮理」的「物字」，大都指民物而言，就是《詩經》所謂「天生烝民，有物有則。」凡是人民所欲求得的一種事物，一定要有一種正當的法則取而得之。庶幾合於天理，而不為人欲所蔽。如何才能夠合乎天理？若只在皮毛的表面上，粗看過去以為一定會得，以是為非或者以非為是，便得不到其真知灼見，定要窮究其理之是否，當然去非存是，即所謂「格其非心」，然後才能夠見得到、識得透。一旦豁然貫通焉，表裡精粗無不顯示得明明白白，於是便專心一志的從這一條光明正大之途放膽進行，決然不至於中途顛仆。任憑旁人危詞

聳聽或者是妖言蠱惑，也絕不至於為他搖動改變我的理想，這就是所謂「物格而後知至，知至而後意誠。」

（十七）第十六講：意誠而後心正，心正而後身修，身修而後家齊

大凡一個人本來的天性自然而然的曉得好惡，卻因為被習慣所影響，自己拿不定主意，而迷失了本性。我向來以為這樣做是不好的，這種行為是不應該的，因為大家都是如此行為，而對我所認為不好的東西反認為好，我便疑惑我一向的見識錯了，也就跟著他們偏向到一面去，我的視聽言動也就不知不覺的改變了。譬如誇大空言，行止不檢，邊幅不修。我向來認為他是一種妄人，而別人都說他是名士派，應該這樣放浪不羈的。我也覺得十分寫意，足以打破舊禮教的桎梏，我也這樣狂妄起來了。一家之中的人，大家多看了我的樣，個個做出蕩檢逾閑的事來，放縱更甚於我，我用什麼方法去糾正他們呢？或者心有所偏，對於親愛的子弟，任何行為而不加干涉；對於輕賤的傭僕以及憎惡的戚友，稍有不適而不加以恕諒；對於畏敬的父兄長上，任他怎樣殘酷不仁而不敢見機進諫；對於所哀矜的孤兒寡婦，意存姑息而不加以匡正；對於桀驁無理之徒，畏葸不敢盡責善之道；對於懶惰不堪之輩，又不能督促以進於勸。這幾種毛病，大抵人生處世往往容易犯到的。只要犯到這一種毛病之一，他的心就不得其正，心不正則身不修。如何還能夠齊家？因為他自己的好惡已經不齊，分出了許多彼此，一家之人也就不免議論於其後。你都這樣的糊塗，如何以身作則來領導我們這一群人呢？所以一定要自己先有了真知灼見，用誠心來約束了自己身子，然後可以使得家庭之中的一切事物劃一而整齊。

後記

好惡為習慣所移，誠有自然而然出於不自知覺者，此即所謂「近朱者赤，近墨者黑」，而於交友尤多影響。《論語》有云：「益者三友，損者三友。」又云：「三人行，必有我師焉，擇其善者而從之，其不善者而改之。」凡為一家之長，本人故當自省，而對妻孥謔笑之間亦不可不於此講三致意耳。

（十八）第十七講：家齊而後國治，國治而後天下平

治國平天下與齊家有廣狹的不同，但是天下由多數的各國而構成。一國之中，又必有百姓之家而構成社會以成其國。一家之中，必有父兄子弟夫婦之眾而自成為一家。但使人人能夠誠意正心以修其身，家家的人能夠明白事理，整齊劃一地走上正路，就不至於有犯上作亂分子出來擾亂一國的治安。一國之中，人人能夠安居樂業，而無爾虞我詐此爭彼奪的事發生，國土一定能夠善自保守，不至為人所征伐而被侵略。但使鄰國之中都能如是，就可以免去激烈的戰爭。所以，在齊家而後治國的一個景象之中，大家也就相安無事、與世無爭，自然而然的成為一種太平的時局，用不著什麼武力戰爭。孟子說：「桀、紂之失天下也，失其民也；失其民者，失其心也。得天下有道，得其民，斯得天下矣。得其民有道，得其心，斯得民矣。得其心有道，所欲與之聚之，所惡勿施爾也。」朱注：「民之所欲，皆為致之，如聚斂然。民之所惡，則勿施於民。」所謂「爾也尤之」，俗語說不過爾爾，《大學》所謂平天下之道亦不過爾爾而已。

（十九）第十八講：自天子以至於庶人，壹是皆以修身為本

　　天子為人群之元首，庶人乃百姓之眾庶。庶，眾也，猶言眾人。換言之，上自天子，下及庶人，一切的一切都應該從修身做起的。壹，是猶一切也；本，猶始，也就是上文所說的「事有終始」的「始」。為什麼上文講了許多而此處單提一個修身呢？因為無論什麼人莫不有身，身之不修，直與禽獸無異。然而，禽獸猶能愛其羽毛，而為人者不能自修其身，豈不失了人格？如果能夠修身，他的心當已先正，他的意當已先誠。只要你能夠以身作則，修己正人，自然而然的家無不齊。無論天子庶人莫不有家，所以修身是根本上的要旨。庶人之上就是士大夫，以至公卿侯王都是治國的，故不可以不修身。庶人雖不在官，但是莫不有家，而齊家必先修其身，故亦以修身為本。

　　大凡一個人生在世上，對於自己身體莫不重視，而貧賤莫不為其所惡。欲免於貧，而富不可求。如果你脅肩諂笑的向人求乞，絕沒有人看重你的，為貧而仕也不是自己可以隨意取求的。只有「修天爵以要人爵」的一個法子最是高尚。修天爵就是修身，人爵就是公卿、大夫。所以致富貴的「富與貴是人之所欲也，不以其道得之不取也」。貴為天子，富有四海的舜，當初也不過是一個貧賤之人，他在畎畝之中，自盡其力耕田以養父母。他原不過秉著誠意，自修其身。初，無所求於世，只因為他處在父頑母嚚弟傲之間，居然能夠「克諧以孝」，因此為堯所重，居然禪位於他。可見得一個人只要自修其身，初不必有求於人，只要使人家看重了他，自然有人會把他舉薦上去，只看一個舜，就是先例。此外如「傅說舉於板築之間」，他本來不過如現在的一個泥水匠，而商朝的高宗舉他來

做一個王佐。又如「膠鬲舉於魚鹽之中」，他不過如現在一個魚販，而周文王拔擢他作為王佐。這兩個人都是明德修身，用王道手段來治國平天下的，所以稱他為王佐。至於後來的管仲些人都是霸佐，只知道以術治人而不能用誠意以正人心，修身以明其德，所以公孫丑拿管仲來比孟子，孟子是不承認的。可見得一切眾人都應該以修身為本，方才能夠叫人敬重於他。

（二十）第十九講：其本亂而末治者否矣

否者，不也，猶之俗語說「不對的」，所以凡是不承認的任何事理都叫做「否認」。亂是治的反面，本亂而末治者，就是管仲這一班霸佐只曉得「以力服人」，而不「修文德以來之」。只要看他的所作所為，最顯著的如設女閭三百以興市面，試想他的心術正與不正？照他的這種胡亂行為就叫做本亂。雖然能夠讓齊桓公九伐諸侯，一匡天下，他的表面上雖然是治術昭著，然而終究是不對的。所以，齊國始終只能霸而不能王，不但孔孟都否定他，就是後世讀書明理的人也都不承認他的治術是正確的。

（二十一）第二十講：其所厚者薄，而其所薄者厚，未之有也

上面的兩句是指明德而言，這兩句是指親民而言。大凡一個人對於骨肉之親感情最厚，對於疏遠的不免淡薄一點。如果對於父母應該奉養而不奉養，對於妻子應該贍養而不贍養，這是遺棄其親，天良已經泯沒，而對疏遠的朋友之輩卻會得解衣推食，指困分金，這種人是從來所沒有的。如果有這種人，他在家庭之中對待父母妻

子和奴婢一般，而對朋友反而親如手足，酒肉交歡，你就可以曉得這個人是與禽獸無異的。妄人他對父母妻子如此，因為他的意思是無求於對方的，而對方的衣食是依賴他的。對於朋友如彼，他的意思是自己有求於他，要想藉由他得到好處的，所以不但親如手足兄弟，竟當他做衣食父母看待。這種人現在雖然不少，但在孔子的時代，上溯唐虞下及商周卻從來不曾有過。所以說未之有也，與上文的否也迥然不同。本亂而末治者不過是不對罷了，並不是沒有的，若將這「否也」與「未之有也」，未免太模糊了。模糊俗稱作「馬虎」，猶言蒙馬以虎皮，是騙人的意思；而模糊則是印模沾了麵糊，乃是文理不明的意思。

（二十二）第二十一講：此謂知本，此謂知之至也

這兩句在古本《大學》上列在一章經中，從前的明倫堂上所寫古本《大學》即至此而止，共二百十五字，唯在讀本上把他勾去，移到後面曾子的傳中去，卻在「未之有也」之後另加說明云：「右經一章蓋孔子之言而曾子述之」。注云：「凡二百五字」。因此杭州人有句俗語叫做「二百五」，其義謂《大學》的一章經，連這兩句本有二百十五字，你把這兩句的十個字一筆勾銷不讀了，豈不是「沒結煞」？大凡有始無終、有頭無尾，一般人都叫做「沒結煞」。所以把「沒結煞」三個字來做一個影射，說這個人是「二百五」。俗語又稱說：「人有千條路，我有一章經。」這「一章」就是指的上文二百五字而言，等於說異端百出，縱有許多的邪路捷足先登，而我所行的只有一個大學之道，就可使得天下太平。所以，孔子之言從大學之道起說，到「未之有也」語氣本未完結，便加上一個煞尾的結論，說是「明白了這個可以說是知本」。這句

話是指明德而言的結論，就是從「古之欲明明德於天下者」起，至「致知在格物」的一句總言。下文又說：「明白了這個可以說是聰明之極，知無不盡的了。」這句話是指「物格而後知至」起，至「國治而後天下平」的。一句總言，由「明德」而至「格物」，是由末而說到本的，所以他的結論是：此謂知本。自「格物而後知至」以至「天下平」，是由本而說到末的，其中最重要的一個關鍵就是修身，只要知道了這一點，其餘的一切都可迎刃而解，所以說「此謂知之至也」。

（二十三）結論

總而言之，一章經的結晶就不過「修身」二字。凡人莫不有身，欲求免於饑寒、凍餒和惡劣的環境去奮鬥，用不著費什麼很大的力氣，只要從自己身上著想，我何以有饑寒交迫的一個環境逼迫，想來就不過是「四體不勤」以致如此。譬如我是種田的，因為我自己懶於勞動以致無所收穫，雖然是一半由於天災因而荒歉，但是我若能夠思患，預防設法以避水旱之災，更和麻雀一般，平時積點雨雪糧下來，又何至於挨餓受凍呢？

堯時擊壤而歌的壤父說：「日出而作，日落而息，鑿井為飲，耕田為食，帝力於我何有哉！」這幾句話實在是不錯的。一個人只要自己能耐勞苦，還靠什麼別人的福呢？只要人人能夠如此，天下自然太平（凡有一年的餘糧曰登，再登曰平，有六年之餘糧曰太平。）只要大家有了飯吃，不為饑驅，又何至於紛紛擾擾，使得大家走投無路，趨向於自殺之途呢？我到西湖上來，當看見砍樵的人每日日落西山的時候，他們便三五成群的各自挑著一擔野柴，唱著山歌從山上下來，身上毫無油汗，足見他們並不怕熱。我問他們一天能砍多少柴，他們笑而不答，卻是旁邊的人告訴我，他們每擔柴

至少可以賣到一塊錢。小孩子力氣小，砍不多，也得一、二千文之譜。還有在湖邊上釣魚的一竿閒坐，專注地望著釣線。我問他一天能釣多少。他也置之不理，不過我看這種釣魚的人所用的釣竿，以及釣線的規格和他的釣法，與尋常不同。他的魚簍子也很大，如果不能靠此營生，何以會置辦出這一種生財工具？足見他是有恆心而有恆業的。那個樵者，他是有恆產而有恆心的。在表面上，似乎這種人談不到修身二字，配不上拿來做個引證，不過在我想來，他的意一定是誠的。苟無誠意，他絕不能砍滿一擔柴，釣起一條魚（他們置我所問於不答，正是他們鄙視我的問是個不誠意的呢。）而且他的心一定是正的。如果心不正，他一定不願從事這項營生，早已做盜賊去了，但是做了盜賊就不免累及身家，甚至於性命不保。古人說「明哲保身」，可見能保身的就是明哲，能夠正心誠意的就是修身。

　　修身的修與佛家的修行的修差不多，並不是和修理、修飾的修字一樣。因為修理的修是個補救的。譬如一條船有了漏洞，不得不去修，如果不修，它就會沉下水去，所以不得不修。儒者的修身就不是如此了。因為他唯恐有了漏洞，早先預防的了，所以他只在正心誠意上用功夫，修身乃是自然的效果。對於修飾的修更加是表面上的事體了。「金玉其外，敗絮其中」，一般的衣冠禽獸心術都不可問，更談不上到大學之道上去。所以，我說「修身」二字並不是個難題，不論什麼人只要能夠正心誠意，他就不修而自修的了。所以，二百五十個字歸根結柢只不過一個「知」字而已。只要知道了這一種道理，不論什麼危難、困窮逼迫而來，也就不慌不忙的有個真知卓識來解決他。怎樣能夠真知卓識？就不過是「即物窮理」，如何而至成功，如何而至失敗，格其非而存其是，那樣就聰明之極，絕不至於怨天尤人的自討苦吃了。譬如就一個失業的人來說，他如能夠仔細一想，我何以而至失業，別人何以能有其恆業，我如今要想自尋一種恆業來做，我應該怎樣尋找才正確。他若不明事

理，不能夠「即物以窮其理」，他絕不能夠想出一條生路來的。這一種人常常來問計於我，我說當初的舜「陶於河濱」，因為河濱的人搏土為器，都是粗製濫造的，不適於用，他因而加以改良，「什器於壽丘就時於負夏。」因為壽丘的山土和著河濱的爛泥混合起來，可以合成一種黏土和現在的陶土，一般可以用火燒成窯器，著水不濡，所以做成種種的什器。（什，猶雜也，故雜貨店亦稱什貨店。現在的百貨店卻是十倍於什貨店之多，只不過多是販些外國貨來賣。）趁著應用的時候，搬到負夏地方去販售。大抵壽丘是一個山頭，一定也產些竹木，所以他能做成許多什器。不單單是陶器，好像上海的龍華或者是靜安寺的香市一般，農家應用之物都在這個時候聚集成市，以有易無，俗語所謂「趕香市」即是「就時」。

你如果效法於舜，留心你所在的地方有什麼土產物品，可以改良一下推銷到外面去的，你就從這一點上「即物以窮其理」，你就一定可以成功一種恆業。只要有恆心，有誠意，不怕不成功。但是失敗乃成功之母，在剛開始的時候，或者經驗不充足，或是製作不精，以致失敗也是不能免的。這就比如種田，也不是不學而能的。只要你用心練習，盡自己之力格物以致其知，耕耘灌溉無失其時，你就有個收成之望。但是遇到了荒旱，為人力所不能抗拒的，也是不免有個失敗。不過失敗之後，田是仍舊再要播種，所謂「收得荒年有熟年」，才不至於「廣田自荒」。如果因為一次的失敗，你就灰心改業，棄農而學為工為商，你就一生一世做不成功。一生事業所以要做一種事業，只要有誠心，無不可以格物致知。例如舜的「耕於歷山，漁於雷澤」，他能使得「耕者讓畔，漁者讓居」，他只不過是由格物而致知，曉得山洪暴發，可以因勢利導而入於海，曉得湍瀨之間，魚蝦多於近岸之處，所以他寧涉險而漁並不與人去爭沿岸之地。人家問他，他也毫不自祕，誠誠實實的告訴人家一個物理之當然，所以人人都學他了，反而把所據的地方讓了出來，跟著舜的一條道路做去。這就比方一個工商廠號，你不要和眾人去爭

走相同的一條路，避免盲從，你該另開一條新的路來，勇往直前的獨自一個大踏步走去。例如某種物品，大家只是粗製濫造，以廉價競爭，因而偷工減料每況愈下。你若效法於舜的「陶於河濱」而「什器於壽丘就時於負夏」，用十二分的誠意來做出一種「出乎其類，拔出其萃」的物品銷售到市場上去，保你一定成功。只要你「誠信不欺，貨真價實」，就算比別人的成本昂貴也是無妨，所謂「一分錢，一分貨」，買主會曉得。因為一經使用，一經比較，自然而然的做出了信用，受人歡迎。不看別的，只看西洋貨和東洋貨就很明白了。再把中國貨和東洋貨來比較一下，也是很可以明白過來。從前的東洋貨毛巾比較西洋貨價廉，買的人占多數。但是西洋貨賣到六、七毛錢一條，並不是沒人要的。不過自從三角牌毛巾出世以後，盛銷於世的東洋貨毛巾居然絕跡於市。這是什麼原因呢？就是一個「誠」字！他絕不粗製濫造，偷工減料的欺騙買主，所以能夠蒸蒸日上，進一步還要和西洋貨去競爭。如現在出產的西湖毛巾比之惠羅福利的西洋貨價廉過半，而品質上卻與其同等的美，所以不脛而走，很受一般高等社會的歡迎。足見中國貨並不是一定勝不過東洋貨的。又如我所做的無敵牌牙粉，在上市以前，全中國的市場上竟沒有一處不是東洋貨。那時節也並不是絕對沒有中國貨，不過不及它好，所以沒人要用。而一般高貴人物卻要用俄國牙粉，說比任何國的要好。我就拿來仔細研究一下，知道它的原料是碳酸鎂，而不是碳酸鈣。因此，我想中國人並不是不識貨的，如果能夠仿造俄國的原料，只賣東洋貨的價錢，一定可以受歡迎的。不過當時的我並不想做這門生意，僅僅這一轉念也就丟過一旁。後來我到岱山經營鹽場，因為試製精鹽，從鹽鹵中提煉出鎂，覺得這種廢物很可利用，俄國大抵也是如此。所以在民國二年的時候，我在鎮海任內，浙督通令沿海各縣籌辦水產製造，所以我就主張用鹽鹵來做牙粉，累得人家笑我是一個呆子。要做這三個銅元的買賣，大家都不贊成，我就傲氣不過，自己拿出一千塊錢的小資本來做，但是做

雖做成功了，銷卻銷不出去。直到民國五年，脫離了政界，感到失業的無聊，我才想把它來做一個恆業。先是托人寄賣，而十家倒有九家拒絕不收。我想普遍的贈送一批，可是沒有地方販賣也是枉然，絕不會有要買一包牙粉不遠千里而來尋上門的。我於是窮思極想的想出了一個法子來了。先從小店著手，每家送他一百包，不要錢，只教他賣，三個銅板試試看。如有回頭買家主，你可到我那裡去拿。每五十包八角半，賣不出去仍可退貨還洋。他們是小店，心想一百包可以賣三千文，橫豎是白來的，不妨試試看。於是承他的情，收受下了不可退換的，買主於是當場拆開，嘗嘗味道香而且美白，而且軟，竟與樟腦臭的日貨迥然不同，也就拿回去試試看。一試之後，覺得滿口生香，他就很為滿意如同奇貨一般，逢人便說。於是一傳十，十傳百，不到三年，大洋貨店也來做批發了。而我同時做的一種工作還帶一些慈善性質，做了五十件衣服送給貧兒穿，每人給他一百包牙粉上街去販賣，賣出的錢就給他們做工錢。一百包賣完之後，如果再要賣，就要現錢來買。起初也有「終日而不獲一禽」的，一包也賣不出去，累得他「枵腹從公」。我很過意不去，給他兩角小洋，教他明日仍然去賣。他因為有了兩角錢也就願意去叫賣，結果我總補足他兩角一天，於是便買定了他的一個恆心，也就成功了。

　　我的一種恆業遂於改組為公司，盡力向前進展。直到現在竟把西洋貨的缺漏也挽回了許多，想來也總是差強人意的了。不過在去今十年以前，有幾個野心家想把我這已成的事業篡奪了去，暗中設下了許多伏兵，只想找出一個弱點來打倒我。當時的我彷彿處在四面楚歌之中，然而我卻行所無事，只把「誠意正心」四個大字來做我的護身符，一切帳目和銀錢出納的許可權完全公開，交給監察人員去掌管。我本是不嫖、不賭、不吸鴉片、不愛奢侈的，每年所得紅利，仍舊加入資本之中。所以明白事理的人究竟不為讒言所惑，而野心家的伏兵也被我感化了過來。反而在別人面前稱道，我是個

誠實君子，說不出我一點壞處出來。直到如今，經過了十五年之久，能夠相安無事，也不曾鬧過大工潮，這就是我得於正心誠意的一個效果。要算是一個最顯明的例證呢。所以三友實業社的陳萬運說，大學之道是做人之道，也是享福之道。葉小蘇說，做人之道已經天虛我生講得很透澈了，而享福之道卻是尋遍四書，不見一個「福」字的。不過大學裡卻是有一個「財」字，一定先要發了財，方可以享些福。發財之道，大學也講得很明白，就是「有德此有人，有人此有土，有土此有財，有財此有用。」一定要自己正心誠意明其明德，然後可以得到人心，自然有人來歸附你。譬如，你是一國之君，有了土地，沒人耕種，豈不枉然？所以定要有人才能生產，有了生產，才能足用。凡百工商廠號，也是如此，他的第一要件就是個「誠」字。能夠使得夥伴齊心，使得買主相信，也不過一個「誠」字的作用，這是發財之道。至於享福之道，《書經・洪範・五福》講得很明白，「一曰富，二曰壽，三曰康寧，四曰攸好德，五曰考終命。」也就是說，若是富而不壽，做了個短命鬼，那麼就算富有四海仍是享不到福。有了壽而不康寧（康是健康；寧是安寧），他的身體常常有病，甚至於纏綿在病榻之上做個老而不死的厭惡，豈不苦惱？即使有了錢，也沒得什麼靈丹妙藥來補救。如果加上些不安寧的環境，家人婦子吵吵鬧鬧，鄰里鄉黨還要和你爭田奪地，豈不更是苦惱？什麼叫做「攸好德」？攸者，同也。大家同你一樣的好德，就不至於捉弄你，你才可以享福。否則，如上所述，大家都到你身上轉著歪念頭，你就苦了。什麼叫做「考中命」？就是壽終正寢，而非疾終倒路死。譬如活到八、九十歲，卻因橫禍慘死，不得善終，那就是死於非命，即使有孝子賢孫也享不到什麼福了。所以，五德當中的一個重要條件就是「攸好德」，也就是大學的「明明德」。而他所以能有此一個善果，只不過是種因在一個「誠」字上罷了。這一席話，很可以補充我的結論。因此，把它附記下來，做一個結尾。讀者諸君，如有見教以助興味，很盼

望隨時寄示，以便隨時在機聯會刊先行發表，並於再版時編印在這一本裡面，以供眾覽，我想比之看小說或者有益些呢！

朱子曰：「即凡天下之物，莫不因其已知之，理而益窮之。以求至其乎其極。」

肆

古聖先賢為楷模

【 一、財神范蠡：三聚三散 】

文／佚名

中國以前拜的財神是范蠡，為什麼要拜范蠡作財神呢？我們不妨簡略地介紹一下「范蠡三聚三散」的故事。

春秋時期，范蠡盡心盡力輔佐越王勾踐，謀畫二十餘年，最終幫助勾踐復興越國。復興之後，勾踐封范蠡為上將軍。他知道越王勾踐為人可共患難不能共富貴，便呈上辭書一封，放棄高官厚祿，只裝輕珠寶玉，帶著西施乘舟遠行，一去不復返。（一聚一散）

范蠡渡海到齊國，更名改姓，耕於海畔，父子治產，沒有幾年就積產數十萬。齊國人仰慕他的賢能，請他出仕宰相。范蠡感歎道：「居家則至千金，居官則至卿相，此布衣之極也。久受尊名，不祥。」於是就歸還宰相印，散盡其財，分給朋友和鄉鄰，帶著重寶，閒行而去。（二聚二散）

行至於陶，范蠡以其智慧，觀察此地為貿易的要道，經營貿易可以致富。他自稱陶朱公，留居在此地，從父子耕畜開始，根據時機作物品貿易，取薄利。時間不長，就累積萬萬。（三聚）

朱公居陶，生少子。少子長大後，朱公次子因殺人而被囚禁在楚國。朱公說：「殺人而死，該是如此，但身價千金的人不該死於大庭廣眾之下。」於是就讓少子前往探視，並攜帶一牛車的黃金（三散）。朱公長子也請命前往，朱公堅絕不同意。長子說：「家有長子，今弟有罪，不派我去，而讓少弟去，是我不成器。」說完欲自殺。夫人連忙說：「派少子去，未必能救次子，而先失去

長子，怎麼可以這樣？」朱公不得已派長子前往，命其尋求莊生幫忙，並叮囑說：「到楚國後就進獻千金給莊生，聽任他從事，千萬別與他爭。」長子出發後，卻在路上私積數百金。

朱公長子到楚國後，把信和重金交給莊生。臨別時，莊生告誡說：「你趕快離開，千萬別停留，等你弟弟出來後，別問是怎麼回事。」長子卻沒有聽從莊生的話而私自留下，並把路上私積的數百金，分送給其他的自認為能幫上忙的楚國貴人。

莊生家很貧窮，但他以廉直聞名於國內，自楚王以下人民都像對待老師那樣尊敬他。作為信義之人，莊生對於朱公進獻的黃金，並無意接受，且打算在事情辦成後再還給他。但朱公長子並不知其意。

莊生入見楚王，稟告說：「我觀察到天上有某星停留在某個位置，表明楚國會有災害。」楚王平素信任莊生，向他了解解決之道。莊生回答說：「只有德行可以消除。」楚王決定以赦免罪犯來消除災害。楚國貴人得到消息後連忙給朱公長子報信。朱公長子想，既然弟弟可以獲得赦免，千金送莊生，不是白白浪費了嗎？於是就又重返莊生家。莊生驚訝地問：「你怎麼還沒走？」朱公長子回答說：「我聽說楚王要赦免我弟弟，特來告知辭行的。」莊生明瞭他的想法，就說，你自己進房內去取金子吧。朱公長子帶走了金子，獨自歡慶。

莊生因朱公長子的行為感到羞辱，就入見楚王說：「您想以德行消除災難，可我聽見路人都說陶的富人朱公之子因殺人囚禁在楚國，他家人用重金賄賂王左右之人，因而王不是因體恤楚國而行赦免，是為了朱公之子。」楚王大怒說：「寡人雖不德，怎麼會因為是朱公之子就特別照顧？」於是令殺掉朱公之子後，明日再下特赦令。

朱公長子則是帶著弟弟的死訊回到家。母親和國人都感到悲哀，唯有朱公獨笑說：「我早就知道他弟弟會被殺，不是他不愛他

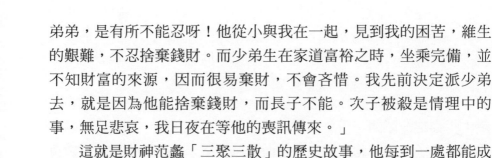

弟弟，是有所不能忍呀！他從小與我在一起，見到我的困苦，維生的艱難，不忍捨棄錢財。而少弟生在家道富裕之時，坐乘完備，並不知財富的來源，因而很易棄財，不會吝惜。我先前決定派少弟去，就是因為他能捨棄錢財，而長子不能。次子被殺是情理中的事，無足悲哀，我日夜在等他的喪訊傳來。」

這就是財神范蠡「三聚三散」的歷史故事，他每到一處都能成名於天下。這位古人，在名利面前，始終保持清醒的頭腦，進退自如，以保全自身為根本，范蠡這種對富貴的態度很值得我們用心去體會。

二、福祿壽考千古第一人
——郭子儀得善終之道

文／王壽南

西漢開國三大功臣之一的韓信，在被殺之前，曾說：「狡兔死，走狗烹；飛鳥盡，良弓藏；敵國破，謀臣亡。天下已定，我固當烹。」韓信這句話道盡了功臣在立大功後下場的悲哀，也是後代的功臣的共同感受。翻開史籍，歷代功臣，功勳愈大，被殺或得罪的危險性也愈高，這是千古不變的事實。難怪身為大功臣者，總是心懷恐懼，深恐難得善終。郭子儀是唐代中期的大功臣，他平定安史之亂、僕固懷恩之亂，抵禦回紇、吐蕃的入侵，數度拯救李唐王朝於崩潰邊緣。然而，他並沒有「狡兔死，走狗烹」地遭皇帝猜忌而罹禍，卻意外得到善終，這是歷代大功臣中難得見到的人物。

（一）功高震主

天寶十四年（755年）底，安祿山在范陽（今北京）起兵造反，揭開安史之亂的序幕。唐中央政府任命郭子儀為朔方節度使。唐代朔方的轄區，在今日寧夏一帶，朔方節度使的治所，即在靈武（今寧夏靈武縣），是位在唐朝疆域的西北部，常需面臨外敵入侵，因而民風強悍，所以朔方軍是支勇敢善戰的軍隊。中央政府命郭子儀率朔方軍向東討伐安祿山叛軍，郭子儀便領大軍進入今日的

山西，準備進攻敵軍的大本營——河北范陽。

天寶十五年正月，安祿山在洛陽稱帝，並揮軍向西進攻京城長安。唐玄宗在匆忙之中，與楊貴妃、諸王子和少數心腹大臣，在禁衛軍保護下，向西逃亡。到了馬嵬驛，軍士譁變，殺了宰相楊國忠、逼死楊貴妃，在宦官李輔國的安排下，太子帶領一部分軍隊向西北行進，而唐玄宗也帶領另一部分軍隊與大臣，直奔四川成都避難。太子一行人行進的目標，便是朔方軍的總部靈武。由於太子軍隊人數很少，軍心不安，於是太子下令郭子儀回防朔方。郭子儀接到命令，立刻調轉大軍回防朔方，當郭子儀大軍回到朔方後，軍威大振，太子在群臣擁戴下，登基為帝，即唐肅宗，並尊父親唐玄宗為太上皇。肅宗檢閱軍隊，見朔方軍數十萬人，軍威鼎盛，內心這才安定下來，便下詔命自己兒子廣平王李豫（即日後唐代宗）為天下兵馬大元帥，郭子儀擔任副元帥，帶領大軍南下，準備收復長安。

廣平王雖名為大元帥，在戰場上指揮大軍衝鋒陷陣的，則是郭子儀。廣平王跟郭子儀日夜相處，親見郭子儀的忠心勇敢，這給廣平王留下了深刻的印象。廣平王的這個印象，對郭子儀日後能保善終，有很大關係。

然而郭子儀也深知，以當時唐中央政府能掌握的軍隊人數，若想打敗安祿山的數十萬叛軍，絕非容易之事。於是他便聯絡回紇，請回紇人出兵，和唐軍一起進攻長安。郭子儀的策略是有道理的，因為郭子儀長期在朔方邊塞之地，和回紇的各部落酋長常有往來，對他們也較熟悉。郭子儀知道，如果引進回紇軍入兵中原，他們雖會劫掠中原百姓，使唐朝人民蒙受損失，但在唐朝廷立場，因為回紇人沒有佔領唐朝土地的野心，相較於安祿山叛軍，對唐朝的威脅性相對較小，兩害相權取其輕，唐朝廷也贊成郭子儀聯合回紇兵入中原的想法。於是唐、回聯軍，一起進攻長安，長安終於收復，郭子儀迎接唐肅宗回長安，同時繼續領兵向東追趕安史叛軍。其後，

郭子儀打敗叛軍，又收復了東都洛陽。於是，此時的郭子儀已是收復唐朝東、西兩都的功高大將，唐肅宗便召見郭子儀，命他從東都回長安。當郭子儀回長安時，肅宗率領了禁衛軍與文武百官，親自到長安城外迎接郭子儀，以示恩寵。肅宗對郭子儀說：「國家能再重建，都是您的功勞啊！」然而郭子儀也不敢居功，趕忙下馬跪謝皇恩。

肅宗慰勞了郭子儀後，仍舊命他回洛陽繼續往北掃蕩敵軍，然而叛軍聚集在黃河以北，力量不容小覷。反觀唐軍，人數雖多，但此時，這些唐軍卻分別歸九個節度使統領，在洛陽附近，各節度使便各自指揮自己所屬部隊。郭子儀麾下能征善戰的軍隊，不過是九位節度使的部隊之一，唐軍的軍事力量因此分散。肅宗刻意不指定由哪位軍事將領來做這九個節度使的總統帥，而是命他私底下親信的宦官魚朝恩做為「觀軍容使」，所以魚朝恩才是這九位節度使的真正統帥。其實，肅宗之所以這樣安排，多少也是猜忌郭子儀愈來愈高的軍事威望，擔心將來連自己都指揮不動，才刻意架空郭子儀的軍權。

但真正身為九位節度使統帥「觀軍容」的宦官魚朝恩，卻根本不懂戰場上的軍事戰略，更沒有軍事威望來指揮這九位軍功彪炳的節度使大將，而這九位大將也互不隸屬，各自為政，自然難以協調。所以不久後，九位節度使聯軍，在洛陽北方與安史叛軍大戰，幾乎全軍覆沒。當時肅宗身邊的宦官，卻仍忌妒郭子儀的軍事威望太大，便慫恿肅宗藉這次的慘敗，將兵敗責任推到郭子儀頭上，並將郭子儀召回長安，收回他的軍事大權，讓另一位軍事將領李光弼代替郭子儀繼續指揮唐軍，向北征討安史叛軍。其實，九節度使聯軍會大敗，最起碼該負責的人之一，是當時負責「觀」九位節度使「軍容」的宦官魚朝恩，但因為他是肅宗的親信人馬，所以在戰敗後仍然沒事也不需負責，反而是郭子儀因此受累，交出自己的軍權。

（二）吐蕃進犯

　　唐肅宗死後，唐代宗即位。這時安史之亂尚未平定，郭子儀由於招忌而被撤銷了軍權。雖然他在中央政府做到「中書令」（唐代宰相之一，但無實權）的高官，實際上是無事可做，閒居長安。有一天，郭子儀向代宗上書：「吐蕃趁安祿山作亂，政府無暇西顧之際，乘機佔領我大唐西方的大片領土（大致是今天甘肅、青海一帶），可見吐蕃野心，不可不防，應該加強戒備。」這份上書很有遠見，但當時代宗身邊最有權勢的宦官程元振對郭子儀忌恨不已，完全不理會郭子儀的警告，所以唐朝政府對西方的國防線全然未加注意。果然，到了廣德二年（764年），吐蕃大軍向東而來，進入今日的陝西，前線的告急文書如雪片一般飛到長安，但是這些告急文書都被宦官程元振壓住，代宗全然不知。等到吐蕃軍隊到達長安西邊百餘里時，代宗才知道軍事緊急，長安之危已迫在眉睫，於是急詔郭子儀對抗吐蕃。但這時郭子儀閒居長安已久，身邊根本沒有軍隊，只有幾十位護衛騎兵，怎麼去作戰？郭子儀一奉命後，便帶領了僅有的數十位騎兵，徵集了民間的馬匹，並臨時招募軍隊，就離開長安去迎敵。郭子儀的軍隊還來不及跟吐蕃正式作戰，吐蕃軍已攻到長安城下，代宗匆忙間，只好出亡，一直逃到當時的陝州（今河南省三門峽市），長安城也被吐蕃攻陷。

　　代宗到了陝州，知道自己兵力單薄，深恐吐蕃軍隊追趕而來，就下詔請全國的節度使前來勤王保駕。但卻無一人帶兵前來，因為這些節度使都深恨代宗信任的宦官程元振，他平時向皇帝進讒言陷害忠良，深恐成功救駕立功後反招宦官猜忌，就不前來保駕。代宗也下詔書給郭子儀前來護駕，郭子儀當時尚在長安附近抵禦吐蕃，接到詔書後就上書給代宗：「臣在長安附近的藍田，準備招募軍隊

和吐蕃決戰，相信有臣之牽制，吐蕃軍不敢越過藍田向東攻打陝州，所以陛下安全應該無虞。臣也將戮力攻下長安，如果不能收復長安，臣無顏來見陛下。」於是郭子儀在長安附近繼續招募軍隊，許多地方的軍將和節度使也分兵前來，接受郭子儀的指揮調度，準備反攻長安。這時，全國都了解皇帝這次逃亡，都是程元振惹下的大禍，程元振也了解到滿朝大臣對他的不滿，便向代宗建議遷都洛陽。代宗聽了他意見，竟為之心動，他心想長安已為吐蕃佔領，在洛陽，至少可離長安遠些，似乎更安全些。

郭子儀在長安附近前線，得知朝廷打算遷都的消息後，立刻上書給代宗：「臣聽聞陛下欲遷都洛陽，不知是否為真？但是長安自古就是京師王氣所在，自秦漢以來，都是在長安立下的根基，才建立了數百年的王朝，我朝高祖皇帝也是進入到長安後才能得天下。長安附近數千里內，土地肥沃，物產豐富，且軍民皆強悍，所以是非常好的王朝基地。至於洛陽，經過安祿山叛變戰亂後，已被破壞得滿目瘡痍，附近千里內也已人煙稀少。所以如果朝廷決意遷都洛陽，臣恐怕連皇上跟文武百官的物資供應都會發生困難。且洛陽附近都是平原，非常容易變成戰場，實在不適合做為首都。所以臣懇請陛下，待臣收復長安之後，必會接奉陛下回京。」代宗看了非常感動，深知郭子儀的忠心耿耿，便對文武大臣說：「朕決意抵禦吐蕃，誓回長安。」由於文武百官都很憤恨程元振，中書舍人柳伉上書，指明這次吐蕃入侵導致皇帝流亡陝州，都是因為程元振所延誤引起，應該將他處死以謝天下。其實代宗心裡也知道人心不滿，確實必須讓程元振對這次風波負責，但卻不忍將他處死，因為代宗仍感念程元振在他剛即位時曾有極大的保駕之功，所以僅削去他的官爵，將他流放回故里。

郭子儀在長安附近已招募了數萬兵力，加上他善用心理戰術，成功調度兵力，忽東忽西，使那些吐蕃人摸不著郭子儀部隊的真正兵力，最後心生畏懼，將大軍撤出長安回青藏高原。於是郭子儀的

大軍總算成功收復長安，並迎接代宗回京，結束了這次驚險的逃亡。

（三）單騎退敵

這時，朔方節度使已由僕固懷恩擔任，他原是郭子儀的舊屬，由於他一直以來都跟朝廷內有權勢的宦官處不好，此時更發生嚴重的政治衝突，他心懷不滿，憤然叛亂。僕固懷恩的軍隊，佔領今日山西的西南部，這裡離長安只有數百里，京師再度震驚。代宗立刻召見郭子儀，問郭子儀該怎麼辦？郭子儀說：「僕固懷恩不可能會成功，因為他曾是臣的部將，臣知道他性格偏激，不能成事。他率領的朔方軍，也都是臣以前的老部下，臣以前待他們還算寬厚，他們平時對臣也還算念舊，只要臣親自出馬，他們應該不會用刀劍對臣。」於是代宗任命郭子儀去處理僕固懷恩叛亂的危機。果然，朔方軍的各級將領，一看到是老長官郭子儀，都紛紛歸降，僕固懷恩一看情勢不對，立刻向北逃亡，進入回紇的勢力範圍。因此僕固懷恩亂事很快就為郭子儀平定，郭子儀也順利回到京師，朝廷雖仍舊尊崇禮遇他，卻仍奪去他一切軍權，讓他繼續閒居長安。

僕固懷恩進入回紇後，常煽動回紇酋長帶兵進攻長安，永泰元年（765年），回紇聯合吐蕃，一起攻打長安，長安再度發生緊急警報。代宗又立刻召見郭子儀，命郭子儀抵禦回、吐聯軍。郭子儀奉命出了長安，但因為他先前就沒了軍權，此時身邊僅有數千名自己的人馬，力量當然單薄，到了前線，看到回、吐聯軍兵勢強大眾多，自知若是跟他們硬拚，根本無勝算。於是郭子儀騎馬在戰場上奔馳了一陣，回紇的酋長看到戰場上有位老將軍在奔馳，心中納悶，就問一個之前所俘虜到的唐朝士兵：「那位老將軍是誰？」唐朝的俘虜回答：「就是郭子儀郭令公啊！」回紇更納悶：「僕固懷

恩不是跟我們說郭令公跟天可汗（唐朝皇帝）都已死了嗎？」俘虜說：「天可汗是萬歲爺，怎麼會死。」

正在這時，郭子儀派了位使者來到回紇營中，請回紇退兵，回紇酋長就對使者說：「郭令公真的還活著嗎？如果他還活著，我們願意見他一面。」於是使者回去，報告此事，郭子儀立刻決定到回紇營中。左右的人見狀，都建議郭子儀該帶數千人馬過去以防不測，郭子儀卻回答：「我又不是要去跟回紇作戰，而是去和平談判的，若真的要打，我們帶數千人也不夠打。所以，我只帶幾十個護衛就行，以顯示我們的誠意。」於是郭子儀便帶了幾十人，騎馬前往回紇營中前進。回紇的酋長見到遠方有一位老將軍帶了幾十位騎兵緩緩而來，心中還感疑慮，等到一行人走到營門前不遠處時，郭子儀取下頭盔，回紇人看清楚了果然是郭子儀來到，便大呼：「真是郭令公來了。」連忙開營門列隊歡迎郭子儀入營中。郭子儀到回紇營中，見了酋長後，便先叫身邊幾十位隨從把馬上的禮物卸下送給回紇酋長們。

回紇酋長見到這些豐厚的禮物，眉開眼笑地對郭子儀說：「僕固懷恩告訴我們說令公已死，天可汗也已死，中原無主，所以叫我們帶兵前來，沒想到僕固懷恩騙了我們。」郭子儀說：「各位當年與我並肩作戰攻打安史亂黨，收復了長安與洛陽，所以我們可算是生死與共的老戰友，你們又何忍出兵對付我們大唐？」這些回紇酋長說：「都是僕固懷恩欺騙我們，我們知錯了，也願意退兵。」郭子儀說：「你們不必急著退兵。你們看，吐蕃軍就在不遠處，你們何不跟我們聯手，一起攻打吐蕃人？相信我們聯手，必可打敗吐蕃，那吐蕃營中所有軍資將歸我們所有，這不是很好嗎？」於是回紇人約定明日與郭子儀軍共同攻擊吐蕃，這就是歷史上有名的「郭子儀單騎退敵」故事。這個故事顯示出郭子儀是位有謀略智慧、也有勇氣的軍人。

當時在回紇軍營附近的吐蕃軍，當然也不時留意回紇營中的動

向。他們看見郭子儀進入回紇軍營，又見到郭子儀平安而出，還看到回紇酋長竟對郭子儀畢恭畢敬有說有笑，心中不免大疑，便猜到郭子儀已說服了回紇人不與唐朝作對。不僅如此，吐蕃人也懷疑回紇人是否可能反過來幫郭子儀攻打自己，便連夜撤退，不敢逗留。第二天天一亮，回紇軍發現吐蕃軍已撤退，仍照昨日與郭子儀的約定，共同追趕吐蕃軍，最後追上吐蕃軍，與之大戰一場，經一番激戰後，吐蕃大敗。唐朝又解除了另一次的緊急警報。

回紇、吐蕃聯軍的警報解除後，郭子儀又回到長安，仍被解除軍權，在長安過他的清閒生活。等到代宗死後，唐德宗即位，德宗建中二年（781年），郭子儀因病去世，享壽85歲。德宗下令為郭子儀舉辦隆重的喪禮，且下詔讓郭子儀陪葬在代宗陵墓旁，以示尊崇。所以，郭子儀可算得上是「壽終正寢」，得到善終。

（四）自保之道

郭子儀屢次立下極大功勞，仍能得到善終，絕非偶然。以下就分析一下郭子儀得以善終的原因：

1. 不留戀兵權

郭子儀每次在立功之後，都隨時交出手中兵權。他每次平定亂事，為朝廷解決緊急狀態之後，只要皇帝一紙詔書，他立刻騎馬趕回長安，交出軍隊指揮權。所以郭子儀不是長年手握大權的將軍，而是朝廷有需要時才命他上陣，等到戰爭結束，又把他徵調回長安交回兵權。這種有作戰能力但又不會長久手握兵權的人，皇帝會比較放心。中國古代是一個君主專制的政治體制，專制政體的基礎，乃建立在軍事武力之上，所以兵權是非常重要的權力。天子往往對手握兵權的人極不放心，對於那些長期手握兵權不肯放手的大將，

君主都會設法將他剷除，這就是歷代功臣常被君主除去的原因。

看看歷史上的北宋，開國君主宋太祖對於功臣還算寬厚，宋代殺功臣之事也很少，為何如此？主要是宋太祖「杯酒釋兵權」，使石守信等功臣自動放棄兵權，讓他們在家中養老，於是宋太祖對功臣便很放心。再看東漢，也是很少殺功臣，主要是漢光武帝在建立東漢帝業後，要他的功臣們放下武器，多念點書，而這些功臣也願意配合，於是乖乖地交出兵權，漢光武帝就沒有必要殺這些功臣。功臣手上握有兵權，就像一隻有利爪有尖牙的老虎，會令人害怕，如果把老虎的爪牙都拔掉，這老虎也就無可怕之處。郭子儀很明白這些道理，所以他願意放棄兵權，讓君主不會懷疑他，才能得以保全性命，不為君主陷害。

2. 謙卑退讓不願居功

郭子儀的性格很溫和，他帶領軍隊雖然賞罰分明，對部下卻溫和厚道，尤其面對君主時，更是謙卑退讓，絕不居功。郭子儀立過大功，官至中書令之尊位，後來皇帝要賜給他更尊貴的「太尉」官位，他卻極力謙辭不肯接受，即使做了中書令，其實也只是掛名的虛銜而已。有一次，唐代宗要任命郭子儀為尚書令，要他至尚書省（類似今行政院）就職，但是郭子儀仍謙辭不肯接受。他上書給代宗：「自我朝開國以來，『尚書令』這職位，只有太宗皇帝在還沒登基之前曾經做過，從太宗即位以後，百餘年來，就再也沒有過這官位，這職位懸缺了百餘年，以示尊敬太宗皇帝，這是我朝的傳統習慣。臣何德何能，敢擔任這個尊崇職位？且自從安祿山戰亂以來，大家都因為戰爭功勞，彼此爭奪官位，這是個不好的現象。臣竊以為，我朝當遵守開國以來的傳統制度，不要輕易破壞，尚書令一職懸缺已久，已成慣例，也是我朝不成文的制度之一，臣又豈敢破壞？」堅持不肯接受唐代宗這次的命令，唐代宗因此非常感動。這表現出郭子儀絕不貪圖高官爵位，也是他謙卑之處。如此，便讓

君主對他非常放心。

　　郭子儀歷經玄、肅、代、德四位皇帝，即使立過再大功勞也不致招君主猜忌，引發自己政治危機，主要原因便是因為他的謙卑。一個謙卑的人，會讓皇帝覺得他不會有非分之想，來爭奪自己的皇位。郭子儀的兒子郭曖和唐代宗的女兒昇平公主結婚。有一年郭子儀生日，他的七個兒子八個女婿都來拜壽，郭曖要昇平公主跟著去，昇平公主不肯。郭曖說：「大家做兒子、媳婦、女兒、女婿的都去給我父親拜壽了，就剩下你不去，你身為媳婦怎麼不去給公公拜壽呢？」昇平公主說：「我身為皇帝的女兒，我是君，他雖是我公公，卻是位臣子，哪有君向臣拜壽的道理？」郭曖很生氣地說：「連皇上都給我父親去拜壽了，你這做媳婦的有什麼身分不去？」昇平公主說：「我就是不去，怎樣？」郭曖更生氣地說：「你別以為你公主身分多了不起，我爸爸是不想做皇帝，如果我爸爸要自己做皇帝，哪有你爸爸能做得成皇帝的道理？」郭曖在盛怒下打了昇平公主一巴掌，昇平公主受不了這種氣，就哭哭啼啼地跑去跟皇帝父親唐代宗告狀，而郭曖只能單獨一人前往壽堂給父親郭子儀拜壽。

　　郭子儀見狀，大驚，一問之下，才知道郭曖打了昇平公主一巴掌，還罵了那些「大逆不道」之話，嚇得不得了，立刻就綁著郭曖，親自押著郭曖送進宮中叩求要面見代宗，並要向代宗道歉，乞求恕罪。代宗知道此時的郭子儀很畏懼自己會生氣，代宗當年曾和郭子儀並肩作戰過，深知郭子儀為人是不會反叛他的，所以就笑著對郭子儀說：「不癡不聾，不做阿家翁。」這句話意思是說：「我們做長輩的如果不裝聾作啞，怎麼互相當親家呢？我都不計較了，你還計較什麼？當做沒聽見沒看見就行啦。」郭子儀一聽，趕忙叩頭謝恩，當然也嚇出一身冷汗。由於郭子儀不肯居功，不像郭曖那樣自以為了不起功勞很大，這也是讓君主覺得如此謙卑的人是不會造反、對皇位有野心的，也就不去傷害郭子儀了。

3. 行事低調，莫讓君主猜疑

功臣是有能力爭奪皇位的人，皇帝難免會猜疑他們有篡位的野心。因此，功臣如何得以自我保全，最重要的是讓君主不要猜疑自己會篡奪皇位。然而，要消除君主猜疑，功臣必須要有一些表現才行。西漢開國三大功臣之一的蕭何，就是個很好的例子。當劉邦初次進入秦朝首都咸陽時，軍士們都想盡辦法要往秦皇宮搶奪財物，唯有蕭何去搶秦朝政府的檔案文書，因為由這些公文檔案，就可以了解全天下的行政情形，能有效幫助皇帝日後治理國家。後來劉邦登基為皇帝，蕭何擔任宰相，蕭何便憑藉這些公文檔案，為漢朝建立了許多法規制度，使漢朝能順利治理國家。

蕭何這種關心天下事的心，對全國是好的，但看在劉邦眼裡，則蕭何太過「心懷天下」，頗可猜疑，莫非是想自己做皇帝才如此關心天下民生？然蕭何也敏銳感覺到漢高祖對他的疑心，於是想到了一個方法自保。有一次，當漢高祖帶兵去北方打仗，蕭何留守長安時，蕭何就利用他宰相職權，強取了幾塊民間良田美地，那些地主自然就來告蕭何如何強取民地，貪污不法。待漢高祖自北方回長安，接到這些民間投訴，大為生氣，下令將蕭何關入監牢。蕭何入獄，親友們都哭哭啼啼地到監獄探望，蕭何對親友們說：「各位何必為我哭泣？你們又焉知這不是一件好事？」果然，過幾天後，漢高祖將蕭何從監獄中提出，問他為何要強佔民田？做這種違法瀆職之事？蕭何回答：「啟秉皇上，臣年紀已高，總要為子孫們著想啊，臣現在沒有財產，所以想要替子孫們留些家產，才不得不謀取些良田遺留給子孫啊。」漢高祖一聽，心想原來蕭何也不過就是想貪這麼一點田地留給子孫就滿足了，這種人哪會有貪圖天下的大志呢？於是漢高祖就釋放了蕭何，不再追究這件貪污案，仍舊命他為宰相。由於蕭何的「自污」，才消除了漢高祖對他的猜疑，這是一個大功臣為了自保，不得不做一個自我污辱的行為，想來也是可

悲。

　　同樣地，郭子儀當然也了解這種道理，他也想要讓君主別對他猜疑，不過他並沒像蕭何那樣做些自污行為，而是採取盡量讓自己奢侈享樂，留戀聲色，避免當權者對他猜疑。由於朝廷一直很怕郭子儀手握軍權，所以每次當戰爭危機一解除後，郭子儀就被調到中央任官，在京城被中央政府「就近看管」。郭子儀在京城裡有許多房屋，這些房屋有些是皇帝所賜、也有些是他自己蓋的。由於郭子儀功勞大，皇上賜的錢財也豐渥，所以他在京城房宅很多。史書記載，在長安的親仁里中，有四分之一都是郭子儀的房屋土地，這些房屋彼此都互相連通，連郭子儀的家人都不清楚今天郭子儀會住哪一間。郭子儀府中人丁眾多，姨太太更是非常多，生活極度奢侈。也因為他位居高官顯要，單單每年的薪俸收入就很高，加上君主不斷賞賜，所以他非常有錢。郭子儀有七子、八婿，全都做了官，也都有很好的收入，郭子儀當然有能力奢侈享受，他在長安的生活非常奢侈腐化。

　　郭子儀的這種奢侈作為，其實都是作給君主看的。在君主眼中，一個貪圖奢侈享受的功臣，絕不會有志來搶奪皇位爭天下，因為他早已被奢侈靡爛的生活給麻醉。宋太祖杯酒釋兵權，讓這些功臣們放下兵權，並送給每位功臣許多房屋、大批財產、美女，讓這些功臣在自己家中有奢侈的享受，以麻醉這些功臣，讓他們不會起來作亂搶奪皇位，也保全這些功臣的晚年。郭子儀也是如此，他以奢侈享受來讓君主不要起疑，對他放心，讓君主覺得他是一位沉迷於酒色財氣的人，不會有爭天下的雄心。

4. 避免得罪皇帝身邊的親信

　　得罪君主身邊親信，常會招來不幸的災禍，這是古今中外人人皆知的道理，郭子儀當然明白這點，所以他絕不得罪皇帝身邊的親信。唐代宗即位，身邊最大的親信，先是宦官程元振，後有宦官魚

朝恩，都是權勢很大的宦官，卻是品德敗壞，妒忌賢能，他們對郭子儀這位立過天大功勞的功臣，尤其妒忌，經常向代宗說郭子儀的壞話。郭子儀當然明白這點，但他小心提防，不跟這些權宦發生衝突。有一次，郭子儀帶兵在外打仗，郭家在長安郊外的祖墳，竟莫名被人挖掘，這在當時人看來是件非常嚴重的事情，因為古人相信風水，祖墳被挖，不但對先人不孝不敬，還會破壞自家風水，有害於後代子孫。人們都傳說這件事是宦官魚朝恩指使的。當戰爭結束，代宗詔郭子儀回長安，長安城內外的百姓，都很害怕郭子儀會藉此次祖墳被挖事件來報仇，如此就會引起朝廷的大動亂。當郭子儀回到長安見代宗後，代宗也慰問了郭子儀祖墳被挖這件事情，但郭子儀卻跪下回答，痛哭流涕地說：「臣長年帶兵出征，都不能禁止麾下士兵們去偷挖別人的墳墓，所以這次我家祖墳被挖，是上天對我的報應，不能怪罪任何人。」郭子儀這樣講，不但代宗放心，長安城的人們也都放了心，因為不會再有政治大風暴了。這就是郭子儀寧可忍氣吞聲，也不願意得罪代宗身邊最受寵愛的宦官魚朝恩，以免魚朝恩繼續在代宗面前陷害他。

另外，有一天，魚朝恩要在自家中設宴款待郭子儀，當時謠言四起，傳說這是個「鴻門宴」，即是魚朝恩是要藉這次宴會殺害郭子儀，郭子儀的部下多勸他帶隨從保護自己，最好是在大衣裡面再穿件鎖子甲之類護具，以防刀劍砍殺。但郭子儀不同意，認為他單身一人去赴宴就可以了，也不用再穿什麼鎖子甲，結果郭子儀果真帶了幾個僕人就前去魚府赴宴。魚朝恩一看，郭子儀如此輕車簡從就來赴宴，就問郭子儀說：「令公，怎麼您的隨從人馬都沒跟來？」郭子儀說：「您不知道，外面妒忌我們倆的交情，一直有謠言中傷我們兄弟倆，我來赴宴前，還聽到您可能要加害於我的謠言，但我根本不相信，我既然承蒙您招待來貴府上，自然也相信您不會加害我，又怎能失禮地帶大批隨從呢？」還笑著脫下大衣說：「我手下聽到那些謠言後，還叫我穿什麼鎖子甲來防身，您看看，

我就是不相信那些謠言，也根本就沒穿什麼護具呢！」郭子儀的真誠、坦爽，令魚朝恩感動得痛哭流涕，對郭子儀說：「令公啊，如果不是您這麼誠懇相信我幫助我，我就不會有今天啦，小弟真是非常感動，真不知道該說什麼了。」這都表示郭子儀不願意跟皇帝身邊寵信的人發生衝突，這是郭子儀最後能得到善終很重要的原因之一。

5. 與皇室聯姻

郭子儀知道中國古代社會中，婚姻是兩個家族間的事情，而不是一男一女倆人之間的事情。當時的婚姻就是兩個家族聯姻，聯姻會使兩個家族緊密結合在一起。郭子儀採取跟李唐皇室結親的方式，他的子孫也與李唐皇室交叉婚姻，關係非常密切。例如：郭子儀兒子郭曖，就迎娶昇平公主為妻，而郭曖的女兒也就是郭子儀的孫女，又嫁回李唐皇室，即是日後唐憲宗的正妻郭皇后；郭曖的另兩個兒子郭鏦與郭銛，也分別娶了皇室的漢陽公主跟西河公主為妻，即是郭子儀的兩位孫媳婦，也是李唐皇室的公主，可見兩家婚姻關係的密切交錯。由於郭子儀的子孫跟皇室有密切姻親關係，這樣對郭子儀政治地位的穩固，有極大的幫助。

總而言之，郭子儀以一位大功臣而得以善終，絕非一個偶然的事情。唐朝史臣說裴垍稱讚郭子儀，說他：「權傾天下而朝不忌，功蓋一代而主不疑，侈窮人欲而君子不之罪。富貴壽考，繁衍安泰，哀榮終始，人道之盛，此無缺焉。」總之，郭子儀能得以善終，是他自己苦心經營而得來的。

伍

人生寶典

一、《弟子規》：傳承百年的家教寶典

文／（清）李毓秀

　　《弟子規》是聖學的根基、聖學的骨幹，是建築的結構架子，更是為人處事的規範。

　　如同我們蓋一棟大樓，《弟子規》就是樓的架構，一切經論是房屋裡面的陳設。因此，落實《弟子規》裡的每一句，每一個字，都非常重要。若能真正理解、相信、肯做，一生都遵守，不違背，就真的學成了！

　　《弟子規》這本書，影響之大，讀誦之廣，僅次於《三字經》。《弟子規》原名《訓蒙文》，原作者李毓秀（1662～1722年）是清朝康熙年間的秀才。《弟子規》以《論語·學而篇》的一句「弟子入則孝，出則悌，謹而信，泛愛眾，而親仁。行有餘力，則以學文」為中心，具體敘述弟子在家、出外、待人、接物與學習上應該恪守的守則規範。後來，清朝賈存仁修訂改編《訓蒙文》，並改名為《弟子規》，從而成為清代家長教育子弟的最佳讀物。

　　祖宗雖遠，祭祀不可不誠；子孫雖愚，經書不可不讀。廢經廢倫，治安敗壞根由；貪瞋癡慢，人心墮落原因。欲致天下太平，須從根本著手。圖挽犯罪狂瀾，唯有明倫教孝。誤根本為枝末，認枝末為根本。為求解決問題，反倒製造問題。君子唯有務本，本務邦國自寧。

　　俗云：「教婦初來，教兒嬰孩」，兒童天性未染污前，善言易

入，先入為主，及其長而不易變。故人之善心、信心，須在幼小時培養。凡為人父母者，在其子女幼小時，即當教以讀誦經典，以培養其根本智慧及定力；更曉以因果報應之理，敦倫盡分之道。若幼小時不教，待其長大，則習性已成，無能為力矣！

《三字經》曰：「養不教，父之過；教不嚴，師之惰。」「教之道，貴以專」，而非博與雜。故一部經典，宜讀誦百至千遍，蘇東坡云：「舊書不厭百回讀，熟讀深思子自知。」現在教學，壞在博與雜，且不重因果道德及學生讀經、定力之培養，致有今日之苦果。企盼賢明父母師長，深體斯旨，此乃中華文化之命脈所繫，炎黃子孫能否長享太平之關鍵。有慧眼者，當見於此。

（一）總敘

弟子規 聖人訓 首孝悌 次謹信 泛愛眾 而親仁 有餘力 則學文

【解說】

至樂莫如讀書，至要莫如教子。《弟子規》這本書是學童的生活規範，它是依據至聖先師孔子的教誨編成的。

首先，弟子們在日常生活中要做到孝敬父母，友愛兄弟姐妹；其次，一切言行中，要謹慎，要講信用；和大眾交往時要平等仁和，要時常親近有仁德的人，向他學習。以上這些事是學習的根本，必須要努力去做。如果做了還有餘暇，更應努力地學習禮、樂、射、御、書、術等六藝，各種聖賢典籍，以及其他有益的學問。

（二）入則孝

父母呼	應勿緩	父母命	行勿懶	父母教	須敬聽	父母責	須順承
冬則溫	夏則凊	晨則省	昏則定	出必告	返必面	居有常	業無變
事雖小	勿擅為	苟擅為	子道虧	物雖小	勿私藏	苟私藏	親心傷
親所好	力為具	親所惡	謹為去	身有傷	貽親憂	德有傷	貽親羞
親愛我	孝何難	親憎我	孝方賢	親有過	諫使更	怡吾色	柔吾聲
諫不入	悅復諫	號泣隨	撻無怨	親有疾	藥先嘗	晝夜侍	不離床
喪三年	常悲咽	居處變	酒肉絕	喪盡禮	祭盡誠	事死者	如事生

【解說】

　　孝悌是中國文化的基礎，古人云：「百善孝為先」。一個人能夠孝順，他就有一顆善良仁慈的心，有了這份仁心，他就可以給許許多多的人帶來益處。

　　在家中，父母呼喚我們時，我們應該一聽到就立刻回答，不要慢吞吞的答應。父母有事要我們去做，我們就要趕快行動，不要藉故拖延，或者懶得去做。父母要我們學好而教導我們時，我們必須洗耳恭聽。我們犯錯了，父母責備我們，我們應當順從並承擔過失，不可忤逆他們，讓他們傷心。

　　為人子女，冬天要留意父母親穿的是否溫暖，居處是否暖和。夏天，子女要考慮父母是否感到涼爽。每天早上起床，子女一定要看望父母親，問父母身體是否安好；傍晚回來，也一定要向父母親問安。外出時，子女要先告訴父母要到哪裡去，回家以後，要先面見父母親，讓他們放心。弟子日常生活作息要有一定的規律，而且對於所從事的事業，不可隨便改變。

　　事情雖然很小，子女也不要擅自做主而不稟告父母，假如任意

而為，就有損於為人子女的本分。東西雖然很小，子女也不要背著父母，偷偷把東西私藏起來。如果把東西私藏起來，被父母知道了，父母心裡一定十分難過。

父母親所喜愛的東西，子女都應盡力準備齊全；父母所厭惡的東西，子女要努力去除。我們的身體受到傷害，就一定會給父母親帶來憂愁；我們的品格有了缺失，就會讓父母親感到羞辱、沒有面子。

父母親愛護子女，子女孝順父母親，這是非常自然的事情，這樣的孝順又有什麼困難呢？如果父母親討厭我們，對我們有意見，不滿意，我們還能夠用心盡孝，那才算是賢明的子弟呢。

父母親有了過失，子女一定要勸諫，而勸諫的時候，絕對不可聲色俱厲，要溫和愉悅，話語要柔順平和。假如父母不接受我們的勸諫，就要等到父母高興的時候再勸諫。若父母仍固執不聽，有孝心的人不忍父母陷於不義，就會放聲哭泣，懇求父母改過，即使招父母責打也毫無怨言。

當父母有了疾病，做子女的一定要先嚐嚐熬好的湯藥，檢查是否太涼或太熱。不分白天或夜晚，子女都應該侍奉在父母身邊，不可隨意離開父母。在父母病重時，最需要的就是有人照顧，尤其是自己的子女能在身邊陪伴，照顧起居，這是讓父母心中最感欣慰的事情。在父母臨終之際，為人子女的我們，豈能因為事業忙，或沒有時間，而放棄照料父母的機會呢？

當父母不幸去世，孝順子女必定要守喪三年。守喪期間，孝子因為思念父母常常悲傷哭泣，就連住的地方也改為簡樸，並戒除喝酒、吃肉的生活，以此來表達對父母的哀思。辦理父母的喪事要依照禮儀，不可草率馬虎，祭祀時要盡到誠意。對待已經去世的父母親，也要像對待父母生前一樣恭敬。

為什麼要這樣做？孔子說：「孩子生下來三年之久，才離開父母的懷抱，能夠自己走自己吃，讓父母稍稍放心一點。子女在父母去世後，為什麼就不能在三年的喪期中時時刻刻想念父母、愛念父母

呢？」人生在世，父母與我們最親，給我們的恩情也最重，所以只有努力學習侍奉父母的禮節，把孝道當成一項大事業，用心經營，才能立足於天地之間。父慈子孝，不一定讓我們富裕有錢，不一定有花園別墅可以住，但是，孝行卻可以建立天然和諧的秩序，讓我們生活在安樂祥和的環境中。家，如果是一個人的堡壘；孝，就是堡壘的基石。多一份孝心，家就多一份保障，讓我們用孝行把家庭建設成固若金湯的堡壘。

《弟子規》中的規矩，看似平常無奇，但是如果我們認真去實行，那帶給父母的歡欣快樂，這絕對不是有形的東西可以相媲美的。現在，我們依照《弟子規》來培養我們的言行舉止，將來我們自然會有意想不到的收穫。

（三）出則悌

兄道友	弟道恭	兄弟睦	孝在中	財物輕	怨何生	言語忍	忿自泯
或飲食	或坐走	長者先	幼者後	長呼人	即代叫	人不在	己即到
稱尊長	勿呼名	對尊長	勿見能	路遇長	疾趨揖	長無言	退恭立
騎下馬	乘下車	過猶待	百步餘	長者立	幼勿坐	長者坐	命乃坐
尊長前	聲要低	低不聞	卻非宜	近必趨	退必遲	問起對	視勿移
事諸父	如事父	事諸兄	如事兄				

【解說】

出則悌，說的是家中兄弟相處之道，以及如何和長輩相處的規矩。這些規範能夠讓小孩變得謙恭有禮，這樣自然容易融入團體，為大家所接納。當哥哥姐姐的，要能友愛弟妹；做弟妹的，應做到恭敬兄姐。這樣，兄弟姐妹就能和睦而減少衝突，父母心中就快樂。在這種和睦當中，就存在了孝道。

把名利看輕點，少計較，兄弟之間就不會產生怨恨；講話時不要太衝動，傷感情的話要盡量忍住不說，兄弟之間就不會產生怨恨。

有人認為，孩子還小，不可要求他們太過，等他們長大了自然就適應了，甚至對孩子加以溺愛，把好吃好用的都給小孩享用，以致小孩認為這樣是理所當然的，不知道要禮讓長輩，因而讓孩子養成不好的習慣。《弟子規》教導我們，不要因為大人的寵愛，我們就忽略了禮讓的美德。在日常生活中不管是吃什麼或喝什麼，我們都應該要請長輩先用；如果和長輩坐在一起，要請長輩先坐；如果和長輩走在一起，也應讓長輩先走。

長輩呼叫人時，自己聽見了，要替長輩去傳喚。如果所叫的人不在，自己應當回來報告長輩，更能進一步詢問長輩，有沒有需要幫忙的事情。

稱呼長輩時，不可以直呼長輩的名字，那是不禮貌的行為；在長輩面前，不要表現出自己很有才能的樣子，那是藐視長輩的表現。

走路時遇見長輩，要趕緊走上前去行禮問候。如果長輩沒和我們說話，我們就先退在一旁恭敬地站著，讓長輩先走過去。如果你正在騎馬、坐車，見到長輩，一定要立刻下馬、下車。等待長輩大約離開我們一段的距離以後，我們才可以騎上馬，坐上車離開。

如果長輩還站著，年幼的我們不應先坐下來；如果長輩坐著，允許我們坐下時才可以坐下。在長輩面前講話，聲音要低，但是回答的聲音，低到長輩聽不清楚，就是不適當，聲音要柔和清楚才好。進見長輩時走路要快點，動作要表現得很禮節；等到告退時，要慢慢退出。長輩問話時，要起立回答，眼神要注視長輩，不要左右移動。

對待叔叔伯伯，要像對待自己的父親一樣恭敬；對待同族兄長，要像對待自己的胞兄一樣友愛。

（四）謹

朝起早　夜眠遲　老易至　惜此時　晨必盥　兼漱口　便溺回　輒淨手
冠必正　紐必結　襪與履　俱緊切　置冠服　有定位　勿亂頓　致污穢
衣貴潔　不貴華　上循分　下稱家　對飲食　勿揀擇　食適可　勿過則
年方少　勿飲酒　飲酒醉　最為醜　步從容　立端正　揖深圓　拜恭敬
勿踐閾　勿跛倚　勿箕踞　勿搖髀　緩揭簾　勿有聲　寬轉彎　勿觸稜
執虛器　如執盈　入虛室　如有人　事勿忙　忙多錯　勿畏難　勿輕略
鬥鬧場　絕勿近　邪僻事　絕勿問　將入門　問孰存　將上堂　聲必揚
人問誰　對以名　吾與我　不分明　用人物　須明求　倘不問　即為偷
借人物　及時還　後有急　借不難

【解說】

　　為人子女，早上要盡量早起，晚上要延遲睡覺，因為人生的歲月很有限，光陰容易消逝，少年人一轉眼就是老年人了，所以我們要珍惜現在寶貴的時光。

　　我們每天早上起床，必須先洗臉，然後刷牙漱口，解完大小便以後把手洗乾淨。

　　出門帽子要戴端正，穿衣服要把鈕釦繫好；鞋襪都要穿得整齊，鞋帶要繫緊，這樣全身儀容才端正。脫下來的帽子和衣服應當放置在固定的位置，不要隨手亂丟亂放，以免弄皺弄髒。穿衣服注重的是整齊清潔，而不是衣服的昂貴華麗，要依照自己的身分穿著，同時也要配合家庭的經濟狀況。

　　對於食物不要挑剔偏食，而且要吃適當的分量，不要吃過量。我們年紀還小，尚未成年，不該嘗試喝酒，因為喝醉了就會醜態百出，最容易表現出不當的言行。

走路時腳步要從容不迫，站立的姿勢要端正。注意行禮時要把身子深深地躬下，跪拜時要恭敬尊重。

進門時不要踩到門檻，站立時要避免身子歪曲，走路時身子不要歪七扭八，坐著時不要把身子坐成像簸箕，或者像虎踞的樣子，也不要抖腳或搖臀，這樣才能表現出優雅怡人的姿態。

進門的時候，要慢慢的揭開簾子，盡量不發出聲響。走路轉彎時要離稜角遠一點，保持較寬的距離，這樣才不會碰到稜角傷了身體；拿空的器具要像拿盛滿的器具一樣小心謹慎，進到沒人的屋子時，也要像進到有人的屋子裡一樣。

做事不要匆匆忙忙，匆忙就容易出錯。遇到該辦的事情，不要怕困難而猶豫退縮，也不要輕率隨便而敷衍了事。容易發生打鬥的場所，我們不要靠近逗留；對於邪惡怪僻的事情，不要好奇的去追問。

將要入門之前，先問一下：「有人在嗎？」將要走進廳堂時，應放大音量讓廳堂裡的人知道有人來；假如有人問「你是誰」，回答時要說出自己的名字，如果只說「吾」或是「我」，對方就聽不清楚到底是誰。我們要使用別人的物品，就必須事前對人講清楚；如果沒有得到允許就拿來用，那就相當於偷竊的行為。借用他人的物品，用完後要立刻歸還，以後遇到急用再向別人借時，就不會有太多的困難。

這些平常語言行為的要則，讓我們即知即行，這樣會使我們處理事情更有效率，待人更為和諧，從而創造出一個身心諧和的環境。如果我們一時做不到也不必氣餒，只要能清楚的辨別方向，認同聖賢的教化，肯用功夫慢慢地琢磨，就一定會成功的。

（五）信

凡出言　信為先　詐與妄　奚可焉　　話說多　不如少　唯其是　勿佞巧
奸巧語　穢污詞　市井氣　切戒之　　見未真　勿輕言　知未的　勿輕傳

事非宜	勿輕諾	苟輕諾	進退錯	凡道字	重且舒	勿急疾	勿模糊
彼說長	此說短	不關己	莫閒管	見人善	即思齊	縱去遠	以漸躋
見人惡	即內省	有則改	無加警	唯德學	唯才藝	不如人	當自礪
若衣服	若飲食	不如人	勿生戚	聞過怒	聞譽樂	損友來	益友卻
聞譽恐	聞過欣	直諒士	漸相親	無心非	名為錯	有心非	名為惡
過能改	歸於無	倘掩飾	增一辜				

【解說】

　　凡是開口說話，首先要講究信用。欺詐不實的言語，怎麼可能在社會上永遠行得通呢？話說得多不如說得少，凡事實實在在，不要講些不合實際的花言巧語。另外，奸邪巧辯的言語，骯髒不雅的詞句以及無賴之徒粗俗的口氣，都要切實戒除掉。

　　還未看到事情的真相，不可輕易發表意見；對於事情了解得不夠清楚，不可輕易傳播出去；覺得事情不恰當，不要輕易答應，如果輕易答應就會使自己進退兩難。談吐說話，要穩重而舒緩，不要說得太快太急，或者說得字句模糊不清，這樣會讓別人聽不清楚而產生誤會。遇到別人談論別人的是非好壞時，如果與己無關，就不要多管閒事。

　　看見他人的優點和好的行為，自己心中就要升起向他看齊的好念頭。雖然目前還差得很遠，但只要肯努力就能漸漸趕上。不論大善還是小善，都要有思齊的信心和勵行的勇氣，小善切戒不做，行大善的機會來了也要及時把握，盡心盡力去做。

　　看見他人犯了錯誤或罪惡的時候，我們心裡要先反省自己，如果也犯有同樣的過錯，就立刻改掉；如果沒有，就要更加警覺不犯同樣的過錯。

　　當道德學問或才藝不如他人時，我們應該自我督促努力趕上；至於穿的衣服和吃的飲食不如他人時，可以不用擔心、鬱悶。

　　聽見別人說我的過錯就生氣，稱讚我就高興，這樣不好的朋友就

會愈來愈多，而真誠有益的朋友就不敢和我們在一起。如果聽到別人稱讚我，就先自我反省，生怕自己沒有這些優點，只是空有虛名；當聽到別人批評我的過錯時，心裡要歡喜接受，則正直誠實的人就愈喜歡和我們親近。

不是有心做錯的事情，稱為過錯；若是明知故犯的事情，便是罪惡。不小心犯了過錯，能勇於改正，過錯就會愈改愈少，漸漸歸於無過；如果故意掩蓋過錯，反而會增加一項掩飾的罪過。

（六）泛愛眾

凡是人	皆須愛	天同覆	地同載	行高者	名自高	人所重	非貌高
才大者	望自大	人所服	非言大	己有能	勿自私	人所能	勿輕訾
勿諂富	勿驕貧	勿厭故	勿喜新	人不閒	勿事攪	人不安	勿話擾
人有短	切莫揭	人有私	切莫說	道人善	即是善	人知之	愈思勉
揚人惡	既是惡	疾之甚	禍且作	善相勸	德皆建	過不規	道兩虧
凡取與	貴分曉	與宜多	取宜少	將加人	先問己	己不欲	即速已
恩欲報	怨欲忘	報怨短	報恩長	待婢僕	身貴端	雖貴端	慈而寬
勢服人	心不然	理服人	方無言				

【解說】

對於大眾要有關懷愛護之心，因為大家共同生活在一片藍天下，地球是我們共同的家園，如同蒼天與大地一樣，絕對沒有私心。不論好人、壞人，都一樣給予保護和承載，全是一片仁慈之心，不為名利所束縛，這正是「天同覆，地同載」的大同境界。

泛愛眾的仁人君子，他的心中有「人我一體」的觀念，所以會放下滔滔私心，關懷大眾。我們若處處學著仁厚待人，在德行上努力修養，守住良善本性，並深入學習各項才藝，相信我們也能做出一番有

利大眾的事業。

　　品行高尚的人，名聲自然高，人們所敬重的是德行，並不是在乎外貌是否出眾；才能大的人，聲望自然大，人們所信服的是他的真才實學，並不是他的高談闊論。

　　自己有能力做的事情，不要自私保守；看到別人有才華，應該多加讚美肯定，不要因為嫉妒而貶低別人。

　　對富有的人，態度不諂媚求榮；對貧窮的人，不表現出驕傲自大的樣子；不厭惡不嫌棄親戚老友，也不一味喜愛新人新朋友，這是我們立身處世的一條重要原則。至聖先師孔子教導我們，貧窮的人除了不諂媚迎合外，能夠在道德上自得其樂就更好了；富有的人不但不以驕傲的心態妨礙他人，更要愛好禮節，恭敬大眾，這就是「富且仁」呀。貧和富只是生活方式不同而已，但都要學習禮節，充實各項才能，發揮「人我一體」的仁心，這樣才能營造一個「貧而樂，富而好禮」的和諧社會。

　　他人有事，忙得沒有空暇，就不要找事擾亂他；對方身心很不安定，我們就不要用閒言碎語打擾他。絕對不要揭露別人的短處，別人有祕密不想讓其他人知道，我們就不要說出來。

　　讚美別人的善行，就等於是自己行善，因為對方知道了，就會更加勉勵行善；宣揚別人的不良行為，就等於自己作惡，如果過分地憎惡，就會招來災禍。行善能相互勸勉，彼此都能建立良好的德行；有了過錯而不相互規勸，則都會在雙方的品行上留下缺陷。

　　和人有財物上的往來，應當分辨清楚，不可含糊。該給別人的財物，要多多佈施；是自己該得到的財物，要少取一點；有事要托別人做或有話要和別人說，要先問一問自己是不是喜歡，如果自己不喜歡就應立刻停止。

　　他人對我有恩惠，應時時想回報他；不小心和人結了冤仇，應求他人諒解，及早忘掉仇恨。報怨之心停留的時間愈短愈好，但是報答恩情的心意卻要長存不忘。對待家中的奴婢和僕人，本身行為要注重

端正、莊重，不可輕浮隨便；若能進一步做到仁慈、寬厚，那就更完美了。權勢可以使人服從，別人雖然表面上不敢反抗，心中卻不以為然。唯有以道理感化對方，才能讓人心悅誠服而沒有怨言。

　　雖然現在很少有人用婢僕，但是上下尊卑的關係仍然處處可見。讓我們一起來學習仁德君子的「泛愛眾」，多為大眾著想，共同營造一個相互關懷、相互體諒的溫馨社會。

（七）親仁

同是人 類不齊 流俗眾 仁者希 果仁者 人多畏 言不諱 色不媚
能親仁 無限好 德日進 過日少 不親仁 無限害 小人進 百事壞

【解說】

　　同樣都是人，類別品行卻不一定整齊。一般來說，跟著潮流走的俗人占了大部分，有仁德的君子就顯得非常稀少。對於一位真正的仁者，大家自然敬畏他。仁者說話不會故意隱諱，扭曲事實，臉色態度也不會故意向人諂媚求好。能夠親近仁者，向他學習，就會得到無限的好處，自己的品德自然會進步，過錯也就跟著日日減少。如果不肯親近仁者，無形中就會產生許多害處，小人就會乘虛而入，圍繞在你的身旁，事業就會弄得一敗塗地。

（八）餘力學文

不力行 但學文 長浮華 成何人 但力行 不學文 任己見 昧理真
讀書法 有三到 心眼口 信皆要 方讀此 勿慕彼 此未終 彼勿起
寬為限 緊用功 工夫到 滯塞通 心有疑 隨札記 就人問 求確義

房室清 牆壁淨 几案潔 筆硯正 墨磨偏 心不端 字不敬 心先病
列典籍 有定處 讀看畢 還原處 雖有急 卷束齊 有缺壞 就補之
非聖書 屏勿視 敝聰明 壞心志 勿自暴 勿自棄 聖與賢 可馴致

【解說】

對於孝、悌、謹、信、泛愛眾、親仁這些應該努力實行的本分，卻不肯力行，只在學問上研究探索，這樣最容易養成浮華的習性，如何能成為一個真正有用的人？相對地，如果只重力行，對於學問卻不肯研究，就容易執著自己的看法，而無法契合真理，這也不是我們所應有的態度。

今日普遍流行詆毀聖賢的風氣，懷疑古人，藐視倫常大道。尤其是基本的孝道，近代以來更被視為封建落伍，與新時代格格不入，大家雖有心改革社會亂象，也動用大批的人力物力宣導，終因倫常觀念被大家忘失得太久了，使得社會秩序無法整頓起來。孔子曾指出，「立志、自立、立仁」的君子，要廣博的研究各種學問，然後用禮節來約束言行，這樣一個具有知識和禮節的君子，他的言行就不至於太離譜了。《弟子規》把禮的內容具體化，只要依循《弟子規》來實踐，兼學各種經典和生活知識，就能擁有高深的智慧和實踐的勇氣，從而成為一個智勇雙全的人，就能很快實現目標。

讀書的方法要注重三到，就是心到、眼到、口到，這「三到」必須實實在在做到。讀書時，正在讀這一段，就不要想到別的段落上去；這段還未讀完讀通，也不要因為沒有興趣，失去好奇心，就跳到另一段上，東翻西閱，不肯定下心來，老老實實地讀完。讀書時要有規範，讀一本書或一門功課，要有比較寬裕的期限，但是不能因為時間充足，就等期限快到的時候才開始讀。因為情急之下反而耽誤事情，所以一規劃好就要趕緊用功。

讀書時，遇到滯塞難通的地方，更要專心研究，只要專心研讀，自然就能通達了解，這就是所謂「書讀百遍，其意自現」。有疑問的

地方，經反覆思考，若還不能了解，就用筆把問題記錄下來，向師長請教，一定要得到正確的答案才可放過。

書房要整理得簡單清潔，四周牆壁保持乾淨，書桌清潔乾淨，使用的筆和硯台要擺放端正。在硯台上磨墨，如果墨條磨扁了，就是存心不端正；寫字若隨便不工整，就是心裡先有了病。排列經典圖書，要安放在固定的地方，讀完以後立刻歸還原處，即使發生緊急的事，也要先收拾整齊以後才能離開。遇到書本有殘缺損壞時，應立刻補好，保持書籍的完整。你愛書，書就愛你，因為一分恭敬就有一分收穫，十分恭敬就有十分收穫。

如果不是傳授聖賢道理的書籍，一定不要理它，因為書中不正當的事理會蒙蔽我們的聰明智慧，會敗壞我們純正的志向。不要自以為是、狂妄自大，也不要自甘墮落而放棄自己的努力。聖賢的境界雖高，只要按部就班，循序漸進，人人都可以到達。

處在蒙昧年幼之時，若採用正當的教材，配合優良的學習環境，就能造就聖賢。《弟子規》中所講的道理，正是聖人的訓誨，從入則孝、出則悌、謹而信、泛愛眾、親仁及餘力學文著手，從日常生活中的倫常做起，從家庭擴及到學校、社會，也就是古人所說的「平天下」了。所以這本書應該認真反覆讀誦，深入內心，當成個人反省的鏡子和自身行為的指針。

荀子曰：「君子博學而日參省乎己，則知明而行無過矣。」

陸

古文中的人生智慧

【 一、勸學 】

文／（戰國）荀子

　　《勸學》是我國古代教育史上的一篇著名作品，這篇作品極少抽象說教，而是運用譬喻和推理的方法，從不同的面向，不同的角度去闡明學習的重要性和學習的方法。人們透過淺近明白的道理和具體生動的形象，受到啟發和教育。

　　荀子（西元前313～前238年）名況，字卿，後避漢宣帝諱，改稱孫卿。戰國時期趙國猗氏（今山西新絳）人，著名思想家、文學家、政治家，儒家學派代表人物，時人尊稱「荀卿」。曾三次出任齊國稷下學宮的祭酒，後為楚蘭陵（今山東蘭陵）令。西元前238年失官，家居逝世，葬在蘭陵。韓非和李斯都是他的學生。

　　荀子是先秦儒家的最後代表人物，他的思想與亞聖孟子完全對應。荀子認為，自然界的存在不以人的主觀意志為轉移，但人類可以用主觀努力去認識它，順應它，運用它，以趨吉避凶。他提出「制天命而用之」的思想。在認識論方面，他認為人對客觀事物的認識，首先要透過感覺器官和外界事物接觸，強調「行」對於「知」的必要性和後天學習的重要性。他的許多措施代表新興地主階層的利益，反映當時人民的要求，有質樸的唯物思想。在政治上，他針對孔子、孟子效法先王的思想，提出「法後王」，主張應該適應當時的社會情況去施政，要選賢能，明賞罰，兼用「禮」、「法」、「術」實行統治。他的許多思想為法家所汲取。在人性問題上，他不同意孟子的性善論，主張性惡論，認為後天環境可以改善人的惡的本性，所以他主張「明禮義而化之」。

【原文】

　　君子曰：學不可以已。青，取之於藍，而青於藍；冰，水為之，而寒於水。木直中繩，輮以為輪，其曲中規，雖有槁暴，不復挺者，輮使之然也。故木受繩則直，金就礪則利，君子博學而日參省乎己，則知明而行無過矣。

　　故不登高山，不知天之高也；不臨深谿，不知地之厚也；不聞先王之遺言，不知學問之大也。干、越、夷、貉之子，生而同聲，長而異俗，教使之然也。《詩》曰：「嗟爾君子，無恆安息。靖共爾位，好是正直。神之聽之，介爾景福。」神莫大於化道，福莫長於無禍。

　　吾嘗終日而思矣，不如須臾之所學也。吾嘗跂而望矣，不如登高之博見也。登高而招，臂非加長也，而見者遠；順風而呼，聲非加疾也，而聞者彰。假輿馬者，非利足也，而致千里；假舟楫者，非能水也，而絕江河。君子生非異也，善假於物也。

　　南方有鳥焉，名曰「蒙鳩」，以羽為巢，而編之以髮，繫之葦苕，風至苕折，卵破子死。巢非不完也，所繫者然也。西方有木焉，名曰「射干」，莖長四寸，生於高山之上，而臨百仞之淵，木莖非能長也，所立者然也。蓬生麻中，不扶而直；白沙在涅，與之俱黑。蘭槐之根是為芷，其漸之滫，君子不近，庶人不服。其質非不美也，所漸者然也。故君子居必擇鄉，遊必就士，所以防邪辟而近中正也。

　　物類之起，必有所始。榮辱之來，必象其德。肉腐出蟲，魚枯生蠹。怠慢忘身，禍災乃作。強自取柱，柔自取束。邪穢在身，怨之所構。施薪若一，火就燥也，平地若一，水就濕也。草木疇生，禽獸群焉，物各從其類也。是故質的張而弓矢至焉；林木茂而斧斤至焉；樹成陰而眾鳥息焉。醯酸而蜹聚焉。故言有招禍也，行有招辱也，君子慎其所立乎！

積土成山，風雨興焉；積水成淵，蛟龍生焉；積善成德，而神明自得，聖心備焉。故不積跬步，無以致千里；不積小流，無以成江海。騏驥一躍，不能十步；駑馬十駕，功在不舍。鍥而舍之，朽木不折；鍥而不舍，金石可鏤。螾無爪牙之利，筋骨之強，上食埃土，下飲黃泉，用心一也。蟹六跪而二螯，非蛇鱔之穴，無可寄託者，用心躁也。是故無冥冥之志者，無昭昭之明；無惛惛之事者，無赫赫之功。行衢道者不至，事兩君者不容。目不能兩視而明，耳不能兩聽而聰。螣蛇無足而飛，梧鼠五技而窮。《詩》曰：「尸鳩在桑，其子七兮。淑人君子，其儀一兮。其儀一兮，心如結兮。」故君子結於一也。

昔者瓠巴鼓瑟，而流魚出聽；伯牙鼓琴，而六馬仰秣。故聲無小而不聞，行無隱而不形。玉在山而草木潤，淵生珠而崖不枯。為善不積邪，安有不聞者乎！

學惡乎始？惡乎終？曰：其數則始乎誦經，終乎讀禮；其義則始乎為士，終乎為聖人。真積力久則入，學至乎沒而後止也。故學數有終，若其義則不可須臾舍也。為之人也，舍之禽獸也。故《書》者，政事之紀也；《詩》者，中聲之所止也；《禮》者，法之大分，類之綱紀也。故學至乎禮而止矣。夫是之謂道德之極。《禮》之敬文也，《樂》之中和也，《詩》《書》之博也，《春秋》之微也，在天地之間者畢矣。

君子之學也，入乎耳，著乎心，布乎四體，形乎動靜。端而言，蝡而動，一可以為法則。小人之學也，入乎耳，出乎口；口耳之間，則四寸耳，曷足以美七尺之軀哉！古之學者為己，今之學者為人。君子之學也，以美其身；小人之學也，以為禽犢。故不問而告謂之傲，問一而告二謂之囋。傲，非也，囋，非也；君子如嚮矣。

學莫便乎近其人。禮樂法而不說，詩書故而不切，春秋約而不速。方其人之習君子之說，則尊以遍矣，周於世矣。故曰：學

莫便乎近其人。

學之經，莫速乎好其人，隆禮次之。上不能好其人，下不能隆禮，安特將學雜識志，順詩書而已耳。則末世窮年，不免為陋儒而已。將原先王，本仁義，則禮正其經緯蹊徑也。若挈裘領，詘五指而頓之，順者不可勝數也。不道禮憲，以詩書為之，譬之猶以指測河也，以戈舂黍也，以錐餐壺也，不可以得之矣。故隆禮，雖未明，法士也；不隆禮，雖察辯，散儒也。

問楛者，勿告也；告楛者，勿問也；說楛者，勿聽也。有爭氣者，勿與辯也。故必由其道至，然後接之；非其道則避之。故禮恭而後可與言道之方，辭順而後可與言道之理，色從而後可與言道之致。故未可與言而言，謂之傲；可與言而不言，謂之隱；不觀氣色而言，謂之瞽。故君子不傲、不隱、不瞽，謹順其身。詩曰：「匪交匪舒，天子所予。」此之謂也。

百發失一，不足謂善射；千里蹞步不至，不足謂善御；倫類不通，仁義不一，不足謂善學。學也者，固學一之也。一出焉，一入焉，塗巷之人也；其善者少，不善者多，桀紂盜跖也；全之盡之，然後學者也。

君子知夫不全不粹之不足以為美也，故誦數以貫之，思索以通之，為其人以處之，除其害者以持養之。使目非是無欲見也，使口非是無欲言也，使心非是無欲慮也。及至其致好之也，目好之五色，耳好之五聲，口好之五味，心利之有天下。是故權利不能傾也，群眾不能移也，天下不能蕩也。生乎由是，死乎由是，夫是之謂德操。德操然後能定，能定然後能應。能定能應，夫是之謂成人。天見其明，地見其光，君子貴其全也。

【譯文】

君子說：學習是不可以停止的。靛青，是從藍草中提取的，卻比藍草的顏色還要青；冰，是水凝結而成的，卻比水還要寒冷。木材

直得符合拉直的墨繩，用輮的工藝把它製成車輪，則木材的彎度就合乎圓的標準了，即使再乾枯，木材也不會再挺直，是因為經過加工使它成為這樣的。所以木材經過墨線量過就能取直，刀劍等金屬製品在磨刀石上磨過就能變得鋒利，君子廣泛地學習，而且每天檢查反省自己，他就會聰明多智，而行為就不會有過錯了。

所以，不登上高山，就不知天多麼高；不面臨深澗，就不知道地多麼厚；不懂得先代帝王的遺教，就不知道學問的博大。干越夷貉之人，剛生下來啼哭的聲音是一樣的，而長大後風俗習性卻不相同，這是教育使之如此。《詩經》說：「你這個君子啊，不要總是貪圖安逸。恭謹對待你的本職，愛好正直的德行。神明聽到這一切，就會賜給你洪福祥瑞。」精神修養沒有比受道德薰陶感染更大了，福分沒有比無災無禍更長遠。

我曾經整天思索，卻不如片刻學到的知識多；我曾經踮起腳遠望，卻不如登到高處看得廣闊。登到高處招手，胳膊沒有比原來加長，可是別人在遠處也能看見；順著風呼叫，聲音沒有比原來加大，可是聽的人聽得很清楚。借助車馬的人，並不是腳走得快，卻可以行千里；借助舟船的人，並不是能游水，卻可以橫渡江河。君子的本性跟一般人沒什麼不同，只是君子善於借助外物罷了。

南方有一種叫「蒙鳩」的鳥，用羽毛作窩，還用毛髮把窩編結起來，把窩繫在嫩蘆葦的花穗上，風一吹葦穗折斷，鳥窩就墜落，鳥蛋全部摔爛。不是窩沒編好，而是不該繫在蘆葦上。西方有種叫「射干」的草，只有四寸高，卻能俯瞰百里之遙，不是草能長高，而是因為它長在高山之巔。蓬草長在麻地裡，不用扶持也能挺立住，白沙混進了黑土裡，就再也不能變白了。蘭槐的根叫香艾，一旦浸入臭水裡，君子下人都會避之不及，不是艾本身不香，而是被浸泡臭了。所以君子居住要選擇好的環境，交友要選擇有道德的人，才能夠防微杜漸保其中庸正直。

事情的發生都是有起因的，榮辱的降臨也與德行相應。肉腐了生

蛆，魚死了生蟲，懈怠疏忽忘記了做人準則就會招禍。太堅硬的物體易斷裂，太柔弱又容易被束縛，與人不善會惹來怨恨，乾柴易燃，低窪易濕，草木叢生，野獸成群，萬物皆以類聚。所以，標靶設置好就會引弓箭射來，樹不長成森林就會引來斧頭砍伐，樹林繁茂陰涼眾鳥就會來投宿，肉醬變酸就會惹來蚊蟲。所以，言語可能招禍，行為可能受辱，君子為人處世不能不保持謹慎。

堆積土石成了高山，風雨就從這裡興起；匯積水流成為深淵，蛟龍就從這兒產生；累積善行養成高尚的品德，自然會心智澄明，也就具有聖人的精神境界。所以不累積半步一步的行程，就沒有辦法達到千里之遠；不累積細小的流水，就沒有辦法匯成江河大海。駿馬一跨躍，也不足十步遠；劣馬拉車走十天，也能走得很遠，牠的成功就在於不停地走。如果刻幾下就停下來了，則腐爛的木頭也刻不斷。如果不停地刻下去，則金石也能雕成各式各樣。蚯蚓沒有銳利的爪子和牙齒，也沒有強健的筋骨，卻能向上吃到泥土，向下可以喝到泉水，這是由於它用心專一的原因。螃蟹有六條腿，兩個蟹鉗，但是如果沒有蛇、鱔的洞穴它就無處存身，這是因為它用心浮躁啊。

因此，沒有刻苦鑽研的心志，學習上就不會有顯著成績；沒有埋頭苦幹的實踐，事業上就不會有巨大成就。在歧路上行走達不到目的地，同時事奉兩個君主的人，兩方都不會容忍他。眼睛不能同時看兩樣東西而看明白，耳朵不能同時聽兩種聲音而聽清楚。螣蛇沒有腳卻能飛，鼫鼠有五種本領還是沒有辦法。《詩》說：「布穀鳥築巢在桑樹上，牠的幼鳥兒有七隻。善良的君子們，行為要專一不偏邪。行為專一不偏邪，意志才會如磐石堅。」所以君子的意志堅定專一。

古有瓠巴彈瑟，水中魚兒會浮出水面傾聽；伯牙彈琴，拉車的馬會停食仰頭而聽。所以，聲音不會因為微弱而不被聽見，行為不會因為隱祕而不被發現。寶玉埋在深山，草木就會很潤澤；珍珠掉進深淵，崖岸就不會乾枯。行善可以累積，哪有積善成德而不被廣為傳誦的呢？

　　學習究竟應從何入手又從何結束呢？按其途徑而言，應該從誦讀
《詩》、《書》等經典入手到《禮經》結束；就其意義而言，則從做
書生入手到成為聖人結束。真誠力行，這樣長期累積，必能深入體會
到其中的樂趣，學到死方能後已。所以學習的教程雖有盡頭，但進取
之願望卻不可以有片刻的懈怠。畢生好學才稱其為人，反之又與禽獸
何異？《尚書》是政事的紀錄，《詩經》是心聲之歸結，《禮經》是
法制的前提、各種條例的總綱，所以要學到《禮經》才算結束，才算
達到道德之頂峰。《禮經》敬重禮儀，《樂經》講述中和之聲，《詩
經》、《尚書》博大廣闊，《春秋》微言大義，它們已經將天地間的
大學問都囊括其中了。

　　君子學習，是聽在耳裡，記在心裡，表現在威儀的舉止和符合
禮儀的行動上。一舉一動，哪怕是極細微的言行，都可以垂範於人。
小人學習是從耳聽從嘴出，相距不過四寸而已，怎麼能夠完美他的七
尺之軀呢？古人學習是自身道德修養的需求，現在的人學習則只是為
了炫耀於人。君子學習是為了完善自我，小人學習是為了賣弄和譁眾
取寵，將學問當作家禽、小牛之類的禮物去討人好評。所以，沒人求
教你而去教導別人叫做浮躁；問一答二的叫囉嗦。浮躁囉嗦都是不對
的，君子答問應像空谷回音一般，不多不少，恰到好處。

　　學習沒有比親近良師更便捷的。《禮經》、《樂經》有法度但嫌
疏略；《詩經》、《尚書》古樸但不切近現實；《春秋》隱微但不夠
周詳；仿效良師學習君子的學問，既崇高又全面，還可以通達世理。
所以學習沒有比親近良師更便捷的。

　　崇敬良師是最便捷的學習途徑，其次就是崇尚禮儀。若上不崇
師，下不尚禮，僅讀些雜書，解釋一下《詩經》、《尚書》之類，則
窮盡其一生也不過是一介淺陋的書生而已。要窮究聖人的智慧，尋求
仁義的根本，從禮法入手才是能夠融會貫通的捷徑。就像彎曲五指提
起皮袍的領子，向下一頓，毛就完全順了。如果不究禮法，僅憑《詩
經》、《尚書》去立身行事，就如同用手指測量河水，用戈舂黍米，

用錐子到飯盒裡拿取東西吃一樣，是辦不到的。所以，尊崇禮儀，即使對學問不能透澈明瞭，仍不失為有道德有修養之士；不尚禮儀，即使明察善辯，也不過是身心散漫無真實修養的淺陋儒生而已。

如果有人前來向你請教不合禮法之事，不要回答；前來訴說不合禮法之事，不要去追問；在你面前談論不合禮法之事，不要去參與；態度野蠻好爭意氣的，別與他爭辯。所以，一定要是合乎禮義之道的，才給予接待；不合乎禮義之道的，就迴避他。因此，對於恭敬有禮的人，才可與之談道的宗旨；對於言辭和順的人，才可與之談道的內容；態度誠懇的，才可與之論及道的精深義蘊。所以，跟不可與之交談的交談，那叫做浮躁；跟可與之交談的不談叫做怠慢；不看對方回應而隨便談話的稱為盲目。因此，君子不可浮躁，也不可怠慢，更不可盲目，要謹慎地對待每位前來求教的人。《詩經》說：「不浮躁不怠慢才是天子所讚許的。」就是這個道理。

射出的百支箭中有一支不中靶，就不能算是善射；駕馭車馬行千里的路程，只差半步而沒能走完，這也不能算是善駕；對倫理規範不能融會貫通、對仁義之道不能堅守如一，當然也不能算是善學。學習本是件很需要專心致志的事情，學一陣又停一陣那是市井中的普通人。好的行為少而壞的行為多，桀、紂、盜跖就是那樣的人。能夠全面徹底地把握所學的知識，才算得上是個學者。

君子知道學得不全不精就不算是完美，所以誦讀群書以求融會貫通，用思考和探索去理解，效仿良師益友來實踐，去掉自己錯誤的習慣性情來保持養護。使眼不是正確的就不想看，耳不是正確的就不想聽，嘴不是正確的就不想說，心不是正確的就不願去思想。等達到完全醉心於學習的理想境地，就如同眼好五色，耳好五聲，嘴好五味那樣，心裡貪圖擁有天下一樣。如果做到了這般地步，則在權力私欲面前就不會有邪念，人多勢眾也不會屈服的，天下萬物都不能動搖信念。活著是如此，到死也不變，這就叫做有德行、有操守。有德行和操守，才能做到堅定不移，有堅定不移然後才有隨機應對。能做到堅

定不移和隨機應對，就是成熟完美的人了。到那時，天顯現出它的光明，大地顯現出它的廣闊，君子的可貴則在於他德行的完美無缺。

‖【 二、兩小兒辯日 】‖

文／（戰國）列子

本文選自《列子・湯問》。

列子，名寇，戰國前期思想家，是繼老子和莊子之後的道家思想代表人物，鄭國莆田（今河南鄭州）人。列子終生致力於道德學問，曾師從關尹子、壺丘子、老商氏、支伯高子等。隱居鄭國四十年，不求名利，清靜修道。主張循名責實，無為而治。先後著書二十篇，十萬多字，今存〈天瑞〉、〈仲尼〉、〈湯問〉、〈楊朱〉、〈說符〉、〈黃帝〉、〈周穆王〉、〈力命〉等八篇，共成《列子》一書。其中寓言故事百餘篇，篇篇珠玉，讀來妙趣橫生，雋永味長，發人深思。

〈兩小兒辯日〉透過對話，描寫兩個小孩爭辯太陽在早晨和中午距離人們遠近的問題，反映出我國古代人民對自然現象的探求和獨立思考、大膽質疑、追求真知的可貴精神。對於這篇文章的用意，部分學者認為是列子用來諷刺孔子寫的。

【原文】

孔子東遊，見兩小兒辯鬥，問其故。

一兒曰：「我以日始出時去人近，而日中時遠也。」

一兒曰：「我以日初出遠，而日中時近也。」

一兒曰：「日初出大如車蓋。及日中，則如盤盂，此不為遠者小而近者大乎？」

一兒曰：「日初出滄滄涼涼，及其日中如探湯，此不為近者

熱而遠者涼乎？」

孔子不能決也。兩小兒笑曰：「孰為汝多知乎？」

【譯文】

孔子到東方遊歷，見到兩個小孩在辯論，就過去問他們在爭辯什麼。

一個小孩說：「我認為太陽剛出來的時候距人近，而到中午的時候離人遠。」

另一個小孩說：「我認為太陽剛出來的時候遠，而到中午的時候近。」

一個小孩說：「太陽剛出來的時候像馬車的車輪那麼大。等到中午，就像盤子一樣大，這不就是遠的看起來小，而近的看起來大嗎？」

另一個小孩說：「太陽剛出來的時候很涼快，等到了中午的時候感覺就像進入了澡堂，這不就是愈近感覺愈熱，愈遠感覺愈涼嗎？」

孔子也無法決斷誰對誰錯。兩個小孩笑話孔子說：「誰說你懂得很多啊？」

【 三、歸去來兮辭 】

文／（東晉）陶淵明

陶淵明，字元亮，一字潛，諡靖節，又稱「五柳先生」。他是我國著名的田園詩人。陶淵明生活在政治混亂、社會動盪的東晉時期，在傳統道德理想消失殆盡之際，他厭棄仕途，隱遁山林，在自然中尋找精神的慰藉。

本文敘述他辭官歸隱後的生活情趣和內心感受，表達作者潔身自好、不同流合污的精神情操，透過描寫具體的景物和活動，創造出一種寧靜恬適、樂天自然的意境，寄託了他的生活理想。本文在文體上屬於辭賦，語言淺顯，辭意暢達，匠心獨運且通脫自然，感情真摯，意境深遠，有很強的感染力。宋代歐陽修甚至說「兩晉無文章，唯〈歸去來兮辭〉而已。」

【原文】

余家貧，耕植不足以自給。幼稚盈室，瓶無儲粟，生生所資，未見其術。親故多勸余為長吏，脫然有懷，求之靡途。會有四方之事，諸侯以惠愛為德，家叔以余貧苦，遂見用於小邑。於時風波未靜，心憚遠役。彭澤去家百里，公田之利，足以為酒，故便求之。及少日，眷然有歸歟之情，何則？質性自然，非矯厲所得；饑凍雖切，違己交病。嘗從人事，皆口腹自役。於是悵然慷慨，深愧平生之志。猶望一稔，當斂裳宵逝。尋程氏妹喪於武昌，情在駿奔，自免去職。仲秋至冬，在官八十餘日。因事順心，命篇曰〈歸去來兮〉。乙巳歲十一月也。

　　歸去來兮，田園將蕪，胡不歸？既自以心為形役，奚惆悵而獨悲？悟已往之不諫，知來者之可追。實迷途其未遠，覺今是而昨非。舟遙遙以輕揚，風飄飄而吹衣。問征夫以前路，恨晨光之熹微。

　　乃瞻衡宇，載欣載奔。僮僕歡迎，稚子候門。三徑就荒，松菊猶存。攜幼入室，有酒盈樽。引壺觴以自酌，眄庭柯以怡顏。倚南窗以寄傲，審容膝之易安。園日涉以成趣，門雖設而常關。策扶老以流憩，時矯首而遐觀。雲無心以出岫，鳥倦飛而知還。景翳翳以將入，撫孤松而盤桓。

　　歸去來兮，請息交以絕遊。世與我而相違，復駕言兮焉求？悅親戚之情話，樂琴書以消憂。農人告余以春及，將有事於西疇。或命巾車，或棹孤舟。既窈窕以尋壑，亦崎嶇而經丘。木欣欣以向榮，泉涓涓而始流。善萬物之得時，感吾生之行休。

　　已矣乎！寓形宇內復幾時！曷不委心任去留？胡為乎遑遑欲何之？富貴非吾願，帝鄉不可期。懷良辰以孤往，或植杖而耘籽。登東皋以舒嘯，臨清流而賦詩。聊乘化以歸盡，樂夫天命復奚疑！

【譯文】

　　我家貧窮，種田不能夠自給。孩子很多，米缸裡沒有存糧，維持生活所需的一切，生活問題沒有辦法解決。親友大都勸我去做官，我心裡也有這個念頭，可是求官缺少門路。正好遇上有奉使外出的關使，蒙江州刺史對我的厚愛，叔父也因為我家境貧苦替我設法，我就接受委任到小縣做官。當時社會上動盪不安，心裡懼怕到遠地當官。彭澤縣離家一百里，公田收穫的糧食，足夠造酒飲用，所以就請求前往當地。等到過了一些日子，便產生了留戀故園的懷鄉感情。究竟是為什麼？本性任其自然，這是勉強不得的；飢寒雖然來得急迫，但是違背本意去做官，身心都感痛苦。過去為官做事，都是為了吃飯而役

使自己。於是惆悵感慨，深深有愧於平生的志願。仍然希望任職一年，便收拾行裝連夜離去。不久，嫁到程家的妹妹在武昌去世，一心想著趕快去奔喪，自己請求免去官職。自立秋第二個月到冬天，在職共八十多天。就著這件事陳述自己的心意，撰寫了一篇文章，題目叫〈歸去來兮〉。這時候正是乙巳年（晉安帝義熙元年）十一月。

回去吧，田園快要荒蕪了，為什麼還不回？既然自認為心志被形體所役使，又為什麼惆悵而獨自傷悲？認識到過去的錯誤已經不可挽回，知道未來的事還來得及補救。實在是誤入迷途還不算太遠，覺悟到現在歸隱是正確的選擇，當初做官是失誤的選擇。船在水面輕輕地漂蕩著前進，微風徐徐地吹動著上衣。向行人打聽前面的道路，只恨的是天剛剛放亮。

剛剛看見了自家的房子，一邊高興，一邊奔跑。童僕歡喜地前來迎接，幼兒迎候在家門。庭院小路雖有些荒蕪，卻喜園中松菊尚存。我拉著幼兒走進內室，屋裡擺著盛滿酒的酒樽。拿過酒壺酒杯來自斟自飲，看看院子裡的樹木，覺得很愉快。靠著南窗寄託著我的傲世情懷，深知住在小屋裡反而容易安適。天天在園子裡散步，自成樂趣，儘管設有園門卻常常閉關。拄著手杖或漫步或悠閒地隨處休息，不時地抬起頭來向遠處看看。雲煙自然而然地從山洞飄出，鳥兒飛倦了也知道回還。日光漸暗，太陽將快要下山，我撫摸著孤松而流連忘返。

回去吧，讓我同外界斷絕交遊。既然世俗與我乖違相悖，我還開車出遊有什麼可求？親戚間說說知心話兒叫人心情歡悅，撫琴讀書可藉以解悶消愁。農人們告訴我春天已經來臨，我將要到西邊去耕耘田畝。有時坐著有布篷的小車，有時划著一隻小船。既探尋幽深曲折的山溝，也經過道路崎嶇的小丘。樹木長得欣欣向榮，泉水開始涓涓奔流。羨慕萬物恰逢繁榮滋長的季節，感歎我的一生將要結束。

算了吧！身體寄託在天地間還能有多少時候？為什麼不隨心所欲，聽憑自然地生死？為什麼心神不定，想要到哪裡去？企求富貴不是我的心願，修仙成神是沒有希望的。愛惜美好的時光，獨自外出。

有時扶著拐杖除草培苗。登上東邊的高岡，放聲呼嘯。面對清清的流水吟誦詩篇。姑且順隨自然的變化，直到生命的盡頭。樂安天命，還有什麼可疑慮的呢？

【 四・三戒 】

文／（唐）柳宗元

本文選自《柳河東集》。

柳宗元（773～819年），字子厚。唐代文學家、哲學家、散文家和思想家，與韓愈等人合稱為唐宋八大家。祖籍河東（今山西永濟）人。代宗大曆八年（773年）出生於京都長安（今陝西西安）。與韓愈共同宣導唐代古文運動，並稱韓柳。世稱柳河東或柳柳州。柳宗元一生留詩文作品達六百餘篇，其文的成就大於詩。騈文有近百篇，散文論說性強，筆鋒犀利，諷刺辛辣，鞭辟入裡，遊記寫景狀物，多所寄託。哲學著作有《天說》、《天時》、《封建論》等。柳宗元的作品由唐代劉禹錫保存下來，並編成集。

這一組三篇寓言，是作者貶謫永州時所寫。題名「三戒」，可能是取《論語》「君子有三戒」之意。作者借麋、驢、鼠三種動物的可悲結局，對社會上那些倚仗人勢、色厲內荏、擅威作福的人進行辛辣的諷刺，在當時很有現實的針對性和普遍意義。三篇寓言主題統一又各自獨立，形象生動而寓意深刻，篇幅短小，語言簡練且刻劃細緻、傳神，在藝術上達到了很高的境界。

【原文】

吾恆惡世之人，不知推己之本，而乘物以逞，或依勢以干非其類，出技以怒強，竊時以肆暴，然卒迨於禍。有客談麋、驢、鼠三物，似其事，作〈三戒〉。

臨江之麋

臨江之人畋，得麋麑，畜之。入門，群犬垂涎，揚尾皆來。其人怒，怛之。自是日抱就犬，習示之，使勿動，稍使與之戲。積久，犬皆如人意。麋麑稍大，忘己之麋也，以為犬良我友，牴觸偃仆，益狎。犬畏主人，與之俯仰甚善，然時啖其舌。

三年，麋出門，見外犬在道甚眾，走欲與為戲。外犬見而喜且怒，共殺食之，狼藉道上，麋至死不悟。

黔之驢

黔無驢，有好事者船載以入，至則無可用，放之山下。虎見之，龐然大物也，以為神。蔽林間窺之，稍出近之，憖憖然莫相知。

他日，驢一鳴，虎大駭遠遁，以為且噬己也，甚恐。然往來視之，覺無異能者。益習其聲，又近出前後，終不敢搏。稍近益狎，蕩倚衝冒，驢不勝怒，蹄之。虎因喜，計之曰：「技止此耳！」因跳踉大㘚，斷其喉，盡其肉，乃去。

噫！形之龐也，類有德；聲之宏也，類有能，向不出其技，虎雖猛，疑畏卒不敢取；今若是焉，悲夫！

永某氏之鼠

永有某氏者，畏日，拘忌異甚。以為己生歲直子；鼠，子神也，因愛鼠，不畜貓犬，禁僮勿擊鼠。倉廩庖廚，悉以恣鼠，不問。

由是鼠相告，皆來某氏，飽食而無禍。某氏室無完器，椸無完衣，飲食大率鼠之餘也。晝累累與人兼行，夜則竊齧鬥暴，其聲萬狀，不可以寢，終不厭。

數歲，某氏徙居他州；後人來居，鼠為態如故。其人曰：「是陰類，惡物也，盜暴尤甚。且何以至是乎哉？」假五六貓，

闔門撤瓦灌穴，購僮羅捕之，殺鼠如丘，棄之隱處，臭數月乃已。

嗚呼！彼以其飽食無禍為可恆也哉！

【譯文】

我常常厭惡世上的有些人，不知道考量自己的實際能力，只是憑藉外力來逞強；或者依仗勢力和自己不同的人打交道，使出伎倆來激怒比他強的對象，乘機胡作非為，最後卻招致了災禍。有位客人同我談起麋、驢、鼠三種動物的結局，我覺得與那些人的情形差不多，於是就作了這篇〈三戒〉。

臨江之麋

臨江有個人出去打獵，捕到一隻幼麋，就把牠捉回家飼養。剛踏進家門，群狗一見，嘴邊都流出了口水，搖著尾巴，紛紛聚攏過來。獵人大怒，把群狗嚇退。從此獵人每天抱了幼麋與狗接近，讓狗看了習慣，不去傷害幼麋，並逐漸使狗和幼麋一起遊戲。經過了好長一段時間，狗都能聽從人的意旨了。幼麋稍微長大後，卻忘記了自己是麋類，以為狗是牠真正的夥伴，開始和狗嬉戲，顯得十分親昵。狗因為害怕主人，也就很馴順地和幼麋玩耍，可是又不時舔著自己的舌頭，露出饞相。

這樣過了三年，一次麋獨自出門，見路上有許多不相識的狗，就跑過去與牠們一起嬉戲。這些狗一見麋，又高興又惱怒，共同把牠吃了，骨頭撒了一路。但麋至死都沒有覺悟到這是怎麼回事。

黔之驢

黔（貴州）這個地方沒有驢子，喜歡多事的人就用船運了一頭驢到這裡。運到以後，發現驢子沒有什麼用處，就把牠放到山下。老虎看到驢子那巨大的身軀，以為是神怪出現。就躲到樹林間暗中偷看，

一會兒又稍稍走近觀察，戰戰兢兢，最終還是不知道驢子是什麼東西。

一天，驢子大叫一聲，把老虎嚇得逃得遠遠的，以為驢子要咬自己，極為恐懼。然而來回觀察驢子的樣子，覺得牠並沒有什麼特別的本領。後來老虎更聽慣了驢子的叫聲，再走近驢子，在牠周圍徘徊，但最終還是不敢上前拚搏。又稍稍走近驢子，愈發肆無忌憚地開始衝撞冒犯，驢子忍不住大怒，就用蹄來踢。老虎見了大喜，心中計算道：「本領不過如此罷了。」於是老虎騰躍怒吼起來，上去咬斷了驢子的喉管，吃盡了驢子的肉，然後離去。

唉！驢子形體龐大，好像很有法道，聲音宏亮，好像很有本領，假使不曝露出自己的弱點，而老虎雖然兇猛，也因為疑慮畏懼而終究不敢進攻；現在卻落得這個樣子，真是可悲啊！

永某氏之鼠

永州有某人，最怕忌諱，拘執禁忌的特別過分。認為自己出生的年份正當子年，而老鼠又是子年的生肖，因此愛護老鼠，家中不養貓狗，也不准僕人傷害牠們。他家的糧倉和廚房，都任憑老鼠橫行，從不過問。

因此老鼠就相互轉告，都跑到某人家裡，既能吃飽肚子，又很安全。某人家中沒有一件完好無損的器物，籠筐箱架中沒有一件完整的衣服，吃的大都是老鼠吃剩下的東西。白天老鼠成群結隊地與人同行，夜裡則偷咬東西，爭鬥打鬧，各種各樣的叫聲，吵得人無法睡覺。但某人始終不覺得老鼠討厭。

過了幾年，某人搬到了別的地方。後面的人住進來後，老鼠的猖獗仍和過去一樣。那人就說：「老鼠是在陰暗角落活動的可惡動物，這裡的老鼠偷咬吵鬧又特別厲害，為什麼會達到這樣嚴重的程度呢？」於是借來了五六隻貓，關上屋門，翻開瓦片，用水灌洞，獎勵僕人四面圍捕。捕殺到的老鼠，堆得像座小山。都丟棄在隱蔽無人的

地方，臭氣散發了數月才停止。

　　唉！那些老鼠以為吃得飽飽的而又沒有災禍，那豈是可以長久的嗎？

【 五、三習一弊疏 】

文／（清）孫嘉淦

〈三習一弊疏〉是清初重臣孫嘉淦的一篇奏議，從那時直至清朝末年，始終被譽為奏議第一。如今人們常說，做官要學曾國藩，經商要學胡雪巖。然而就是曾國藩、胡雪巖本人，功成名就之後，也錄此疏為座右銘，可見其影響之深遠。

所謂「三習」，一是「耳習於所聞，則喜諛而惡直」；二是「目習於所見，則喜柔而惡剛」；三是「心習於所是，則喜從而惡違」。所謂「一弊」，是由「三習」衍生出來的，即「喜小人而厭君子」。究其原因，用孫嘉淦疏中的原文就是：「語言奏對，君子訥而小人佞諛，則與耳習投矣。奔走周旋，君子拙而小人便辟，則與目習投矣。即課事考勞，君子孤行其意，而恥於言功，小人巧於迎合，而工於顯勤，則與心習又投矣。」

作為一篇奏議，孫嘉淦當時是進呈乾隆皇帝，亦即一國之國君的，中心議題是「不可自以為是」。由於其切中時弊，故經久不衰，時至今日，對於國家公務員、企業老闆、乃至每個企業管理者，都有啟迪作用。建議大家深讀此疏並深切省察，以「常存不敢自是之心」，任人唯賢，集思廣益，使企業管理日趨規範和科學。

孫嘉淦，字錫公，山西興縣人。康熙癸巳進士，官至協辦大學士，諡文定。

此疏作於乾隆元年。曾文正公〈鳴原堂論〉文云：「乾隆初，鄂、張兩相國當國，蔡文勤輔翼聖德，高宗聰明天亶，如旭日初升，四海清明。每詔諭頒示中外，識者以比之典謨誓誥。獨孫文定

公，以不自是匡弼聖德，可謂憂盛危明，以道事君者矣。純廟御宇六十年，盛德大業，始終不懈，未必非此疏神使高深。厥後嘉慶元年，道光元年，臣僚皆抄此疏進呈。至道光三十年，文宗登極，壽陽相國祁□藻亦抄此疏進呈。余在京時，聞諸士友多稱此疏為本朝奏議第一，余以其文氣，不甚高古，稍忽易之。近所細加紬繹，其所云三習一弊，凡中智以上，大抵皆蹈此弊，而不自覺。而所云自是之根不拔，黑白可以轉色，東西可以易位，亦非絕大智慧猛加省惕者，不能道。余與沅弟忝竊高位，多聞諛言，所聞三大習者，余自反實難免。沅弟屬官較少，此習較淺，然亦不可不預為之防。吾昆弟各錄一通於座右，亦小宛詩人邁征之道也。」

【原文】

臣一介庸愚，學識淺陋，荷蒙風紀重任，日夜悚惶。思竭愚夫之千慮，仰贊高深於萬一，而數月以來，捧讀上諭，仁心仁政，愷切周詳，凡臣民心之所欲，而口不敢言者，皇上之心而已。皇上之心，仁孝誠敬，加以明恕，豈復尚有可議。而臣猶欲有所言者，正於無不純政無不善之中，而有所慮焉，故過計而預防之也。

今夫治亂之循環，如陰陽之運行，坤陰極盛而陽生，乾陽極盛而陰始，事當極盛之際，必有陰伏之機，其機藏於至微，人不能覺。而及其既著，遂積重而不可返。此其間有三習焉，不可不慎戒也！

主德清而臣心服而頌，仁政多則民身受而感。出一言而盈廷稱聖，發一令而四海謳歌。臣民原非獻諛，然而人君之耳，則熟於此矣。耳與譽化，匪譽則逆，故始而匡拂者拒，繼而木訥者厭，久而頌揚之不工者亦絀矣，是謂耳習於所聞，則喜諛而惡直！

上愈智則下愈愚，上愈能而下愈畏，趨蹌諂脅、顧盼而皆

然，免冠叩首，應聲而即是。在臣工以為盡禮，然而人君之目則熟於此矣。目與媚化，匪媚則觸。故始而倨野則斥，繼而嚴憚則疏，久而便辟之不巧者亦忤矣。是謂目習於所見則喜柔而惡剛！

敬求天下之士，見之多而以為無奇也，則高己而卑人。慎辦天下之務，閱之久而以為無難也，則雄才而易事。質之人而不聞其所短，返之己而不見其所過，於是手意之所欲，信以為不逾，令之所發，蓋期於必行矣。是謂心習於所是，則喜從而惡違。

三習既成，乃生一弊。何謂一弊？喜小人而厭君子是也。

今夫進君子而退小人，豈獨三代以上知之哉？雖叔季之主，臨政願治，熟不思用君子。且自智之君，各賢其臣，熟不以為吾所用者必君子，而非小人？乃卒於小人進而君子退者，無他，用才而不用德故也。

德者，君子之所獨，才則小人與君子共之，而且勝焉。言語奏對，君子訥而小人佞諛，則與耳習投矣。奔走周旋，君子拙而小人便辟，則與目習投矣。即課事考勞，君子孤行其意，而恥於言功，小人巧於迎合，而功於顯勤，則與心習又投矣！

小人挾其所長以善投，人君溺於所習而不覺，審聽之而其言入耳，諦觀之而其貌悅目，歷試之而其才稱乎心也。於是乎小人不約而自合，君子不逐而自離，夫至於小人合而君子離，其患豈可勝言哉！而揆厥所由，皆三習為之蔽焉。治亂之機，千古一轍，可考而知也。

我皇上聖明首出，無微不照，登庸耆碩，賢才匯升，豈唯並無此弊，亦並未有此習。然臣正其未習也而言之，設其習既成，則有知之而不敢言，抑或言之而不見聽者矣！

今欲預除三習，永杜一弊，不在乎外，在乎心。故臣願言皇上之心也。語曰：「人非聖人，熟能無過。」此淺言也。夫聖人豈無過哉？唯聖人而後能知過，唯聖人而後能改過。孔子曰：「五十以學易，可以無大過矣。」大過且有，小過可知也。

聖人在下，過在一身；聖人在上，過在一世。《書》曰：「百姓有過，在予一人。」是也。文王之民無凍餒，而猶視以為如傷，唯文王知其傷也。文王之易貫天人，而猶望道而未見，唯文王知其未見也。

賢人之過，賢人知之，庸人不知。聖人之過，聖人知之，賢人不知。欲望人之繩愆糾謬，而及於所不知，難矣！故望皇上之聖心自懍之也。危微之辨精，而後知執中難允。懷保之願宏，而後知民隱難周。謹幾存誠，返之己而真知其不足。老安少懷，驗之世而實見其未能。夫而後欿然不敢以自是，不敢自是之意，流貫於用人行政之間，夫而後知諫諍切磋者，愛我良深，而諛悅為容者，愚己而陷之阱也。耳目之習除，以便辟善柔便佞之態，一見若浼。取捨之極定，而嗜好宴安功利之說，無緣以相投，夫而後治臻於郅隆，化成於久道也。

不然，而自是之根不拔，則雖斂心為慎，慎之久而覺其無過，則謂可以少寬，勵志為勤，勤之久而覺其有功，則謂可以稍慰，夫賢良輔弼，海宇昇平，人君之心稍慰，而欲少自寬，似亦無害於天下。而不知此念一轉，則嗜好宴安功利之說漸入耳而不煩。而便辟善柔便佞者，亦孰視而不見其可憎，久而習焉，忽不自知，而為其所中，則黑白可以轉色，而東西可以易位。所謂機伏於至微，而勢成於不可返者，此之謂也。是豈可不慎戒而預防之哉！

《書》曰：「滿招損，謙受益。」又曰：「德日新，萬邦為懷；志自滿，九族乃離。」《大學》言：「見賢而不能舉，見不賢而不能退。至於好惡拂人之性，而推所由失，皆因於驕泰。」滿於驕泰者，自是之謂也！

由此觀之，治亂之機，轉於君子小人之進退，進退之機，握於人君一心之敬肆。能知非，則人心不期敬而自敬；不見過，則心不期肆而自肆。敬者，君子之招而治之本；肆者，小人之媒而

亂之階也。然則沿流溯源，約言蔽義，唯望我皇上時時事事，常存不敢自是之心；而天德王道，舉不外於此矣。語曰：「狂夫之言，而聖人擇焉。」臣幸生聖世，昌言不諱，故敢竭其狂瞽，伏唯皇上包容而垂察焉，則天下幸焉！

【譯文】

臣子我是一個平庸愚鈍的人，學識貧乏見聞不多，承蒙賞識委以教化的重任，不論白天黑夜都是驚慌惶恐。我希望盡我愚昧之人所有的努力，能為輔助在上者謀劃，盡微薄之力。幾個月以來，一直認真閱讀皇上的詔書，皇上您的仁愛之心因顧及臣民百姓而憂傷，推行的寬厚待民的政治措施，周到細緻。凡是臣子和老百姓心裡所想、嘴裡不敢說出來的，也僅僅是皇上您心裡想到的罷了。皇上您所想的仁愛、孝順、誠懇、恭敬，再加上明察寬大，哪裡還有什麼可解說的。而臣子我還有話想說的原因，僅僅是在皇上您所想到的已經非常高尚、政治措施已經盡善盡美的情況下，我卻還有所思慮，只是臣子我過度考慮和預先做好防備的意思。

國家安定與動亂的周而復始，就像天地日月陰與陽的變化。地陰到極點，陽就會出現；天陽到極點，就會是陰出現的開始。事物發展到極為旺盛的時候，一定是其反面隱蔽埋伏的時候。這種跡象埋伏得十分隱蔽，人通常不能發現。而等到其發展壯大到很明顯的時候，已經積習深重而難以改變。這種情況一般有三種積習，我們不能不謹慎地加以戒懼。

皇上品行好、清正，臣子就會衷心佩服而稱讚表揚；皇上統治寬厚待民，老百姓就會親身感受到而心懷感激。皇上說一句話，滿朝臣子都會稱誦通達事理；推行一道政令，四海的人都會歌頌讚美。對於臣子和老百姓來說，這本來不是要奉承阿諛皇上，但是皇上的耳朵已經習慣這種情況，耳朵已經習慣聽到歌功頌德的話，再聽到不是讚頌的話就會不舒服，開始時對進諫之言給予拒絕，接著對不會說頌揚之

言的人厭煩。久而久之，對頌揚得不好的人也不滿意，這就叫耳朵習慣了聽喜歡聽的，因此也就被諂媚的言語所蒙蔽而嫉害正直的人了。

主上愈聰明，下人愈愚笨；主上愈有才能，下人愈害怕。奉承拍馬、點頭哈腰、討好巴結的人，看看周圍到處都是。脫帽叩頭跪拜的人，隨著皇上您的聲音莫不如此。作為臣子把這當作是竭盡禮儀，但是皇上的耳朵眼睛已經習慣這樣了，喜歡一呼百應的場景。眼睛習慣看臣僚的媚態，對不獻媚的人就反感，開始時排斥執拗者，接著對自己畏懼不夠的人也會疏遠。久而久之，對諂媚逢迎得不好的人也會看作是對自己的不恭。這就叫做眼睛已經習慣看到它願意看到的，因此喜歡看到阿諛奉承而討厭剛正耿直的人。

恭敬地設法得到天下有學問的人，見得多了也就覺得沒有什麼特別的，因此就抬高自己而貶低別人。剛開始時小心翼翼地辦理天下的事務，經歷的時間長了也就覺得沒有什麼難的地方。心裡覺得自己總是英明偉大，別人都是平庸之輩，於是處事草率，亂作決策。結果從別人口中問不出自己有何缺點，自己也看不到為政有何失誤，便隨心所欲而自以為不逾禮法，號令一下便要人必須執行。這就叫做心已經習慣了良好的自我感覺，就是喜歡順從而討厭反對。

如果能精確地辨別出十分隱蔽的隱患危機，就會知道要保持客觀公正十分困難。如果一心為民，就會知道老百姓的生活還很困難。如果是誠心誠意這樣考慮問題的話，反觀自身就會發現自身的不足。老有所養、少有所想這種社會願望，看看在我們的現實世界裡，實在是沒有幾個地方能實現。於是，我們就不敢輕易地自以為是，這種不敢自以為是的思想就會融會到我們的政策管理之中，然後我們就會知道，那些愛提意見及和我們爭辯的人，實際是為我們好的人。而那些奉承討好一臉諂媚的人，實際是在愚弄我們，而使我們掉進陷阱的人。關於眼睛耳朵的這些習慣只要一拿掉，一看到諂媚逢迎、阿諛奉承、花言巧語討好的人的樣子，就會像看到髒東西一樣厭惡。只要取捨的標準十分明確，那些投其所好、請客送禮、逢迎拍馬的話就沒有

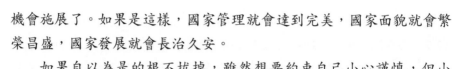

機會施展了。如果是這樣，國家管理就會達到完美，國家面貌就會繁榮昌盛，國家發展就會長治久安。

如果自以為是的根不拔掉，雖然想要約束自己小心謹慎，但小心謹慎的時間長了，又沒有發現什麼問題，就覺得可以稍微地放鬆。經常用勤奮勸勉自己的治國之志，勸勉的時間長了，覺得效果已經不錯，就覺得可以稍微歇息。國家有忠誠賢良的大臣輔佐，四海之內歌舞昇平，作為皇上的您歇口氣，少操點心，似乎對國家的發展沒有什麼害處。可是沒想到，只要一有這種想法，就會慢慢地變得聽到投其所好、請客送禮、逢迎拍馬的話而不感到煩，經常看到諂媚逢迎、阿諛奉承、花言巧語討好的模樣也不覺得痛恨。經常這樣也就習慣了，而自己還不知道，到此地步，則黑白可以顛倒，東西可以易位。所謂危機隱藏得非常細微，但一旦爆發就不能逆轉，就是這樣的。這怎麼能不小心警惕而大加預防呢？

《尚書》說：「滿招損，謙受益。」又說：「德日新，萬邦為懷；志自滿，九族乃離。」《大學》說：「見賢不能舉，見不賢而不能退。」至於說到「好惡」，似乎是違背人的本性的，但是推斷弊病產生的緣由和形成的過失，原因都是出自人的自高自大貪圖享受的本性。經常自高自大貪圖享受的人，就屬於我們說的自以為是的情況。

從這點可以看出，治與亂的關鍵，因君子和小人的進退而改變。君子和小人進退的關鍵，則把握於君主的心裡是肅敬還是縱容。能知道不足，心裡沒有想著肅敬也會肅敬；沒有發現問題，心裡沒有想著縱容也會縱容。肅敬是為君的基本原則，是治理國家的根本方針。縱容之心是招致小人得志的媒介，也是擾亂朝政的台階。前後追根究柢地說了這麼多，一言以蔽之，只願皇上每時每刻處理每件事不存自以為是之心，而上天保佑我們國家的，應該不外乎就是這點。古語說：「狂夫之言，聖人擇焉。」臣子我有幸生於這開明盛世，才敢大膽地直言不諱，才敢這樣不要命地瞎說一通，只願皇上體諒並用心思考，那麼對於天下人民就太好了！

柒

德育故事

【 一、虞舜耕田 】

中華民族有五千年悠久的歷史，是四大文明古國之一。在這源遠流長的歷史長河中，無數古聖先賢以至德垂憲萬世。在上古時代，有三位皇帝：堯、舜、禹，非常著名，他們均因德行至大而受四方舉薦登上帝位。其中，大舜因「至孝」而感動天地，被堯帝選中為繼承人，他的故事也被列為歷代孝行故事之首。

堯帝十六歲稱帝治理天下，到八十六歲時，年紀大了，希望能找到一個合適的人繼承帝位。於是他徵求群臣的意見，沒想到眾位大臣異口同聲的向他推薦一個鄉下人──舜，因為此人是一個著名的孝子。從這裡可以看出，我們的祖先把孝行放在德行的首位，一個孝順父母的人，必定會愛護天下的百姓。

舜即位之後改國號為「虞」，歷史上稱他為「虞舜」。

虞舜，本姓姚，名重華。父親叫「瞽叟」，是一個不明事理的人，很頑固，對舜相當不好。舜的母親叫「握登」，非常賢良，但不幸在舜小的時候就過世了。於是父親再娶。後母是一個沒有婦德之人。生了弟弟「象」以後，父親偏愛後母和弟弟，三個人經常聯合起來謀害舜。

舜對父母非常的孝順。即使在父親、後母和弟弟都將他視為眼中釘，欲除之而後快的情況下，他仍然能恭敬地孝順父母，友愛兄弟。他希望竭盡全力來使家庭溫馨和睦，與他們共享天倫之樂。雖然經歷了種種的艱辛曲折，但他終其一生都在為這個目標不懈地努力。

小時候，他受到父母的責難，心中所想的第一個念頭是：「一定是我哪裡做得不好，才會讓他們生氣！」於是他更加細心地檢討

反省自己的言行，想辦法讓父母歡喜。如果受到弟弟無理的刁難，他不僅能包容，反而認為是自己沒有做出好榜樣，才讓弟弟的德行有所缺失。他經常深切地自責，有時甚至跑到田間號啕大哭，自問為什麼不能做到盡善盡美，得到父母的歡心。人們看到他小小年紀就能如此懂事孝順，沒有不深為感動的。

舜一片真誠的孝心，不僅感動鄰里，甚至感動天地萬物。他曾在歷山耕種，與山石草木、鳥獸蟲魚相處得非常和諧，動物們都紛紛過來給他幫忙。溫馴善良的大象，來到田間幫他耕田；嬌小敏捷的鳥兒，成群結隊地幫他除草。人們為之驚訝、感佩，目睹德行的力量是如此巨大。即便如此，舜仍是那樣恭順和謙卑，他的孝行得到了很多人的讚美和傳誦。不久，全國各地都知道舜是一位大孝子。

當時堯帝正為傳位的事情操心，聽到四方大臣的舉薦，知道舜淳樸寬厚、謙虛謹慎。但治理天下唯有德才兼備的人才能勝任。堯帝把兩個女兒娥皇和女英嫁給他，並派了九位男子來輔佐他。希望由兩個女兒來觀察、考驗他對內的行持；由九位男子來考驗他對外立身處事的能力。

娥皇和女英，明理賢慧，侍奉公婆至孝，操持家務農事也井然有序，不僅是舜的得力助手，也成全了舜始終不渝的孝心。有一次，瞽叟讓舜上房修補屋頂。舜上去之後，想不到瞽叟就在下面放火。當大火熊熊往上燃燒，就在萬分危險之時，只見舜兩手各撐著一個大的竹笠，像大鵬鳥一樣從房上從容不迫地跳下來，原來聰慧的妻子早已有所準備了。

又有一次，瞽叟命舜鑿井。舜鑿到井的深處，瞽叟和象想把舜埋在井裡，就從上面往井裡拚命倒土，以為這樣舜就永遠回不來了。沒想到舜在二位夫人的安排下，早已在井的半腰鑿了一個通道，從容的又躲過一劫。當象得意的以為舜的財產都歸他所有時，猛然見到舜走了進來，大吃一驚，慌忙地掩飾，但舜並未露出忿怒

的臉色，彷彿若無其事。此後舜奉侍父母，對待弟弟，愈加謹慎了。

舜初到歷山耕種的時候，當地的農夫經常為了田地互相爭奪。舜便率先禮讓他人，尊老愛幼，用自己的德行來感化眾人。果然，一年之後，這些農夫都大受感動，再也不互相爭田爭地了。

他曾到雷澤打魚，年輕力壯的人，經常佔據較好的位置，孤寡老弱的人就沒辦法打到魚。舜看到這種情形，率先以身作則，把水深魚多的地方讓給老人家，自己則到淺灘去打魚。由於一片真誠，沒有絲毫勉強，令眾人大為慚愧和感動，所以短短的一年內，大家都互相禮讓老人。

舜還曾經到過陶河的地方，此地土壤品質不佳，出產的陶器粗劣。令人驚訝的是，舜在此地治理一年後，連陶土的品質都變好了，所做出來的器皿相當優良。大家一致認為這是舜的德行所感召的結果。後來，只要他所居之處，來者甚眾，一年即成村落，二年成為縣邑，三年就成為大城市。亦即是史上所稱的「一年成聚，二年成邑，三年成都。」

堯帝得知舜的德行後，更加讚賞。於是考驗他種種的能力，舜也毫不畏懼接受了諸多艱難的考驗。一次，堯帝讓舜進入山林川澤，考驗他的應變能力，雖遇暴風雷雨，但舜憑著智慧與毅力，安然無恙的回來，他的勇敢鎮定，使堯帝堅定了舜的德能足以治理天下。

舜歷經種種考驗之後，堯帝並未馬上將王位傳給他，而是讓他處理政事二十年，代理攝政八年，二十八年之後才正式把王位傳給舜。足見古代的帝王對於王位的繼承，確實是用心良苦，絲毫不敢大意。假如不能以仁治世，以德治國，國家就難以長治久安。

當舜繼承王位時，並不感到特別的歡喜，反而傷感地說：「即使我獲得今天的成就，父母依然不喜歡我，我作為天子、帝王又有什麼用？」他的這一片至德的孝行，瀝血丹心，莫不令聞者感同身

受，而潸然淚下！然而，皇天不負苦心人，舜的孝心孝行，終於感化了他的父母，還有弟弟象。

《孟子》云：「舜何人也？予何人也？有為者，亦若是！」舜能做到孝順，我們也能。因為我們天性中都有一顆至善、至敬、至仁、至慈的愛心。假如我們能以舜為榜樣，真正盡到「孝親順親」的本分，就必能締造幸福美滿的家庭。再將「孝」擴大到我們周遭所有的人、事、物，任何的衝突對立都會冰釋消融。這至孝的大愛孕育出的是上下無怨、民用和睦的和諧社會。

願我們都能以身作則，相互勉勵，做一個真正的孝子。

〖 二、仲由負米 〗

　　仲由是周朝春秋時候魯國人，字子路，非常孝敬父母。他從小家境貧寒，非常節儉，經常吃野菜。仲由覺得自己吃野菜沒關係，但怕父母營養不夠，身體不好，很是擔心。

　　家裡沒有米，為了讓父母吃到米，他必須要走到很遠很遠的百里之外才能買到米，再背著米趕回家裡，奉養雙親。百里之外是非常遠的路程，也許現在有人也可以做到一次、兩次，可是一年四季經常如此，就極其不容易了。然而仲由卻心甘情願。為了能讓父母吃到米，不論寒風烈日，仲由都不辭辛勞地到百里之外買米，再抱回家。

　　冬天，冰天雪地，天氣非常寒冷，仲由頂著鵝毛大雪，踏著河面上的冰，一步一滑地往前走，腳被凍僵了。抱著米袋的雙手實在凍得不行，便停下來，放在嘴邊暖暖，然後繼續趕路。夏天，烈日炎炎，汗流浹背，仲由都不停下來歇息一會，只為了能早點回家給父母做可口的飯菜；遇到大雨時，仲由就把米袋藏在自己的衣服裡，寧願自己淋濕也不讓大雨淋到米袋；颱風就更不在話下。如此的艱辛，持之以恆，實在是極其不容易。

　　後來仲由的父母雙雙過世，他南下到了楚國。楚王聘他當官，給他很優厚的待遇，一出門就有上百輛的馬車跟隨，每年給的俸祿非常多。所吃的飯菜很豐盛，每天山珍海味不斷，過著富足的生活。但他並沒有因為物質條件好而感到歡喜，反而時常感歎，因為他的父母已經不在了。他是多麼希望父母能在世和他一起過好生活，可是父母已經不在了，即使他想再負米百里之外奉養雙親，都永遠不可能了。

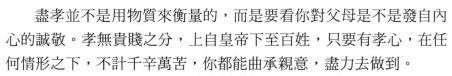

　　盡孝並不是用物質來衡量的，而是要看你對父母是不是發自內心的誠敬。孝無貴賤之分，上自皇帝下至百姓，只要有孝心，在任何情形之下，不計千辛萬苦，你都能曲承親意，盡力去做到。

　　我們能孝敬父母，可孝養父母的時間是一日一日的遞減，如果不能及時行孝，會徒留終身的遺憾。如果沒有辦法把握與父母相聚的時間來孝養他們，等到你想要來報答親恩的時候，為時已晚。但願我們在父母健在的時候，孝養要及時，不要等到追悔莫及的時候，才思親、痛親之不在。

〖 三、閔損蘆衣 〗

　　周朝的魯國，有個姓閔名損，字子騫的人。在他很小的時候母親就不幸過世了。父親娶了後妻，後妻又連續生了兩個弟弟。人都有私心，因為不是自己親生的，所以後母對待孩子就有很大的差別。後母平時對子騫很不好。嚴冬，後母給自己親生的兩個孩子穿著保暖棉花做的棉衣，兩個小孩子就算是在戶外玩耍，小臉也是紅撲撲的。可憐的子騫卻裹著件單薄蘆花做成的衣服。數九寒天，寒風刺骨，子騫經常被凍得四肢僵硬、臉色發紫。即便是在這種極大的差別中，子騫也從來沒有一點怨言。

　　在一個嚴寒的冬天，子騫的父親外出辦事，要子騫駕車。冰天雪地，子騫身上蘆葦做的衣服哪裡能抵擋住冬天的嚴寒！雙手被凍僵了，嘴唇凍紫了，一陣寒風吹過，子騫劇烈抖動的身體實在沒法握住韁繩。一失手，駕車的彎鞍就掉了，這引起了馬車很大的震動。坐在後面的父親身體猛地一搖晃，很是生氣，心想：這麼大了連馬車都駕不好！便要下車喝斥。父親正要斥罵時，突然發現子騫臉色發紫，渾身顫抖。父親很是奇怪，便上前拉開子騫的衣襟，頓時臉色大變，眼睛濕潤：原來，子騫的「棉衣」裡全都是一絲絲的蘆葦絮，沒有一片棉花的影子！這樣寒冷的天氣，怎麼能忍受得了呢。讓孩子在寒冬裡受這樣的折磨，是自己沒有盡到作父親的責任啊！這時，父親火冒三丈，沒想到自己的妻子竟然這樣惡劣，居然對一個孩子如此狠毒。父親當即決定把妻子趕出門去。子騫聽後撲通一聲跪在地上，含淚抱著父親說：「母親在的時候，只有我一個人寒冷；可是如果母親不在了，家裡的三個孩子就都要受凍挨餓。」他的這番話使父親非常地感動，就不再趕他的後母了。看到

閔子騫一點都不懷恨於心，後母深受感動，她對自己的行為感到相當的慚愧，最後也把子騫看成和自己的小孩一樣的愛護。

子騫一番挽留後母的話淒涼而懇切，又非常地悲憫，完全是肺腑之言，連鐵石心腸的人聽後，都為之聲淚俱下，他的天性是何等的孝敬、純潔，何等的淳厚、善良。

在當時，如果子騫的父親一怒之下把後妻趕走了，這個家庭從此以後就天倫不再，妻離子散，這是何等的悲慘！可是因為有這樣一位孝子子騫，才使整個家庭為之轉變，從可能淪落到悲慘境地的家庭轉變為幸福溫馨。這個力量只在我們一念之間，這一念就是純潔之孝，也就是每一個人心目當中都有的發自內心的純孝。

「母在一子寒，母去三子單。」這句話流傳千古，是讓後代的人都來讚美閔子騫的孝心孝行。如果我們也生長在類似的家庭環境當中，我們應該要懂得與後母好好地相處。如果能向子騫學習，相信在家庭生活當中，一定可以免去許多的誤會、許多的爭執、許多的不愉快。人都有孝心、孝行，天下不會有人心腸會像鐵石一樣，只要我們肯用心，發自內心對父母孝順奉養，父母再怎麼不好，都會有感動的一天。

【 四、黃香溫凊 】

東漢時有個人，姓黃名香，字文彊。在他九歲的時候，母親便病故了。雖然黃香只有九歲，他卻已深深懂得孝的道理。

黃香每天都非常思念去世的母親，常潸然淚下，鄉里的人看到他思母的情景，都稱讚他是個孝子。失去母親的黃香，更把全部的孝心都傾注於父親身上，家中大小的事情，都親自動手去做，一心一意服侍父親。

三伏盛夏，酷熱難當。每天只要吃過晚餐，就可以看到鄰居們搬出椅子，坐在屋外乘涼聊天。小孩子這時總是會乘機要求大人說故事，要不就是追逐著在夜幕下玩耍。但是在這麼多人中，卻永遠找不到黃香的影子。原來細心的黃香，擔心勞累一天的父親因天太熱，睡不好覺，正拿著扇子在床邊搧枕席。左手搧累了，換右手，右手酸了，再換左手。就這樣一下又一下地搧著，一直搧到席子的暑氣已經全消，黃香才會去請父親上床睡覺。一夜、兩夜⋯⋯整整一個夏天都這樣。

過了秋天，隆冬來臨，每到晚上整個屋子就冷得像冰窖一般，要是碰上下雪的日子，就更有得受了。但是孝順的黃香，仍然有辦法讓父親每天晚上睡得舒舒服服。只要天一黑，黃香就會鑽進父親冰冷的被窩裡，用自己的身體，把被子弄得暖烘烘的，然後再請父親去睡，這樣父親就可以免去寒冷之苦了。

日復一日，年復一年。黃香的孝行，傳遍左鄰右舍，傳遍全縣，也傳遍了全國。現今科技發達，物質生活富裕了，我們不需要再像黃香那樣搧席暖床，但他孝敬父母的精神是永遠值得我們學習的。我們要以黃香為榜樣，從身邊一點一滴的小事做起，孝敬父母。

【 五、黔婁嚐糞 】

　　庾黔婁是南北朝時南齊人，字子貞。他被派到「孱陵」去當縣令。黔婁剛當上縣令，心裡很是欣喜。可是到任還不到十天，突然就覺得心頭好似有小鹿撞一般，咚咚直跳，而且額頭上的汗珠簌簌往下流。俗話說：「父子連心」，黔婁心想一定是家裡有不祥之事，便要辭官回家。衙門裡的人聽說後，覺得辭掉官職很可惜，便說：「你要是不放心就先派個衙役回家看看。」但是黔婁一想到家中年邁的老父親，便毅然決然地謝絕了眾人的好意，馬上起程回家。他路上不敢耽誤片刻工夫，夜以繼日地趕路，終於趕到了家。

　　果不其然，他的父親真的生病了。父親身患痢疾，臥床不起。他看到臥床的老父親說：「是我沒有照顧好您，都是我的責任啊！」然後黔婁不顧路途的疲勞，立即找最好的醫生來為父親診斷病情。

　　醫生告訴黔婁說：「如果你想要知道病情的嚴重與否，你就要去嚐嚐他的糞便味道如何，到底是苦還是甜。如果是苦的，就很容易醫治；如果是甜的就不好了。」在場的家僕都覺得這樣做會很為難。可是黔婁聽說後，想都不想便嘗了。在場的人都深深的被黔婁的孝心感動了，有的還在一旁抽泣著。黔婁感到一絲甜味，這說明父親的病很嚴重，就憂心如焚。他更加盡力的侍奉父親，白天親自服侍，到了晚上就向著北斗七星磕頭祈求，希望能以他自己的身體代替父親承擔病情，希望以他的生命來換取父親的存活。每天如此，迫切的向上天禱告，頭都磕破了。

　　但是父親的病很嚴重，所以過了不久，黔婁的父親就過世了。黔婁在守喪期間非常的哀痛，盡到了為人子女的守孝喪禮，他幾乎

沒有辦法承擔父親的過世，身體就在這時變得非常脆弱，可見他喪親悲痛之深。更為可貴的是，他為了能趕快回家看父親可以放棄官職，完全拋棄名利，一點兒都不留戀。這是一般人無法做到的，可見黔婁對父親的孝敬何其深厚。

　　過去醫療不發達，任何化驗的工作都要親自去做。現在我們可以借用高科技來化驗，不用那樣了。但是父母對於我們恩重如山，我們欲報之情、欲報之恩，是永遠沒有辦法報盡的。孝是天之經、地之義，孝敬自己的父母是理所當然，是為人子女所必須要去做的事。

【 六、孟宗哭竹 】

　　三國時代，吳國有個孝子，姓孟名宗，字恭武。很小的時候，他的父親便去世了。從此，母子倆相依為命。孟宗一直很孝順他的母親，對母親侍奉有加。母親年紀漸漸大了。有一次，母親病得很厲害，很想吃鮮筍做的湯，但這時都快冬至了，天很冷，哪裡還會有筍長出來啊。孟宗實在沒有辦法，心裡焦急萬分，可是束手無策，便忍不住跑到竹林裡。他雙手抱著毛竹，想著臥床的老母，不禁兩行熱淚簌簌往下落，孟宗愈想愈難過，竟大聲地哭了起來。或許是他的一番孝心感動了天地，突然間，眼淚滴落的地方裂開了，從地上露出了幾根竹筍，孟宗看了破涕為笑，抹掉臉上的淚珠，興高采烈地把這些竹筍帶回家去。他做竹筍湯給母親吃，母親吃了新鮮味美的湯後，病居然就好了。孟宗的一片孝心都感動了天地，讓竹筍冬天破土，讓老母身體康復，可見他是多麼的孝順。

　　我們孝敬父母，不是只有供給父母吃穿就行了。奉養父母，就要讓父母感到快樂。除了感到快樂，更要善體父母的心思。父母想要的、想得到的、想聽到的、想看到的，為人子女都要善加觀察，盡量能曲承親意，讓他們感受到子女的溫暖體貼的孝心，享受到人生的幸福美滿。

　　現在因為大家都很忙，不可能每天跟父母親在一起；甚至遠離父母，一生跟父母相聚的時間都很短。但我們可以借助電話問候，可以借助傳真，可以借助網路，一句關懷的話語都可以讓父母感到欣慰。孝不分貴賤，也不分時間有無，只要你能真誠的付出，任何的方法都足以讓父母得到安心，都足以安慰父母。

【 七、壽昌棄官 】

　　朱壽昌是宋朝時的人，他七歲的時候，他的生母因為被嫡母嫉妒，被趕出家門另嫁他人。從此，壽昌就和生母分離了。

　　壽昌從小就失去了母愛，他看到別的小朋友都有母親在身邊，天天噓寒問暖，疼愛有加，就非常的思念自己的母親。每到初冬，別的小朋友的母親早早的為自己的孩子做好了棉衣，可是壽昌的生母卻不能；當別的小朋友心中有了委屈，可以依偎在母親懷裡撒嬌時，壽昌卻不能。試想，沒有母親的人，是多麼盼望能像別人一樣，可以經常依偎在母親的懷抱裡。

　　壽昌就在這樣的環境中長大，他一直努力讀書，後來當了官。雖然生活很富足，可是天下哪有不思念父母的兒子？所以他一直明察暗訪，希望能找到自己的母親。

　　五十年來，壽昌幾乎無時無刻不在思念、惦記著遠方的母親，相思之情常每每言及就泣不成聲。他是多麼希望自己可以親自服侍母親，讓母親重享天倫之樂啊！可是壽昌屢次多方打聽，都沒有辦法得到母親的下落。

　　到了神宗時，他感覺自己年紀已經很大，卻不能在母親身旁奉養，他心裡感到非常的遺憾。可是茫茫人海，去哪裡尋找母親？他想再不找到母親，怕是沒有機會了。所以他就毅然辭去官職，親自外出去尋找他的母親。

　　因為壽昌此時的年紀也大了，家裡人也不放心他，都來勸阻，可是壽昌堅決地對家人說：「如果不見到母親，我就永遠都不回來。」他遠到秦地，也就是現在陝西省尋母。他的心非常地堅定，他抱定必死的決心，一定要尋找到他的母親，與自己共享天年。

　　壽昌一人在外，人生地不熟，遇到很多險阻，非常艱辛，可是，這些困難絲毫沒有動搖他尋母的念頭。相反，他想到和母親分別五十多年都不可以團聚，就更加深了尋母的信念。他走到哪裡就打聽到哪裡，天天祈禱。

　　終於，壽昌到了同州，奇蹟出現了。就在這裡，他輾轉得知母親的下落。這個時候，他的母親已經七十幾歲了，依然健在。分別五十多年，母子相聚，相擁在一起，多少悲歡離合啊！母子倆五十多年骨肉團聚的心願終於實現了。壽昌非常地高興，就把母親迎回家裡同住，很是孝順，全家過著幸福的生活。

　　朱壽昌與母親分離長達五十多年，在如此漫長的歲月中，能始終保持對母親的孝思不變，實為赤誠孝心的真情流露。諺云：「孝感天地」，朱壽昌母親五十年下落不明，到最後，靠朱壽昌堅定的尋母誓願和毅然辭官、不畏艱難的找尋，終能骨肉團圓，力盡孝道，這是多麼的令人感動的事情。

　　與朱壽昌相比，我們這些為人子女者，能有服侍孝養父母的機會是何等的幸運！把握住在父母身邊的日子，用心盡孝，莫讓「子欲養而親不待」的痛苦和悔恨啃噬自心。

〖 八、王裒泣墓 〗

　　三國的時候，魏國有一個叫王裒的人，非常孝順。

　　他的父親叫王儀，王儀當時是在朝廷裡頭當官。有一次晉文帝出兵，在這次出兵當中，朝廷死了非常多的士兵，所以文帝就在上朝的時候，詢問底下的這些文武百官，要大家分析這次戰役為什麼會損失慘重。結果沒有人敢開口說話，唯獨王儀直接陳述：這次戰役的責任完全歸於元帥。大家都知道，元帥就是當時的文帝，所以文帝非常的生氣，一怒之下就把王儀拉出廷外問斬，死於非命。王裒面臨父親如此冤屈而死，非常難過。因此他終身不再面向西坐，以表示不為晉朝之臣。

　　王裒自幼飽讀詩書，所以他的學問、品行非常好，朝廷也屢屢徵召他出來為官，可是王裒面對金錢名利的誘惑，一點都不為所動。

　　王裒對母親百般孝順，只要是母親的事情就親力親為，體貼入微。母親過世後，他非常的悲痛。母親生前膽子小，最怕的就是打雷。所以每當遇到風雨交加、雷聲隆隆的時候，王裒就會很傷心的飛奔到母親的墳墓那裡，哀泣地說，孩兒就在此地，母親不要害怕。有一次，王裒依在一棵柏樹前號哭，他的眼淚涔涔而下，滴落到柏樹上面，想不到柏樹也因此感召到王裒的孝順，竟也枯萎了。可見一個人孝心孝行的力量有多麼的偉大！這種發自內心而來的孝，它可以感動天地萬物！

　　王裒如此孝順，所以每當他授課讀到「哀哀父母，生我劬勞」時，就非常的難過，潸然淚下，以至於沒有辦法教授學生。他的學生擔心老師哀傷過度，所以就把〈蓼莪〉篇給廢止了。

可見一個人的孝心孝行，不但感動天地萬物，更是作為後人學習的最好的典範。

【 九、王祥剖冰 】

　　王祥是晉朝時期的人，年少的時候母親就過世了。他的繼母姓朱，很不慈愛，對王祥非常不好，屢次在他父親面前說王祥的壞話，破壞他跟父親的關係。王祥受盡了委屈，後母還對他百般的挑剔刁難，甚至叫他做一些沒有辦法做到的事情。王祥非但沒有和後母作對，反而對後母更好，更加的敬愛，希望能化解後母對他的偏見，所以對後母就更加的孝順。

　　後母朱氏很喜歡吃新鮮的活魚，所以就命王祥去抓魚。可是當時時值嚴冬，所有的江河都凍結了，哪裡還有魚呢？但王祥為了滿足母親的願望，還是頂著嚴寒來到河邊。可河面早已冰封，如何抓魚？王祥想了想就脫掉衣服，開始在冰上鑿洞，希望魚能出現。冰天雪地的，如今的我們出門都要穿著羽絨服，可王祥為了孝敬後母，卻連身上本來單薄的衣服都脫掉了。

　　我們想一想，平常為人子女的，母親叫他洗一雙筷子、洗一個碗，可能都不願意做。父母叫我們掃個地，可能也會不高興。但後母如此苛刻刁難的要求，王祥都毫無怨言，一心只祈求能捕到一條魚，帶回去奉養他的母親。這麼純厚的孝心，怎麼不會感動這些魚兒？所以就在這個時候，冰突然自己裂開，竟然有兩條鯉魚躍了出來，王祥非常高興，就拿回家烹調好了給母親吃。

　　此外，後母還要求王祥捕黃雀烤給她吃，這就更難了。然而皇天不負苦心人，竟然有好多的黃雀飛到王祥的帳篷裡，這讓王祥能夠順利地抓到黃雀。

　　他的後母不僅如此無理地要求王祥，更過分的是，家裡有棵果樹，在果實成熟快要落地時，她吩咐王祥守著樹，不可以讓一顆果

子掉在地上。我們都知道果樹會結滿樹的果實，果實成熟後會自然的落地。而後母要王祥保證一顆果實都不落地，這簡直是在雞蛋裡挑骨頭。然而王祥沒有和後母大吵大鬧，每到風雨時節，別人都在家裡避雨玩耍時，王祥卻穿梭在風雨中奔向果樹，抱著樹哭泣，祈求這些果實不要掉落下來。

　　一個人在如此的環境中，是什麼力量能支撐他這樣生活下去？這是值得我們深思的。沒有什麼力量，唯有一個「孝」字，孝可以產生如此巨大的力量。所以王祥即使面對這麼惡劣的環境，他依然能安然地度過。

　　王祥他有一顆至誠的孝心，實在是難能可貴。後母在王祥如此的孝敬之下，也很慚愧，最終受到感化，對王祥也同親生兒子一般地對待。

〖 十、吳猛飽蚊 〗

　　吳猛是晉朝時期的人，字世雲，自幼就是非常孝順的人。

　　當其他八歲的小孩子還在父母的庇護下撒嬌時，吳猛就已經懂得如何孝敬父母了。

　　剛入夏，吳猛發現父母的眼睛老是佈滿血絲，紅紅的，沒有一點精神，他感到很奇怪，不知道為什麼，後來經多次細心的觀察，吳猛發現了原因。原來吳猛家境非常貧寒，住在偏僻落後的地方，屋子破舊，又靠近小河邊，所以蚊子異常多。可家中又窮得買不起蚊帳，所以每逢夏夜，滿屋子的蚊子便嗡嗡地響，叮得父母身上一個個包，攪得父母睡不了覺。父親每天都起早摸黑的到外面工作兒，在外已經被炎炎烈日曬得頭暈腦脹，筋疲力盡，回來後應該好好休息，睡一覺，第二天才有精神和體力繼續工作。母親也要大清早就外出幫傭，賺一點錢補貼家用。勞累一天的母親也疲憊不堪。父母本應該好好的休息，可都因為蚊子叮得睡不好。原來已經很疲憊的父母，是因為蚊子叮得晚上睡不好覺，這才經常眼睛裡佈滿血絲。

　　吳猛非常心疼父母，很是著急。他想來想去，最後乾脆就把衣服脫掉，先躺在床上，任憑屋子裡的蚊子來叮咬他。儘管蚊子很多，統統圍在他的身上，他還是忍耐著。為了父母，他能忍受著痛、忍受著癢，忍受這些蚊子在他身上任意的叮咬。因為他怕他趕走了這些蚊子後，蚊子再去叮咬他的父母。他不忍心讓父母被咬，就任憑蚊子吃得飽飽的，希望蚊子叮了自己之後，不要再去咬父母。結果吳猛經常被蚊子咬得傷痕累累，滿身是包，但他整個夏天都如此堅持下來。

　　吳猛是多麼孝敬、體貼父母的孩子！小小的年紀，就這樣至情，這樣體貼親人，實在是非常感人。

　　父母養育兒女，整天擔心孩子吃不好，擔心出門發生意外，可以說照顧得無微不至。尤其到炎炎夏日，父母會驅蚊蟲來保護孩子細嫩的肌膚，用一切方法來趕蚊子。如果孩子撒嬌，父母親會把孩子抱在懷裡摟一摟、拍一拍。在寒冬裡，怕孩子半夜踢被子，母親會多次起來照看孩子。任何一點點的傷害，父母都會感到不安和心疼。父母不計一切的辛勞，只希望孩子能在安全、溫暖、保護當中茁壯成長。父母愛護自己的子女是如此的情深，為人子女的怎麼不能像吳猛這樣，為父母做一點回饋？所以，我們一定要向吳猛學習，體貼父母，報答我們父母的親恩。

〖 十一、老萊斑衣 〗

　　老萊子，春秋時期楚國人，他的生平眾說紛紜。司馬遷懷疑老萊子就是老子，但是歷史上並不可考，所以他真正的名字沒有人知道。

　　老萊子生性非常孝順，他把最可口的食物和最好的衣物、用品，都用來供養雙親。生活上的點滴，極盡關懷照顧，非常體貼。父母親在他無微不至的照料下，過著幸福安樂的生活，家裡充滿祥和。人如果能在晚年安享天倫之樂，這樣的人生是多麼地有意義！多麼令人欣慰！

　　雖然已經年過七十，但是老萊子在父母親的面前，從來都沒有提到過一個「老」字。因為上有高堂，雙親比自己的歲數都要大得多，為人子女的他，如果開口說老，閉口言老，父母不就更覺得自己已經走入風燭殘年，垂垂老矣了嗎？更何況，許多人即使年事已高、兒孫成群，也總是把自己的兒女永遠當成小孩一樣來看待。

　　不難想像，一個人年過古稀，他的父母少說也有九十多歲了。對於大多數年近百齡的人來說，身體都會比較虛弱，而且行動不便，耳昏眼花。要跟他講講話，可能他已經沒有辦法聽得很清楚了。由於腿腳不太靈活，即使想要帶他們到處去走走看看，也不是一件容易的事情。所以老人家的生活，往往都比較孤寂、單調。善解親意的老萊子很能體恤父母親的心情，為了讓父母能夠快樂起來，他裝出許多活潑可愛的樣子，來逗雙親高興，可以說是用心良苦。

　　在孝順父母的方式上，老萊子更是與眾不同。有一次，他特別挑了一件五彩斑斕的衣服，非常地鮮豔，就在他的父親生日的那一

天，他身著這件衣服，裝成嬰兒的樣子，在父母面前又蹦又跳地跳起舞來。他一邊嬉戲玩耍，一邊邁動輕盈的舞步，真像是童心未泯的老頭兒，特別可愛。

從他揮灑自如的動作中，還可以看出，為了不讓父母操心，天性孝順的老萊子，對身體的健康始終非常地關注。雖然他年過七十，但他還能輕鬆活潑地在父母親面前邁動輕快詼諧的舞步，讓父母歡喜。

一天，廳堂旁邊剛好有一群小雞，老萊子一時興起，就學老鷹抓小雞的動作，來逗雙親高興。一時雞飛狗跳，熱鬧不已。小雞一顛一顛地到處跑，特別地可愛。老萊子故意裝成非常笨拙的樣子，煞費苦心，又無可奈何。看到這番情景，雙親笑得合不攏嘴，溫馨的畫面，流露出人倫至孝的光輝。

為了讓父母在生活上有喜悅的點綴，在日常生活中，他經常會出一些點子，逗父母歡樂。有一次，他挑著一擔水，一步一晃地經過廳堂前面。突然，撲通一聲，老萊子做了一個滑稽的跌倒動作。「這個孩子真是養不大，拿他一點辦法都沒有。」父親哈哈大笑，母親一旁說著。

年紀大的人眼睛昏花、耳朵不靈，行動更是不便，老萊子就在家裡扮演一個快樂的丑角。他並沒有把自己當成是年紀大的人，在父母面前，他永遠都像小孩子那樣活潑可愛。

在忙碌的現代生活中，我們往往忽略了對父母的體貼、探望。就讓我們摒棄自私與冷漠，像老萊子那樣，做一個懂得體貼關懷的人，做一個用心去感受別人需要的人吧。《禮記》說：「恆言不稱老。」為人子女永遠不要在父母的面前，聲稱自己已經老了。一位孝順的孩子，總是會想方設法，讓父母覺察不到歲月的流逝、年紀的成長。為什麼？因為如果連孩子都老了，父母不就更為年邁了嗎？他們聽了之後，該多麼傷心。所以，在父母面前，為人子女不應當提到「老」這個字。

　　為了讓父母親過上幸福快樂的生活，老萊子想盡種種辦法來撫慰父母的心。他把這句善體親心的話，發揮得淋漓盡致。這個幸福的家庭，千百年來令人羨慕不已，讚歎不盡。

捌

人生大道

【 一、敬業與樂業 】

文／梁啟超

我這題目，是把《禮記》中「敬業樂群」和《老子》的「安其居，樂其業」兩句話，斷章取義造出來的。我所說的是否與《禮記》、《老子》原意相合，不必深求；但我確信「敬業樂業」四個字，是人類生活的不二法門。

本題主眼，自然是在「敬」字、「樂」字。但必先有業，才有可敬、可樂的主體，理至易明。所以在講演正文以前，先要說說有業之必要。

孔子說：「飽食終日，無所用心，難矣哉！」又說：「群居終日，言不及義，好行小慧，難矣哉！」孔子是一位教育大家，他心目中沒有什麼人不可教誨，獨獨對於這兩種人便搖頭嘆氣：「難！難！」可見人生一切毛病都有藥可醫，唯有無業遊民，雖大聖人碰著他，也沒有辦法。

唐朝有一位名僧百丈禪師，他常用一句格言教訓弟子：「一日不做事，一日不吃飯。」他每日除上堂說法，還要自己掃地、擦桌子、洗衣服，直到八十歲，日日如此。有一回，他的門生想替他服務，悄悄地把他本日應做的工都做完了，這位言行相顧的老禪師，那一天便絕對地不肯吃飯。

我徵引儒門、佛門這兩段話，不外證明人人都要有正當職業，人人都要不斷地勞作。倘若有人問我：「百行什麼為先？萬惡什麼為首？」我便一點不遲疑答道：「百行業為先，萬惡懶為首。」沒有職業的懶人，簡直是社會上的蛀米蟲，簡直是「掠奪別人勤勞結

果」的盜賊。我們對於這種人，是要徹底討伐，萬不能容赦的。今日所講，專為現在有職業及現在正做職業上預備的人——學生——說法，告訴他們對於自己現有的職業應採何種態度。

第一要敬業。敬字為古聖賢教人做人最簡易、直捷的法門，可惜被後來有些人說得太精微，倒變成不適實用。唯有朱子解得最好，他說：「主一無適便是敬。」用現在的話講，凡做一件事，便忠於一件事，將全副精力集中到這事上頭，一點不旁鶩，便是敬。業有什麼可敬？為什麼該敬？人類一面為生活而勞動，一面也是為勞動而生活。人類既不是上帝特地製來充當消化麵包的機器，自然該各人因自己的地位和才力，認定一件事去做。凡可以名為一件事的，其性質都是可敬。當大總統是一件事，拉黃包車也是一件事。事的名稱，從俗人眼裡看，有高下；事的性質，從學理上，並沒有高下。只要當大總統的人，信得過我可以當大總統才去當，實實在在把總統當作一件正經事來做；拉黃包車的人，信得過我可以拉黃包車才去拉，實實在在把拉車當作一件正經事來做，便是人生合理的生活。這叫做職業的神聖。凡職業沒有不是神聖的，所以凡職業沒有不是可敬的。唯其如此，所以我們對於各種職業，沒有什麼分別揀擇。總之，人生在世，是要天天勞作的。勞作便是功德，不勞作便是罪惡。至於我該做哪一種勞作呢？全看我的才能何如、境地何如。因自己的才能、境地，做一種勞作做到圓滿，便是天地間第一等人。

怎樣才能把一種勞作做到圓滿呢？唯一的祕訣就是忠實，忠實從心理上發出來的便是敬。《莊子》記佝僂丈人承蜩的故事：「雖天地之大，萬物之多，而惟吾蜩翼之知。」凡做一件事，便把這件事看作我的生命，無論別的什麼好處，到底不肯犧牲我現做的事來和他交換。我信得過我當木匠的做成一張好桌子，和你們當政治家的建設成一個共和國家同一價值；我信得過我當挑糞的把馬桶收拾得乾淨，和你們當軍人的打勝一支壓境的敵軍同一價值。大家同是

替社會做事，你不必羨慕我，我不必羨慕你。怕的是我這件事做得不妥當，便對不起這一天裡頭所吃的飯。所以我做這事的時候，絲毫不肯分心到事外。曾文正說：「坐這山，望那山，一事無成。」一個人對於自己的職業不敬，從學理方面說，便褻瀆職業之神聖；從事實方面說，一定把事情做糟了，結果自己害自己。所以敬業主義，於人生最為必要，又於人生最為有利。莊子說：「用志不分，乃凝於神。」孔子說：「素其位而行，不願乎其外。」所說的敬業，不外是這些道理。

第二要樂業。「做工好苦呀！」這種嘆氣的聲音，無論何人都會常在口邊流露出來。但我要問他：「做工苦，難道不做工就不苦嗎？」今日大熱天氣，我在這裡喊破喉嚨來講，諸君扯直耳朵來聽，有些人看著我們好苦；反之，倘若我們去賭錢去吃酒，還不是一樣在耗神費力？難道又不苦？須知苦樂全在主觀的心，不在客觀的事。人生從出胎的那一秒鐘產生絕氣的那一秒鐘止，除了睡覺以外，總不能把四肢、五官都擱起不用。只要一用，不是耗神，便是費力，勞苦總是免不掉的。會打算盤的人，只有從勞苦中找出快樂來。我想天下第一等苦人，莫過於無業遊民，終日閒遊浪蕩，不知把自己的身子和心子擺在哪裡才好，他們的日子真難過。第二等苦人，便是厭惡自己本業的人，這件事分明不能不做，卻滿肚子裡不願意做。不願意做逃得了嗎？到底不能。結果還是皺著眉頭，哭喪著臉去做。這不是專門自己替自己開玩笑嗎？我老實告訴你一句話：「凡職業都是有趣味的，只要你肯繼續做下去，趣味自然會發生。」為什麼？第一，因為凡一件職業，總有許多層累、曲折，倘能身入其中，看它變化、進展的狀態，最為親切有味。第二、因為每一職業的成就，離不開奮鬥；一步一步奮鬥前去，從刻苦中將快樂的分量加增。第三、職業性質，常常要和同業的人比較駢進，好像賽球一般，因競勝而得快樂。第四，專心做一職業時，杜絕了許多胡思、妄想，省卻無限閒煩惱。孔子說：「知之者不如好之者，

好之者不如樂之者。」人生能從自己職業中領略出趣味，生活才有
價值。孔子自述生平，說道：「其為人也，發憤忘食，樂以忘憂，
不知老之將至云爾。」這種生活，真算得人類理想的生活了。

　　我生平最受用的有兩句話：一是「責任心」，二是「趣味」。
我自己常常力求這兩句話之實現與調和，又常常把這兩句話向我的
朋友強聒不舍。今天所講，敬業即是責任心，樂業即是趣味。我深
信人類合理的生活應該如此，我盼望諸君和我一同受用！

【 二、積善之家，必有餘慶 】

文／佚名

　　以前有個風水先生趕路，趕得實在口渴。正好走到一個村子裡，於是就敲門向村裡一戶人家討水喝。

　　這是一個普通的農村小院，青磚瓦房，屋裡有個老太太，非常熱情地端水給風水先生喝。只是奇怪的是，老太太在端水給風水先生喝的時候，故意在水裡撒了些穀糠。

　　風水先生實在是太渴太渴了，看見水來，真恨不得一口氣就把水給吞下去，那樣才算痛快。可是現在水面漂著穀糠，他只能一邊吹穀糠，一邊喝水。就在這樣慢吞吞地辛苦喝水的當兒，風水先生的心中不免嗔恨：「你們這樣欺負我？哼！我要報復！」

　　喝完水後，風水先生強壓心頭的憤怒，假惺惺地表示他的萬分感謝。然後對這家人家說：「我是風水先生，今日叨擾你們一碗水，甚是感激。為了報答你們的情誼。我幫你家看看風水吧。」

　　這家人家聽了，沒想到有這意外之喜，真是歡天喜地，恭恭敬敬地請風水先生看，更是好茶好飯地招待他。

　　風水先生裝模作樣地把村子前後看了一遍，他指著一處要斷子絕孫的敗亡窪地。對這家人說：「這是一塊風水寶地，如果你家日後有人故去，就葬在這裡。那麼你們家以後一定會興旺發達的。」施水的這家人家對風水先生的話深信不疑，對風水先生更是千恩萬謝。

　　許多年過去了，這家裡的老太太死了，真的就要葬在風水先生給他們看的「風水寶地」上。可是就在要葬的前一天晚上，突然颳

了陣大風，把原來窪地所在的地方填平了。這家人也不知是何徵
兆，依然按選好的地方，埋葬了他們家的老人。從此以後，家裡果
然是一日比一日地興旺。

又過了許多年，風水先生再次經過這村莊，他很想看看經他看
過風水的那家人家現在怎麼樣了。憑著模糊的印象，他找到了那家
人家。

風水先生的心裡，一定是以為這家人家早就破敗得不成樣子
了。沒想到映入眼簾的卻是，雕梁畫棟、高門大樓，氣派恢宏的一
個大宅院。

風水先生心下猶疑。正在這時，門開了。原來那個做兒子的走
出來，一下子就認出了風水先生。他非常殷勤地請風水先生到屋
裡，說一定要報答他。正是因為他給看了風水，他家老母親葬在那
塊風水寶地上，他們家才一日比一日地興旺發達起來的。

風水先生壓下心頭惶恐，他疑惑和詫異地把實情一五一十地說
了出來。末了，問：「我本來是因為嗔恨你們給我有穀糠的水喝，
所以才為你們找了一個斷子絕孫的所在。你們怎麼會興旺發達了
呢？」

風水先生不知道，這家人家給他有穀糠的水喝，是因為懷著極
致體貼的善心啊。有點生活常識的人都知道。趕路趕急的人，是不
能大口大口急急地喝水的。不小心，不僅有可能會生病，還有可能
會丟掉性命！給他的水裡撒穀糠，正是老太太出於慈悲體貼的善心
啊！

這故事也正說明了一個道理：積善之家，必有餘慶。天佑善
人，人要加害，也是害不到的。平素裡積集了許多的善事福德，自
然天地清和，吉祥感徵，家族一日比一日地興旺發達。

【三、周朝為何能享國運八百年】

文／蔡禮旭

　　我們研讀歷史，就能以史為鑑。周朝綿延八百五十六年，原因何在？孝和悌。在周朝，孝悌的概念就有了相當紮實的基礎。周武王的父親是周文王，周文王的父親是王季，周文王對他的父親非常孝順，確實做到「晨則省，昏則定。」每天早上、中午和晚上，他都一定三次問候他的父親，看看父親睡得好不好？吃得好不好？假如父親的胃口不太好，他知道了之後，內心就會很著急。等父親的身體稍微舒適，吃得比較正常時，他才覺得寬慰。

　　由於周文王做出這樣的榜樣，所以周武王侍奉周文王也非常的孝順。有一次周文王生病了，周武王服侍在側十二天，沒有寬衣解帶，帽子都沒有摘下來。時時刻刻都在照顧他的父親。由於這份孝心，周文王的病很快就好轉了，所謂「至誠感通」。試問，周文王喝的那杯湯藥跟一般人喝的湯藥是否一樣？不一樣。因為武王孝心的作用，水的結構都發生了變化，喝下去的藥就特別有效。所以，周朝以「孝」治天下。

　　周朝也以「悌」治天下。周文王的父親是王季，王季有兩位兄長，一位是泰伯，一位是仲雍。他們三兄弟都是太王所生，太王是周文王的爺爺。當他看到周文王出生的時候，非常歡喜，覺得這個孫子是聖主之相。文王的大伯、二伯（就是泰伯跟仲雍）看到父親如此疼愛孫子，兩個人就相約，以父親生病的名義上山採藥。這樣

一上山，就再也沒有回來，把天下讓給了他的弟弟王季，進而傳位給周文王。泰伯和仲雍這種作法是盡到了孝心，因為他要讓父親放心做事，不希望父親因為他們兩兄弟而有所顧忌，而沒有傳位給他的弟弟王季。

所以，這一讓成全了父親的心意，也成全了兄弟的情義，連天下都可以讓，還有什麼事可以令兄弟不和？所以，讓出了孝，讓出了悌，還讓出了忠，忠於天下百姓。因為讓出了王位，可以讓周文王領導全國人民，所以是盡孝、盡悌、又盡忠。上行下效，周朝人民就以這些聖賢人為榜樣，所以朝代綿延八百多年。在周朝，因為人人都懂得禮讓，因此成就了國家非常良好的風氣，國運強盛久久不衰。

周武王去世之後，周成王年紀還小，由周公輔政，輔佐周成王治理天下。後來成王長大了，聽了許多流言蜚語，說周公可能有野心。周公不等周成王有任何表示，自己就放下權位，來到了他治理的魯國。周公確實念念為君主，為他的侄子著想，不希望他難為做人。

後來成王出外的時候，看到天空有異象，大白天還打雷。古代人都了解「依報隨著正報轉」的道理，成王就開始反省，我是不是有哪些做法不順天道？他就到了太廟前反省，剛好發現周公為兄長祈求延壽的禱告文。周成王看完非常感動，也非常慚愧。他的叔叔這樣輔佐他，又為了祈求他的父親延壽而禱告。所以，周成王帶著文武百官親自將周公迎請回來，讓周公能完成制禮作樂之盛舉，所以周朝能夠長期興盛。

積善之家，必有餘慶。天佑善人，人要加害，也是害不到的。

玖

嘉言集

┃【 一、名賢集 】┃

文／佚名

關於《名賢集》

　　《名賢集》是我國古代對兒童進行倫理道德教育的蒙學教材之一，具體作者不詳，從內容上分析，是南宋以後儒家學者撰輯。它彙集孔、孟以來歷代名人賢士的嘉言善行，以及民間流傳的為人處事、待人接物、治學修德等方面的格言諺語，還參考佛、道兩教的因果報應等思想加以選擇融和而成，其中不乏洞察世事、啟人心智之句。如「人無遠慮，必有近憂」，讓人凡事應從長計議；「良言一句三冬暖，惡語傷人六月寒」，勸人言語之間要相互尊重；而「貧居鬧市無人問，富在深山有遠親」，則道盡了封建時代的世態炎涼。《名賢集》以四言、五言、六言、七言組成，易誦易記，讀之琅琅上口，為古代流傳很廣的啟蒙讀物。儘管《名賢集》過去屬兒童讀物，在今天看來，仍具有一定的知識價值和修養價值，成年人閱讀也頗受教益。尤其是隨著年齡成長和閱歷漸廣，再來重讀《名賢集》，相信你自會有另一番感受。

【四言集】

　　但行好事，莫問前程。
　　與人方便，自己方便。
　　善與人交，久而敬之。

人貧志短，馬瘦毛長。

人心似鐵，官法如爐。

諫之雙美，毀之兩傷。

讚歎福生，作念禍生。

積善之家，必有餘慶。

積惡之家，必有餘殃。

休爭閒氣，日有平西。

來之不善，去之亦易。

人平不語，水平不流。

得榮思辱，居安思危。

羊羔雖美，眾口難調。

事要三思，免勞後悔。

太子入學，庶民同例。

官至一品，萬法依條。

得之有本，失之無本。

凡事從實，積福自厚。

無功受祿，寢食不安。

財高氣壯，勢大欺人。

言多語失，食多傷身。

送朋友酒，日食三餐。

酒要少吃，事要多知。

相爭告人，萬種無益。

禮下於人，必有所求。

敏而好學，不恥下問。

居必擇鄰，交必良友。

順天者存，逆天者亡。

得人一牛，還人一馬。

老實常在，脫空常敗。

人為財死，鳥為食亡。

三人同行，必有我師。

人無遠慮，必有近憂。

寸心不昧，萬法皆明。

明中施捨，暗裡填還。

人間私語，天聞若雷。

暗室虧心，神目如電。

肚裡蹺蹊，神道先知。

人離鄉賤，物離鄉貴。

殺人可恕，情理難容。

人欲可斷，天理可循。

【五言集】

黃金浮世在，白髮故人稀。

黃金非為寶，安樂值錢多。

休爭三寸氣，白了少年頭。

百年隨時過，萬事轉頭空。

耕牛無宿草，倉鼠有餘糧。

萬事分已定，浮生空自忙。

結有德之朋，絕無義之友。

常懷克己心，法度要謹守。

君子坦蕩蕩，小人常戚戚。

見事知長短，人面識高低。

心高遮勝事，地高偃水流。

水深流去慢，貴人語話遲。

道高龍虎伏，德重鬼神欽。

人高談今古，物高價出頭。

休倚時來勢，提防運去時。
藤蘿繞樹生，樹倒藤蘿死。
官滿如花謝，勢敗奴欺主。
命強人欺鬼，時衰鬼弄人。
但得一步地，何須不為人？
人無千日好，花無百日紅。
人有十年壯，鬼神不敢傍。
廚中有剩飯，路上有饑人。
饒人不是癡，過後得便宜。
量小非君子，無度不丈夫。
路遙知馬力，日久見人心。
長存君子道，須有丈夫志。
雁飛不到處，人被名利牽。
地有三江水，人無四海心。
有錢善使用，死後一場空。
為仁不富矣，為富不仁矣。
君子喻於義，小人喻於利。
貧而無怨難，富而無驕易。
百年還在命，半點不由人。
在家敬父母，何須遠燒香？
家和貧也好，不義富如何？
晴乾開水道，須防暴雨時。
寒門生貴子，白屋出公卿。
將相本無種，男兒當自強。
欲要夫子行，無可一日清。
三千徒眾立，七十二賢人。
成人不自在，自在不成人。
國正天心順，官清民自安。

妻賢夫禍少，子孝父心寬。

白雲朝朝過，青天日日閒。

自家無運至，卻怨世界難。

有錢能解語，無錢語不聽。

時間風火性，燒了歲寒衣。

人生不滿百，常懷千歲憂。

來說是非者，便是是非人。

積善有善報，積惡有惡報。

報應有早晚，禍福自不錯。

花有重開日，人無再少年。

人無害虎心，虎有傷人意。

上山擒虎易，開口告人難。

忠臣不怕死，怕死不忠臣。

從前多少事，過去一場空。

滿懷心腹事，盡在不言中。

既在矮簷下，怎敢不低頭。

家貧知孝子，國亂識忠臣。

凡是登途者，都是福薄人。

家貧君子拙，時來小兒強。

命好心也好，富貴直到老。

命好心不好，中途夭折了。

心命都不好，窮苦直到老。

年老心未老，人窮行莫窮。

自古皆有死，民無信不立。

乖漢瞞癡漢，癡漢總不知。

乖漢變驢子，卻被癡漢騎。

【六言集】

常將好事於人，禍不臨身害己。
既讀孔孟之書，必達周公之禮。
君子敬而無失，與人恭而有禮。
事君數斯辱矣，朋友數斯疏矣。
人無酬天之力，天有養人之心。
好馬不備雙鞍，忠臣不事二主。
常想有力之奴，不念無為之子。
人有旦夕禍福，天有晝夜陰晴。
君子當權積福，小人仗勢欺人。
人將禮樂為先，樹將枝葉為圓。
馬有垂韁之義，狗有濕草之恩。
運去黃金失色，時來鐵也爭光。
怕人知道休做，要人敬重勤學。
泰山不卻微塵，積少壘成高大。
人道誰無煩惱，風來浪也白頭。

【七言集】

貧居鬧市無人問，富在深山有遠親。
人情好似初相見，到老終無怨恨心。
白馬紅纓彩色新，不是親者強來親。
一朝馬死黃金盡，親者如同陌路人。
青草發時便蓋地，運通何須覓故人。
但能依理求生計，何必欺心做惡人。
才與人交辨人心，高山流水向古今。

【247】

莫作虧心僥倖事，自然災禍不來侵。
人著人死天不肯，天著人死有何難？
我見幾家貧了富，幾家富了又還貧。
三寸氣在千般用，一旦無常萬事休。
人見利而不見害，魚見食而不見鉤。
是非只為多開口，煩惱皆因強出頭。
山寺日高僧未起，算來名利不如閒。
欺心莫過三江水，人與世情朝朝隨。
人生稀有七十餘，多少風光不同居。
長江一去無回浪，人老何曾再少年？
大道勸人三件事，戒酒除花莫賭錢。
平生正直無私曲，問甚天公饒不饒。
猛虎不在當道臥，困龍也有升天時。
臨崖勒馬收韁晚，船到江心補漏遲。
家業有時為來往，還錢常記借錢時。
金風未動蟬先覺，暗算無常死不知。
青山只會明今古，綠水何曾洗是非？
常將有日思無日，莫待無時思有時。
善惡到頭終有報，只爭來早與來遲。
蒿裡隱著靈芝草，淤泥陷著紫金盆。
勸君莫做虧心事，古往今來放過誰。
言多語失皆因酒，義斷親疏只為錢。
有事但近君子說，是非休聽小人言。
妻賢何愁家不富，子孝何須父向前？
心好家門生貴子，命好何須靠祖田？
侵人田土騙人錢，榮華富貴不多年。
莫道眼前無報應，分明折在子孫邊。
酒逢知己千杯少，話不投機半句多。

衣服破時賓客少，識人多處是非多。
草怕嚴霜霜怕日，惡人自有惡人磨。
月過十五光明少，人到中年萬事和。
良言一句三冬暖，惡語傷人六月寒。
雨裡深山雪裡煙，看時容易做時難。
無名草木年年發，不信男兒一世窮。
若不與人行方便，念盡彌陀總是空。
少年休笑白頭翁，花開能有幾日紅？
越奸越狡越貧窮，奸狡原來天不容。
富貴若從奸狡得，世間呆漢吸西風。
忠臣不事二君主，烈女不嫁二夫郎。
小人狡猾心腸歹，君子公平托上蒼。
一字千金價不多，會文會算有誰過？
身小會文國家用，大漢空長作什麼？

〖 二、省心錄 〗

文／（宋）林逋

　　林逋(967～1028年)，字君復，北宋初年著名隱逸詩人。少孤力學，好古，通經史百家。書載性孤高自好，喜恬淡，自甘貧困，勿趨榮利。及長，漫遊江淮，四十餘歲後隱居杭州西湖，結廬孤山。常駕小舟遍遊西湖諸寺廟，與高僧詩友相往還。以湖山為伴，相傳二十餘年足不及城市，以布衣終身。終生不仕不娶，無子，唯喜植梅養鶴，自謂「以梅為妻，以鶴為子」，人稱「梅妻鶴子」。既老，自為墓於廬側，作詩云：「湖上青山對結廬，墳前修竹亦蕭疏。茂陵他日求遺稿，猶喜曾無封禪書。」作詩隨就隨棄，從不留存。有人問：「何不錄以示後世？」答曰：「我方晦跡林壑，且不欲以詩名一時，況後世乎？」有心人竊記之，得三百餘首傳世。天聖六年(1028)卒，年六十一，其侄林彰(朝散大夫)、林彬(盈州令)同至杭州，治喪盡禮。州為上聞，仕宗嗟悼，賜諡「和靖先生」，葬孤山故廬側。今存詞三首，詩三百餘首。後人輯有《林和靖先生詩集》四卷。《宋史》卷四五七有傳。

【原文】

　　禮義廉恥，可以律己，不可以繩人。律己則寡過，繩人則寡合，寡合則非涉世之道。故君子責己，小人責人。

【譯文】

　　禮義廉恥，可以用來要求自己，不可用來要求別人。要求自己則

能少犯過失，要求別人則難以與人和睦相處，難以與他人相處就不合乎處世之道。所以君子只嚴格要求自己，小人則對別人求全責備。

【原文】

　　為善易，避為善之名難；不犯人易，犯而不校難。涉世應物，有以橫逆加我者，譬猶行草莽中，荊棘之在衣，徐行緩解而已，所謂荊棘者，亦何心哉！如是則方寸不勞，而怨可釋。

【譯文】

　　做善事容易，做了善事而逃避好名聲就難了；不觸犯他人容易，他人觸犯了我，我心裡不計較就難了。為人處世，遇到有人對我蠻橫無理，就要像走在灌木草叢中一樣，荊棘掛住了衣服，只能緩慢前行小心地撥開荊棘就好，荊棘也不是存心阻人啊！這樣一來便能做到心中不勞累，還能化解仇怨。

【原文】

　　責人者不全交，自恕者不改過。自滿者敗，自矜者愚，自賊者害。多言獲利，不如默而無害。

【譯文】

　　喜歡責備別人的人難以維持與別人的交情，經常原諒自己過失的人永遠不可能改正錯誤。驕傲自滿的人必定失敗，自我誇耀的人愚蠢可笑，自我戕害的人必然害己害人。多說話而得到好處，不如沉默而不受傷害。

【原文】

　　務名者害其身，多財者禍其後。善惡報緩者非天網疏，是欲成君子而滅小人也。禍福者天地所以愛人也，如雷雨雪霜，皆欲

【251】

生成萬物。故君子恐懼而畏，小人僬悻而忽。畏其禍則福生，忽其福則禍至，《傳》所謂「禍福無門，唯人所召」也。

【譯文】

追求聲名的人必然會危害其自身，廣積財富的人必然會給後代帶來災禍。行善作惡遲遲得不到報應，並不是上天疏忽大意，而是上天想成全君子而滅掉小人。災禍和福祚是上天用來表示慈愛之心的手段，就像雷雨雪霜一樣，都是為了培育滋養萬物。所以君子擔心有災禍便恭敬戒懼，小人得了便宜便忘了危險。君子害怕禍來反而會招來福祉，小人以疏忽之心看待福祉反而會招來災禍，這就是《左傳》所說的「禍福沒有定數，全由各人自召」。

【原文】

必出世者，方能入世，不則世緣易墮；必入世者，方能出世，不則空趣難持。

【譯文】

必須有出世者的寬廣胸懷，才能入世；否則，很容易受到塵世的各種利誘糾纏而使自己迅速墮落；必須有入世者的深刻體驗，才能出世；否則，很容易變得空虛無聊而使自己難以把持人生。

【原文】

士君子盡心利濟，使海內少他不得，則天亦少他不得，即此便是立命。

【譯文】

靠正道謀生的人都盡心盡力去做些有益於他人和天下的事，這使得世人都離不開他，老天爺自然也離不得他。如此做法才是一個人安

身立命的最好途徑。

【原文】

如今休去便休去，若覓了時了無時。

【譯文】

只要現在能夠停下來休息，就立刻停下來休息；如果要等到一切事情都辦妥時再停下來，這樣的時刻永遠也不可能等到。

【原文】

事有急之不白者，寬之或自明，毋躁急以速其忿；人有切之不從者，縱之或自化，毋操切以益其頑。

【譯文】

有時候遇到急切之下弄不明白的事情，應當適當寬緩一下，或許自然而然就真相大白了，不要操之過急，那樣會使當事人十分惱怒，反而增加了事情的複雜性；有的人急切之下任你怎麼勸都不聽從，不妨隨他的便，不去勸他，他或許自己慢慢就會悔悟，不必要採用強制手段逼迫他聽從，那樣只能激發他的逆反心理，使他更加冥頑不化。

【原文】

人勝我無害，彼無蓄怨之心；我勝人非福，恐有不測之禍。

【譯文】

別人勝過我，沒有什麼害處，因為這樣，別人不會在他們的內心深處積下對我的怨恨；我勝過別人，不一定是什麼好事，因為這樣，那些心胸狹窄之人，恐怕會給我降下難以預測的災禍。

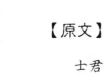

【原文】

士君子貧不能濟物者，遇人癡迷處，出一言提醒之；遇人急難處，出一言解救之，亦是無量功德。

【譯文】

善良高尚的人，在貧窮而沒有能力去用物質接濟別人的情況下，如果遇到別人有迷惑犯傻的地方，能用一句好話來提醒他們；遇到別人有著急和作難的地方，能用一句好話來解救他們，則他的功業與德行同樣是無法計算的。

【原文】

情塵既盡，心鏡遂明，外影何如內照；幻泡一消，性珠自朗，世瑤原是家珍。

【譯文】

只要完全消除對塵世的眷戀之情，則心靈之鏡就會明亮澄澈，所以從外部關注自己的影像，不如從內部進行自我省察，驅除庸俗的念頭；只要看破紅塵，打消對如夢幻泡影一樣的世事的執著之念，那麼自身天性就會像明珠一樣晶瑩剔透，熠熠生輝，要做世間少有的通達超脫之人，最關鍵的還是要保護好自家內心的那一份純真。

【原文】

凡夫迷真而逐妄，智慧化為識神，譬之水湧為波，不離此水；聖人悟妄而歸真，識神轉為智慧，譬之波平為水，當體無波。

【譯文】

　　凡夫俗子迷失真性而追求虛妄，將智慧轉化為對事物的看法，就好比水中掀起波浪，而這種看法始終受其智慧所支配，就像浪花離不開水體；聖人達士看破虛妄而回歸真如，將各種看法昇華為智慧，就好比波浪平息後的一潭清水，應當仔細體味這種無波之水的博大精深。

【原文】

　　常有小不快事，是好消息。若事事稱心，即有大不稱心者在其後，知此理可免怨尤。

【譯文】

　　人生在世，常常遇到不如意的小事，這是好兆頭，可以避免重大的禍事發生。假如每件事都稱心如意，則必然會在以後遇到重大的挫折。明白這個道理，就會心平氣和，不再怨天尤人。

【原文】

　　勿以人負我而隳為善之心，當其施德，第自行吾心所不忍耳，未嘗責報也。縱遇險徒，止付一笑。

【譯文】

　　不要因為別人辜負我就打消行善濟人的念頭，想想我當初幫助別人時，只不過是在同情心驅使下做出的舉動，並未想著要別人報答。至於說遇上了忘恩負義的人，不必與之計較，付之一笑罷了。

【原文】

　　正人之言，明知其為我也，感而未必悅；邪人之言，明知其

佞我也，笑而未必怒。於此知從善之難。

【譯文】

　　正派人的話，明明知道是為了我好，內心感激卻未必高興；奸邪人的話，明明知道是在奉承我，但聽著十分順耳，所以未必生氣。由此可知聽取忠言是多麼艱難。

【原文】

　　面有點污，人人匿笑，而己不知，有告之者，無不忙忙拭去。若曰：點污在我，何與若事？必無此人情。至告以過者，何獨不然？

【譯文】

　　臉上有個污點，別人見了都暗自大笑，而自己還不知道，一旦有人直言相告，馬上就用手拭去。如果說：「我臉上有污點，與你有什麼關係？」就不合乎人之常情了。可是當別人指出自身的缺點錯誤時，人們的態度為何就不是這樣呢？

【原文】

　　事後論人，局外論人，是學者大病。事後論人，每將智人說得極愚；局外論人，每將難事說得極易，二者皆從不忠不恕生出。

【譯文】

　　事情過後議論別人，身在局外議論局內人，是做學問的人最容易犯的毛病。在事後議論別人，往往將聰明人說得極其愚笨；身在局外議論局內的人，往往將困難的事情說得極其容易，這兩種毛病都是由待人不忠誠、不寬容而引起的。

【原文】

讀古人書，與賢人交遊，最不可苟為同，又不可苟為異。二者之失，總是胸無定力，學問中便有時勢趨附，非諂即矯耳。

【譯文】

讀古人的著作，與賢能的人交往，最忌諱輕率地表示附和贊同，也不能夠輕率地表示異議。之所以會犯這兩種過失，都是由於心中缺乏主見，做學問時就摻雜有趨炎附勢的成分，不是曲意逢迎便是虛偽矯飾。

【原文】

人於橫逆來時，憤怒如火，忽一思及自己原有不是，不覺怒情躁火渙然冰消。乃知自反二字真是省事、養氣、討便宜、求快樂最上法門，切莫認作道學家虛籠頭語看過。

【譯文】

人們在遇到別人蠻橫無理時，往往怒火中燒，可是忽然轉眼一想自己也有過錯，不知不覺怒氣就消失得乾乾淨淨。由此看來孟子所強調的自我反省，實在是息事寧人、涵養正氣、受益獲福、求得身心快樂的最好辦法，千萬不要當作一般道學家的套話來看待。

【原文】

人作事極不可迂滯，不可反覆，不可煩碎；代人作事又極要耐得迂滯，耐得反覆，耐得煩碎。

【譯文】

人們在做事時絕不能夠拖拉，不能夠反覆多變，不能夠斤斤計

較；可是替別人做事時，卻特別需要耐得住拖延耽擱，耐得住反覆多變，耐得住瑣碎煩亂。

【原文】

己所有者，可以望人，而不敢責人也；己所無者，可以規人，而不敢怒人也。故恕者推己以及人，不執己以量人。

【譯文】

自己所具備的美德，可以希望別人也具有，但是不能強求別人具有；自己所沒有的品德，可以規勸他人具有，卻不能怪罪別人沒有。因此待人寬容的人根據自己的心理來體察別人的感受，絕不要按照自己的情況和想法來衡量別人。

【原文】

能知足者，天不能貧；能無求者，天不能賤；能外形骸者，天不能病；能不貪生者，天不能死；能隨遇而安者，天不能困；能造就人才者，天不能孤；能以身任天下後世者，天不能絕。

【譯文】

能經常感到滿足的人，上天不能使其淪落貧窮；能夠做到不貪求的人，上天不能使其卑賤；能將軀體看作身外之物的人，上天不能使其患病；能夠做到不貪戀生命的人，上天不能使其死亡；能夠做到隨遇而安的人，上天不能使其困頓；能積極獎掖後進、培養人才的人，上天不能使其孤立；能挺身而出，為天下所有人以及子孫後代造福請命的人，上天不會使其陷入絕境。

【 三、自律五箴 】

文／（清）曾國藩

　　曾國藩（1811～1872年），字伯涵，號滌生，原名子城，派名傳豫，湘鄉縣荷葉塘（今雙峰荷葉鄉）人。曾國藩是中國歷史上最有影響的人物之一。他23歲考取秀才，入縣學；24歲入嶽麓書院，中舉人；中進士留京師後，十年七遷，連升十級，37歲任禮部侍郎，官至二品。後因喪母回鄉丁憂，恰逢太平天國橫掃湖湘，他因勢在家鄉創辦湘軍，為清王朝平定太平天國之亂，被封為一等勇毅侯，為清代以來文人而封武侯的第一人。後歷任兩江總督、直隸總督，官居一品，死後諡號「文正」。

【立志箴】

　　煌煌先哲，彼不猶太。
　　藐焉小子，亦父母之身。
　　聰明福祿，予我者厚哉！
　　棄天而佚，是及凶災。
　　積悔累千，其終也已
　　往者不可追，請從今始。
　　荷道以躬，與之以言。
　　一息尚活，永矢弗諼。

【居敬箴】

天地定位，二五胚胎。
鼎焉作配，實曰三才。
伊恪齋明，以凝女命。
女之不莊，伐生戕性。
誰人可慢？何事可弛？
弛事者無成，慢火者反爾。
縱彼不反，亦長吾驕。
八則下女，天罰昭昭。

【主靜箴】

齋宿日觀，天雞一鳴，
萬籟俱息，但聞鐘聲。
後有毒蛇，前有猛虎。
神定不懾，誰敢余侮？
豈伊避人，日對三軍。
我慮則一，彼紛不紛。
馳騖半生，曾不自主。
今其老矣，殆擾擾以終古。

【謹言箴】

巧語悅人，自擾其身。
閒言送日，亦攪女神。
解大不誇，誇者不解。

道聽塗說，智笑愚駭。
駭者終明，謂女實欺。
笑者鄙女，雖矢猶疑。
尤悔既叢，銘以自攻。
銘而復蹈，磋女既耄。

【有恆箴】

自吾識字，百歷泊茲。
二十有八載，則無一知。
曩之所忻，閱時而鄙。
故者既拋，新者旋徙。
德業之不當，曰為物牽。
爾之再食，曾未聞或愆。
黍黍之增，久乃盈斗。
天君司命，敢告馬走。

孝，善事父母者。從老從子，子承老也。

拾

漢字智慧

‖【 一、「孝」的真義 】‖

孝：會意，形聲字。

解：金文「孝」字，為子承老形。小篆之孝，從老的上半部分，從子，意謂子背著父母，意即子能承其親，並能順其意。故其本意作「善事父母者」，此之謂孝。

其義有：

1.善事父母之道曰孝。如《孝經・開宗明義》「夫孝，德之本也。」

2.善事父母之人曰孝。如《漢書・武帝紀》「興廉舉孝」。

3.居喪曰孝。如守孝、在孝。

4.奉養、孝順曰孝。如《禮記・祭義》「內則孝於親」。

5.服父母與祖父母之喪的曰孝。如孝媳、孝孫。

6.能繼先人之志也。如《中庸》「夫孝者，善繼人之志，善述人之事者也。」

「孝」，上為老、下為子，是上一代與下一代，融為一體，稱之為孝。

子女從父母那裡承傳血脈和家訓，子女之身，就是父母的分身，不孝父母就失去了自身的大根大本。故古云：「孝乃天經地義」。

中華文化博大精深。為造設一個「孝」字，把「孝」造成一個象形字，上面為一老人——「耂」，下面為一小孩——「子」。「孝」在甲骨文時，上面是一位腰弓背駝的老人，下面是一位年輕人撐著，是一幅年輕人服侍、關照老人的圖畫。這個意義字典解釋為「尊敬、奉養父母」。「孝」還有一個字形，左上是一個祖墳，

右下角是一位年輕人在遮風雨的茅房裡拜祭；父母逝世，在墳前搭一茅草房，子女在這裡住三年，以示對父母的紀念，這便是過去所說的「守制三年」。這個意義字典解釋為「指居喪的禮俗；喪服」。

東漢許慎《說文解字》解釋說：「孝，善事父母者。從老從子，子承老也。」康殷說：「象『子』用頭承老人手行走。用扶持老人行走之形，以表示『孝』。」清段玉裁注：「《禮記》：『孝者，畜也』。順於道，不逆於倫。是之謂畜。」這些解釋的角度不同，但是意思完全一樣，都認為「孝」是尊敬長輩，侍老奉親。《禮記‧禮運》也說；「何為人義？父慈、子孝、兄良、弟悌。」

在殷商甲骨文中已有「孝」字。西周時，周公告誡其弟康叔說：「元兇大憝，矧唯不孝不友」（《尚書‧康誥》），「友」即悌的意思。《詩經》裡也有不少有關孝、悌方面的內容。

《詩經‧蓼莪》寫道：「父兮生我！母兮鞠我！拊我畜我，長我育我；顧我復我，出入腹我。欲報之德，昊天罔極！」

因此，身為子女，如何行孝，是我們每個人不可不知的。

《孝經》云：「身體髮膚受之父母，不敢毀傷，孝之始也。」故為人子女，欲行孝，應先從愛護自己開始，不要讓父母為我們身體的傷患而擔憂；更要記得「德有傷，貽親羞」的警言，在自己的品行上，嚴於律己，不做不仁、不義、無信、無禮的事，以德潤身，奮發向上。勿讓父母為我們操心、蒙羞，此乃孝順第一步。

人之行孝，不能離開敬。孔子曰：「蓋犬馬皆能有養，不敬何以別乎？」孝養父母，沒有一定的形式，皆要出自敬愛之心。想想我們自己，從小對父母的教誨，是不是恭敬聽受？

小時候，父母把最好的食物，留給我吃；現在，最好的食物，記得請父母先吃了嗎？

家中最好的房間是否給父母居住？是否經常關心父母的衣食住行？

父母交代的事情，可曾盡心盡力辦好？

父母有病時，能不能盡力侍奉，設法減少他們的病痛？

遠遊在外，是否很久沒有向家裡問候、回家探望了？

……

更進一步，如果能將孝敬雙親的心，擴大到對所有的師長、宗親；如果我們還能在立身行道方面有所努力、貢獻，讓父母寬慰，使他們一生的辛勤沒有白費，這就是古人所謂的「光耀門楣」，「孝行」至此就更加圓滿。

「孝，乃百行之本，眾善之初也。」孝不分老少、富貴貧賤，是人人可行可做的。願我們能牢記這些話。及時把握行孝的機會，切莫等到「樹欲靜而風不止，子欲養而親不待」的悲慟，至此追悔已遲。

在五千年中華文明中，「孝」是一種社會道德原則，是處理家庭中長輩和兒女間關係的準則。孝的原始本意，就是養親和尊親。古人歸納為三個方面：贍養、順從和悅親。所謂「贍養」，即在物質上奉養和悉心照料。父母老了，喪失了工作能力，甚至連生活也不能自理；兒女，應供養父母，安頓好父母，生活有保證：住能遮風雨，食能保溫暖，病能有所醫。其次是「順從」，子女要繼承父母和家族中好的家風和傳統，父母為之奮鬥的事業和理想，兒女要努力執行和實現，使自己成為父母意志的展現者。孔子在《中庸‧齊家》說：「夫孝，善繼人之志，善述人之事者也。」「悅親」，就是在精神上使父母感到愉悅。孟子說：「事親弗悅，弗信於友矣！」事奉父母，不能讓他們高興，就不能取信於朋友。可見，精神上的侍奉最為重要。

在儒家經典十三經中，《孝經》「是一部字數最少，內容最淺，而影響最大的著作」。其面世以來，上自帝王將相，下至黎民百姓，爭相傳習，備加尊崇，影響所及遠至日本、朝鮮等鄰國異族。孝最基本的內涵是子女對父母的孝。《禮記》：「孝有三：大

尊尊親，其次弗辱，其下能養。」孝最首要的含義是尊親，孟子曰：「孝子之至，莫大乎尊親。」孫中山在〈三民主義之民主主義〉一文中指出：「《孝經》所言的孝字，幾乎無所不包，無所不至。」孝可以是人間關係的準繩，被稱為「百德之首，百善之先。」

【 二、你知「道」嗎 】

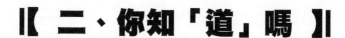

道：會意，形聲字。

小篆：「道」，從走，從首，謂長行。首：謂面之所向，行之所達。長行於面之所向與行之所達之塗，此塗即道。故其本義作「所行道也」解。

其義為：

1.路曰道，即道路。如《荀子‧修身》「道雖邇，不行不至。」

2.一定不變之理曰道。如《書經‧湯誥》「天道福善禍淫」，又如《中庸》「道也者，不可須臾離也。」

3.宇宙萬物的本源、本體曰道。如《老子》「有物混成，先天地生。寂兮寥兮。獨立而不改。周行而不殆。可以為天下母，吾不知其名，字之曰道。」

4.仁義禮樂稱為道。如《論語‧陽貨》「君子學道則愛人，小人學道則易使也。」

5.道德之稱。如《禮記‧曲禮》「道德仁義非禮不成」。

6.善事、美德曰道。如《論語‧公冶長》「子謂子產，有君子之道四焉：其行己也恭，其事上也敬，其養民也惠，其使民也義。」

7.意向曰道。如《論語‧公冶長》「道不同，不相為謀。」

8.方法曰道。如《中庸》「誠身有道，不明乎善，不誠乎身矣。」

9.有德行者曰道。如《論語‧顏淵》「如殺無道，以就有道，何如？」

10.施行、實施曰道。如《荀子・議兵》「必道吾所明，勿道吾所疑。」

11.言、談曰道。如《荀子・榮辱》「君子道其常而小人道其怪。」

12.白、申曰道。如道賀、道喜、道歉。

13.講曰道。如《中庸》「故君子尊德性而道學問。」

14.道家、佛家法術曰道。如《智度論》「得道者名為道人。」

15.道家、道教、信奉道教的人略稱道。

16.僧侶曰道。如《南史・梁武帝紀》「道俗五萬餘人」。

人生就是一條道路。如何把握方向走好這條道路，深信，是每個人終生的願望。但在現實生活中，並不是每個人都能輕而易舉的踏上這條康莊大道。因為它需要明智的智慧與努力的學習實踐，才能走上光明的人生大道。

「道」由「走」與「首」相結合，意含道要行，而且還要運用頭腦，以智慧做引導。「走」還有「乍行乍止」解，提醒我們在人生路上不要只顧埋頭奔走，走累了要停下來，走不通的時候，也要停下回頭看看自己走得對不對，有沒有愈來愈偏離？《中庸》云：「道也者，不可須臾離也。」故要隨時校正方向，不可偏離正道。這就是道的義理。

人生必須走上「正道」，為什麼？因為邪道、旁門左道會引人走入黑暗的歧途。唯有踐履正道，才是人生幸福美滿的保證。而正道必法自然，正道就是自然的運行，就是自然的原理原則。如果違背自然之道，人類會遭受許多的痛苦和災難，因為邪路是根本行不通的，終究還是要回歸自然的。

譬如，一年四季的流轉就是自然之道，如果四季錯亂，萬物就無法生存；再如，星球有自然的運行軌跡，如果偏離軌道而行，宇宙可能就無法和諧共存。

　　人亦如此，在世間我們依五倫之道而生存，處在父子之道、君臣（領導與被領導）之道、夫婦之道、兄弟之道、朋友之道上，這一切無不是自然形成的人與人之間的關係。我們能在人倫的五道上，安其本分、各盡其職、和睦相處、相互合作──就是順應自然之道理。否則，父子衝突，夫妻關係破裂，兄弟相殘，朋友相欺，君臣無義，就要飽受違逆自然之道的傷痛與折磨，我們的社會就會出現「父不父、子不子、君不君、臣不臣」的離經叛道之亂象。可見「道」就是我們日常生活中自然當行之理，絕不是誰要強加給我們的。

　　「正道」是順乎天理、合乎人心的。我們不能背道而馳，自取禍殃。唯有心存正道、時時查驗自己方向的人，才能昂首闊步走在幸福光明的人生大道上。

　　祝願大家都能在這珍貴的人生旅途上，譜寫出一首璀璨的「正道」之歌。

宣化上人解釋「道」字的構造

　　道字包羅萬有，妙不可言。所謂「萬物因道生，得者自通靈，悟徹個中理，菩提不減增。」昨天講「道」字的義理，今天講「道」字的構造。

　　中國文字的構造非常美麗，簡直是一幅圖畫。分為象形、指事、會意、形聲、轉注、假借六種。這個「道」字，屬於象形、會意，現在簡單的解釋。這個道字，從走從首。走字是教你行，也就是要修行。不修行怎會得到道呢！首字是頭，也就是第一。修行是第一件最要緊的事，若不修行，就不能為人處事、了生死。

　　在道的上邊有兩點，這兩點是表法，左邊一點是陽，右邊一點是陰。陽代表天，陰代表地。陽就是乾，陰就是坤，天地就是乾

坤。陽屬於男，陰屬於女。但是陽中有陰，陰中有陽，所以男人不一定生生為男人，有時可做女人。女人不一定世世為女人，有時可做男人。在這裡有千變萬化，所以說妙不可言。

這兩點是代表天地，代表日月，代表陰陽二氣。人身有陰陽之電，血為陰，氣為陽。氣是無形，血是有形。這兩點就有無窮的奧妙，是說不盡的。這兩點，可以說是無極和太極。無極是真空，太極是妙有。由無極而生太極，太極動而生陽，太極靜而生陰。動極而靜，靜極而動──這是自然的法則。

在兩點下邊，是「一」字。這個一，本來不是一，而是無極的「O」圈。因為沒有到極點，所以是「O」圈。這個無極圈，修成功就是大圓鏡智，修不成功就是無明。這個一字，本來是O字。因為到時候，把O字破開，成為一字。變成一字，就有數目的開始。在O字時，是沒有數目，這一點各位要特別注意。在沒有數目時，那就O字。一落在數目上，O字就變為一字。

這個一字，生天生地生萬物，生仙生佛生聖人。一切的一切，皆由一字生出。O字什麼也沒有，沒有就是真空。一字生出，就變為妙有，什麼都有啦！自無化有為妙有，自有化無為真空。真空妙有的道理，妙不可言。這種妙不可言的道理，到什麼地方去尋找呢？答案──「自」字。所以在一字的下邊是個「自」字，表示求道不能向外馳求，到外邊是找不到正道。要迴光返照，反求諸己。

在這個時候的境界，在儒家來說：「唯精唯一，允執厥中。」在道家說：「保元守一。」在佛教說：「萬法歸一。」所謂「萬法歸一，一歸合」，合是人一口，表示沒有什麼可說的，也就是合起口來的意思。這時候，離言說相、離文字相、離心緣相。所謂「言語道斷，心行處滅」的境界，什麼也沒有了。有人說：「那麼，豈不是成為木頭嗎？」不是的。木頭是無心，而這是有心。也就是無為，無為而無不為。這種道理，不能到外邊去找。要不假外求，反求諸己，才能找到所求的道。

　　禪宗有偈云：「萬法歸一一歸合，神光不明趕達摩，熊耳山前跪九載，只求一點躲閻羅。」今天講這個公案，證明求法不是件容易事，要有為法忘軀的精神，才能得到正道。

　　菩提達摩從廣州登陸（他從印度乘船來到中國），便到金陵（南京）。經過神光法師講經的地方，進去問神光：「你在這裡做什麼？」神光說：「我在講經。」達摩又問：「講經做什麼？」神光說：「為了生死。」達摩說：「法本來不可說，無法可說。你講的黑是字、白是紙，怎能了生死？」神光一聽，大怒的說：「你這個摩羅剎！敢來謗佛謗法謗僧，豈有此理！」說完之後，便用鐵念珠朝達摩祖師的面上猛力打去！達摩在沒有防備的情形下，被打掉兩顆門牙。

　　達摩祖師一想：如果把牙吐在地上，這地方就要大旱三年(因為證果聖人的牙落地，諸天降罪，此處人會受到不下雨的懲罰)。達摩不忍心令這地方的人受荒旱之苦，乃將兩顆牙吞到肚中。所謂「打落門牙和血吞」，留下這個典故。

　　達摩修忍辱波羅蜜，一言不發，走出神光講經處，過長江，向河南嵩山而去。這時，無常鬼奉閻羅王之命，請神光去參加他們的宴會。無常鬼對神光說：「你是神光嗎？」神光說：「是的。」無常鬼說：「閻羅王請你去飲茶。」神光一聽，便說：「我講經時，天華亂墜，地湧金蓮，我還要死嗎？」無常鬼說：「你當然要死啦！」

　　神光問：「誰能不死？」無常鬼告訴他：「只有剛才被你打掉兩顆門牙的那位黑和尚，他才能不死。」神光向無常鬼懇求說：「無常居士，請你慈悲，行個方便，我去跟那位黑和尚學不死之法，可以嗎？」無常鬼允許他的要求。神光乃日夜向北方追趕達摩，最後追到熊耳山，見達摩在山洞中面壁入定，乃向達摩頂禮懺悔，跪了九年，才得不死之法，成為禪宗二祖。

　　這個「自」就是自強不息的意思，要自己努力，用功修行，才

能得到道的真諦。所以在左邊有個「走」字，這表示要行持，才能有感應，才能有所成就。如果不去實行，光是明白道理，也是沒有用處。所謂「說一丈，不如行一尺。」我常說：「道是行的，不行何成道。德是立的，不立那有德。」就是這個道理。

【 三、德字解說 】

德：會意，形聲字。

小篆：德，從「彳」。「彳」謂行動之意，又「十目」即古「相」字的寫法。故，「德」其本義為：心中生相而得（德）之於心，外現於行。

《釋言·釋言語》稱「德、得也，得事宜也。」

其義為：

1.善道曰德。如《論語·里仁》「君子懷德，小人懷土」。

2.萬物之本性曰德。如天有好生之德，又如《大戴禮記·四代》「有天德、有地德、有人德，此謂三德也。」

3.品行曰德。如《易經·乾卦》「君子進德修業」。

4.指有道德的賢明之人。如《書經·蔡仲之命》「皇天無親唯德是輔」。

5.恩惠曰德。如德恩、德澤。又如《論語·憲問》「子曰：何以報德？以直報怨，以德報德。」

6.感恩、感激曰德。如《豫讓吞炭》「但人心素德趙氏，不忍判離。」

7.福曰德。如《禮記·哀公問》「君及此言也，百姓之德也。」

8.教化、善教曰德。如《禮記·內則》「降德於眾兆民」。

9.德目曰德。如三德、四德、七德。

10.心意曰德。如同心同德、離心離德。

11.四時旺氣曰德。如《禮記·月令》：「某日立春，盛德在木。」

　　「德」字最初意義是對祖先神的祭祀。在甲骨文中形如一個人瞪著敬畏的眼睛。當周革殷命，德移鼎遷，周人在「天命靡常」的憂患中反思，於是「德」的形義產生變化：金文在甲骨文的形符上增加一個表意的「心」符。這樣，「德」就不只是一個外在的行為，更是行為所依據的內心準則。或者，值得敬畏的，除了祖先、天地、神靈，還有心中之德。誠如德國哲人康德所言：「有兩種事物，我們愈是沉思，愈感到它們的崇高與神聖，這就是頭上的星空和心中的道德律。」

　　中國人自古尚德。儒家傳統，一個「君子」，必須具備德行、言語、政事、文學四種修養。《左傳》曰：「太上有立德，其次有立功，其次有立言；雖久不廢，此之謂不朽」。文章千古事，功業萬年長，然與「立德」相較，皆為其次。孔子半生困厄，周遊奔走，道不見用，志不得伸，然其精神已化作巍巍泰山，浩浩黃河，壽比天地，輝映日月。孔子何能？孔子立德！

　　《說文解字》如此釋「德」：「外得於人，內得於己也。」清代學者朱駿聲說：「外得於人者，恩惠之德；內得於己者，道德之德。」可見「德」有內外，對己為內，對人為外。內者，修身養性，自我提升，此乃「道德之德」；外者，受他人道德力量影響，見賢思齊，或者以道德力量去影響他人，春風化雨，此乃「恩惠之德」。為師之人，當以「道德之德」完善自己，以「恩惠之德」施以學生。不但傳授經驗知識，更要將其化作學生內在德性。

　　《詩經・小雅》云：「高山仰止，景行行止，雖不能至，心嚮往之。」司馬遷借此贊孔子之德。這是為師的最高境界。正所謂：

　　雲山蒼蒼，江水泱泱，為師以德，山高水長！

　　「道」與「德」兩字是緊密相連的。「道」乃自然的運行法則，是自然的原理原則。能順乎自然、將自然的法則落實在我們的

日常生活中，就是「德」的意思。

「德」從「彳」，即「行」之意，即是要實踐才能體會，才能得到。右邊從「十目一心」。我們可以明白，「德」就是要我們一心一意順道而行，不偏不倚走人生該行的道路。又提示我們，凡起心動念、言語造作，皆在「十目所視、十手所指」的警示中，隨時警策自己要謹慎地沿正道而行，方可朝向優質的人生境界。

全聚德的「德」字為什麼少一橫

當年全聚德的創始人楊全仁，請一位名叫錢子龍的秀才題寫匾額。這一匾額幾經風雨，一掛就是一百三十多年。可是不知您是否注意到：全聚德牌匾上的德字少了一橫。這是為什麼呢？

有人說，當時楊老闆把錢子龍請來，兩人對飲開懷，楊全仁得知錢子龍書法非常好，於是馬上拿出筆墨紙硯，請錢秀才題個字。由於錢秀才多喝了兩杯，精神有些恍惚，一不留心，「德」字忘寫了一橫。

還有人說，當時楊全仁創業時，一共雇了十三個夥計，加上自己一共十四個人。為了讓大家安心工作，同心協力，所以讓錢秀才少寫一橫，表示大家心上不能橫一把刀。

這些當然都是猜測和傳說。真正的原因是什麼呢？原來早在一千多年前，「德」就是像破音字一樣，有兩種寫法，可以有一橫，也可以沒有橫。這一點，我們可以從唐、宋、元、明、清書法名家的墨蹟中得到印證。另外，我們還可以從中國古錢幣方面來考證「德」字。例如，北宋真宗年間（西元1004年）鑄造的「景德通寶」的「德」字就沒有橫，而明朝宣宗年間（西元1426年）鑄造的「宣德通寶」的「德」字就有橫。

從以上分析可以得出這樣的結論：在過去「德」字有兩種寫

法，可以有橫，也可以沒有橫，兩種寫法都是正確的。全聚德為了保持其牌匾的歷史原貌，所以牌匾上的「德」字一直少一橫。

宇宙有多大多高？宇宙只不過五尺高而已！而我們這具昂昂六尺之軀，想生存於宇宙之間，那麼只有低下頭來！

拾壹

詩詞擷英

【 一、百孝篇 】

　　天地重孝孝當先，一個孝字全家安；孝順能生孝順子，孝順子弟必明賢。

　　孝是人道第一步，孝子謝世即為仙；自古忠臣多孝子，君選賢臣舉孝廉。

　　盡心竭力孝父母，孝道不獨講吃穿；孝道貴在心中孝，孝親親責莫回言。

　　惜乎人間不識孝，回心復孝天理還；諸事不順因不孝，怎知孝能感動天。

　　孝道貴順無他妙，孝順不分女共男；福祿皆由孝字得，天將孝子另眼觀。

　　人人都可孝父母，孝敬父母如敬天；孝子口裡有孝語，孝婦面上帶孝顏。

　　公婆上邊能盡孝，又落孝來又落賢；女得淑名先學孝，三從四德孝在前。

　　孝在鄉黨人欽敬，孝在家中大小歡；孝子逢人就勸孝，孝化風俗人品端。

　　生前孝子聲價貴，死後孝子萬古傳；處事唯有孝力大，孝能感動地合天。

　　孝經孝文把孝勸，孝父孝母孝祖先；父母生子原為孝，能孝就是好兒男。

　　為人能把父母孝，下輩孝子照樣還；堂上父母不知孝，不孝受窮莫怨天。

　　孝子面帶太和相，入孝出悌自然安；親在應孝不知孝，親死知孝後悔晚。

　　孝在心孝不在貌，孝貴實行不在言；孝子齊家全家樂，孝子治國萬民安。

　　五穀豐登皆因孝，一孝即是太平年；能孝不在貧或富，善體親心是子男。

　　兄弟和睦即為孝，忍讓二字把孝全；孝從難處見真孝，孝容滿面承親顏。

　　父母雙全正宜孝，孝思鰥寡親影單；趕緊孝來光陰快，親由我孝壽由天。

　　生前能孝方為孝，死後盡孝枉徒然；孝順傳家孝是寶，孝性溫和孝味甘。

　　羊羔跪乳尚知孝，烏鴉反哺孝親顏；為人若是不知孝，不如禽類實可憐。

　　百行萬善孝為先，當知孝字是根源；念佛行善也是孝，孝仗佛力超九天。

　　大哉孝乎大哉孝，孝矣無窮孝無邊；此篇句句不離孝，離孝人倫顛倒顛。

　　念得十遍千個孝，念得百遍萬孝全；千篇萬篇常常念，消災免難百孝篇。

【 二、退步原來是向前 】

（唐）布袋和尚

手把青秧插滿田　低頭便見水中天
心地清淨方為道　退步原來是向前

　　當我們走入寺院的門口，常常可以看到一個大腹便便，背著一個布袋子的和尚，我們都稱他為彌勒佛。實際上，彌勒佛的法像不是如此，那個心寬體胖，笑容迎人的是布袋和尚，也是這首詩的作者。依照我國傳統的講法：布袋和尚是彌勒菩薩化身的，時常揹著袋子在社會各階層行慈化世。有一天，當他跟農夫在一起工作時，心有所感，因此做了這一首詩。

　　「手把青秧插滿田」：描寫農夫插秧的時候，一株接著一株往下插。「低頭便見水中天」：低下頭來看到倒映在水田裡的天空。「心地清淨方為道」：當我們身心不再被外界的物慾所牽擾的時候，才能與道相契。「退步原來是向前」：農夫插秧，是邊插邊後退的，正因為他能夠退後，所以才能把稻秧全部插好，所以他插秧時的「退步」，正是工作的向前展進。

　　這首詩告訴我們：從近處可以看到遠處，退步也可以當作進步。常人有一種傾向：看高不看低，求遠不求近。譬如：某人學問比我淵博，就尊重他；某人錢財比我富足，就巴結他。如果此人條件比我差，就不予理會。殊不知道「登高必自卑，行遠必自邇」的道理。禪師觀看這個世界與常人就有明顯的不同，譬如詩中說：

「低頭便見水中天」，就是要我們虛懷若谷低下頭來，才能真正的認識自己，認識世界。

　　日本有一位禪師曾經譬喻說：「宇宙有多大多高？宇宙只不過五尺高而已！而我們這具昂昂六尺之軀，想生存於宇宙之間，那麼只有低下頭來！」我們看成熟的稻子，頭是俯伏在地面的，我們要想認識真理，就要謙沖自牧，把頭低下來。

　　一般人總以為人生向前走，才是進步風光的，而這首詩卻告訴我們退步也是向前的，退步的人更是向前，更是風光的。古人說：「以退為進」，又說：「萬事無如退步好」，在功名富貴之前退讓一步，是何等的安然自在！在人我是非之前忍耐三分，是何等的悠然自得！這種謙恭中的忍讓才是真正的進步，這種時時照顧腳下，腳踏實地的向前才至真至貴。人生不能只是往前直衝，有的時候，若能退一步思量，所謂「回頭是岸」，往往能有海闊天空的樂觀場面。從事事業，把握正確的方向，不能一味蠻幹下去，也要有勇於回頭的氣魄。

（文／釋星雲）

【 三、無相頌 】

（唐）六祖慧能

心平何勞持戒，行直何用修禪。

恩則孝養父母，義則上下相憐。

讓則尊卑和睦，忍則眾惡無喧。

若能鑽木取火，淤泥定生紅蓮。

苦口定是良藥，逆耳必是忠言。

改過心生智慧，護短心內非賢。

日用常行饒益，成道非由施錢。

菩提只向心覓，何勞向外求玄。

聽說依此修行，天堂只在目前。

【 四、同氣連枝各自榮 】

（宋）法昭禪師

同氣連枝各自榮，些些言語莫傷情。
一回相見一回老，能得幾回為弟兄？
弟兄同居忍便安，莫因毫末起爭端。
眼前生子又兄弟，留與兒孫作樣看。

【 五、茅屋為秋風所破歌 】

（唐）杜甫

八月秋高風怒號，卷我屋上三重茅。
茅飛渡江灑江郊，高者掛罥長林梢，
下者飄轉沉塘坳。
南村群童欺我老無力，
忍能對面為盜賊。
公然抱茅入竹去，唇焦口燥呼不得，
歸來倚仗自歎息。
俄頃風定雲墨色，秋天漠漠向昏黑。
布衾多年冷似鐵，驕兒惡臥踏裡裂。
床頭屋漏無乾處，雨腳如麻未斷絕。
自經喪亂少睡眠，長夜沾濕何由徹！
安得廣廈千萬間，
大庇天下寒士俱歡顏，
風雨不動安如山！
嗚呼!
眼前何時突兀見此屋，
吾廬獨破受凍死亦足!

【 六 · 滿江紅 】

（北宋）岳飛

怒髮衝冠，憑欄處瀟瀟雨歇。

抬望眼，仰天長嘯，壯懷激烈。

三十功名塵與土，

八千里路雲和月。

莫等閒，白了少年頭，空悲切。

靖康恥，猶未雪；

臣子恨，何時滅！

駕長車踏破賀蘭山缺。

壯志饑餐胡虜肉，

笑談渴飲匈奴血。

待從頭，收拾舊山河，朝天闕。

【 七、君子行 】

樂府詩集

君子防未然，不處嫌疑間。
瓜田不納履，李下不正冠。
嫂叔不親授，長幼不比肩。
勞謙得其柄，和光甚獨難。
周公下白屋，吐哺不及餐。
一沐三握髮，後世稱聖賢。

【 八、赴戍登程口占示家人 】

（清）林則徐

力微任重久神疲，再竭衰庸定不支。

苟利國家生死以，豈因禍福避趨之。

謫居正是君恩厚，養拙剛於戍卒宜。

戲與山妻談故事，試吟斷送老頭皮。

不可當絕人，不可做絕情絕義的事，以免自己被逼上絕路。

拾貳

中華文化常識

【 一、何謂「五福」 】

　　我們常說，五福臨門。然而，對於什麼是「五福」估計很多人都不清楚其真正的含義。

　　「五福」這個名詞，原出於《書經》和《洪範》。現在已成為家喻戶曉的詞句，幾乎大部分的人都知道「五福臨門」這個成語，可是很少人知道「五福」所指的是哪五種福。至於福臨門的原理，明白的人就少之又少了。

【五福含義】

　　《尚書‧洪範》解釋是「一曰壽，二曰富，三曰康寧，四曰攸好德，五曰考終命」。

　　在中國的傳統文化中，蝙蝠是好運和幸福的象徵。人們經常說的「五福（蝠）臨門」，就由那五隻蝙蝠組成。這「五福」代表五個吉祥的祝福：壽比南山、恭喜發財、健康安寧、品德高尚、善始善終。傳統習俗中，五福（蝠）合起來就構成幸福美滿的人生！值此新春佳節到來之時，我們衷心祝願各位把下面的五福搬回家！

　　五福是什麼？第一福是「長壽」，第二福是「富貴」，第三福是「康寧」，第四福是「好德」，第五福是「善終」。

　　「長壽」是命不夭折而且福壽綿長。

　　「富貴」是錢財富足而且地位尊貴。

　　「康寧」是身體健康而且心靈安寧。

　　「好德」是生性仁善而且寬厚寧靜。

　　「善終」是能預先知道自己的死期。臨命終時，沒有遭到橫禍，身體沒有病痛，心裡沒有罣礙和煩惱，安詳而且自在地離開人

間。

【世間難有十全十美的福】

五福合起來才能構成幸福美滿的人生，一分開可就不妙了。比如，有的人雖然長壽而沒有福氣，有的人富貴而健康情況不佳，有的人為貧賤而煩惱，有的人身雖富貴卻十分操心，有的人滿足於清貧悠閒的生活，有的人貧賤而善終，有的人富貴長命最後卻遭遇橫禍不得好死。人生境遇多得不勝枚舉，五福臨門才是十全十美的，其餘的各種情況都是美中不足，是有缺陷的福。

為什麼福有殘缺的現象？

按照佛家的說法，今生的境遇不好，都是由於我們的過去（包括前世）所造的惡行（惡業）的結果。譬如，過去或前生愛虐待動物的人，今世就多病；過去殺害動物的人，今世就會得短命的苦果；過去或前生吝嗇的人，今生就會貧窮；過去或前生傲慢的人，今世就卑賤；過去或前生激動好怒的人，今世就醜陋；過去或前生以殘忍的方式殺害人類或其他動物，今生就會不得好死。

長壽而貧賤的人是因為他過去慈愛動物，卻吝於施捨；富貴而短命的人是因為愛施捨財物，卻殺害動物；醜陋而富貴的人是因他過去慷慨大方，卻容易發脾氣；容貌端莊而地位卑微的人是因為前世有容忍心、持守戒律，而輕視他人所導致的結果。總括一句話，五福有缺陷，主要是由於行善和積德不完全。

五福是果報，人的果報取決於四重法律：天律——大自然的規則；德律——人類道德法庭的審判；法律——做人不能違犯的強制性要求；陰律——如影隨形的宇宙法則。

五福當中，最重要的是第四福——「好德」。有著一生行善、寬厚寧靜的德，這是最好的「福相」，因為德是福的原因和根本，福是德的結果和表現，以此敦厚純潔的「好德」，隨時佈施行善，廣積陰德，才可培植其他四福使之不斷增長。

五福當中，一般人最看重的福是壽命，沒有壽命，其他福都不存在了。

【壽命之謎】

自古以來，壽命就是一個非常神祕的問題。除非在心智上下過工夫的修行人，否則誰都不知道死神什麼時候會跟我們碰面，也許二十年後或者明年，也許是今天或者下一分鐘，隨時可能有車禍、地震、心臟病等意外災害，真是太恐怖了。因為我們大家都不知道自己的死期，所以把「朝不保夕」這句成語用在我們身上，真是顯得格外貼切。佛陀在《四十二章經》中告誡弟子：「人命只在呼吸間」，意思是，一氣不來，便屬隔世。要趁活著的時候，努力學習，積極行善，用功修行，免得臨命終至，急得像一隻落湯的螃蟹。察覺「人命無常」的事實，對我們有很大的益處，因為體會到生命無常的人，便不會再放蕩和貪圖安逸了。對於生命無常的覺醒是智慧的開端。

世間的成就不一定和生死有關。

財富、學識、地位、美貌和生死是多半不相干的。縱使富貴如王侯，世俗的學識淵博如大海，地位高如公卿，容貌美若西施，大難來時，仍不免手忙腳亂，一命嗚呼。假如佳人才子可以長壽，那麼就不會有「自古紅顏多薄命」的說法了。所以不可因美麗的容貌而生驕傲心。

不可以為我們年紀輕就認為閻羅王還在睡覺，不會這樣快找上門來。須知：棺材裡所裝的死人不一定是年老的。在人生旅途上，走不到終點就躺下來的大有人在。因此，古人警惕我們說：「莫待老來方學道，孤墳多是少年人。」

人的死期很難預料，有的胎死腹中，在還沒有出生以前就死了，有的嬰兒一出生因染上黃疸病或血友病就長辭世間；有的小孩活到三、四歲就被車壓死，有的在青壯年時，因遭意外而身亡。

　　人不可以恃著聰明才智而輕慢他人，因為聰明而夭折的人也很多，例如我念小學時，隔壁有位姓歐陽的班長，功課樣樣第一，可是在小學五年級時就生了肺炎而離開人間。小學六年級又有一位姓柳的高材生，因脖子長瘤死了。

　　有了財富和地位也不能夠傲慢。你看，中國從秦、漢到清朝，歷代皇帝的平均壽命才三十多歲，美國總統甘迺迪有地位、有才幹又有魄力，可是沒有人會想到他會那麼早就死了。以歌唱起家的貓王艾維斯‧普利斯萊擁有私人噴氣式客機、劇院、保鏢，可是卻死得很突然。

　　引用這些真實的故事，其目的在說明，世俗的學問和技能只能解決生活上的小難題，不能解決生死的大問題。佛教的教法和義理雖然盡善盡美，但並不是相信了就可以了事，還要不斷地理解和實行，才能夠實證永恆的真理，確實解決生死的問題。我們千萬不要認為信了佛教，閻王爺就不會這麼快找上門來，因而也就漫不經心了。我們應該知道「定業難轉」這個事實。除非在佛法上修練到有真功夫，能生死自在，對於生死問題確實十分有把握以外，否則還要拚命努力用功，絲毫懈怠不得。

【長壽的因和緣】

　　今生壽命的長短基本上是由前生的修行決定的，是個常數，故高明的算命先生往往能算出一個人的壽命，但常數不是定數，今生的行為可改變壽命，行善增壽，作惡減壽。

　　長壽的因——仁愛慈悲，忠孝，感恩，戒殺放生，止惡修善。

　　長壽的緣——心平氣和，不動怒，生活有規律，調節飲食（不暴飲暴食），足夠的營養，不過度勞累等。

1.仁慈與壽命

　　壽命的長短跟財富、地位、常識、美醜等無關。可是跟「慈悲心」卻大有關係，俗話說：「仁者壽」。這話一點也不錯。宅心仁

厚，寬於待人一定有好報。沒有任何一個生命能靠自己的力量存在於世間，每一個生命的存在都是靠其他眾多因素的支持存在的，如同球上的每一個點，無一不是由其他點共同支撐才得以存在。即便是一個一貧如洗的流浪漢，依然還獲得陽光、空氣、水、大地的供養，行走的路是他人修出來的，棲身的山洞、橋底、屋角也是自然與社會的供養，最簡陋的食物與遮身之物也不是自己就能生出來，沒有自然與社會大眾，我們身上一個細胞都無法存在。他人供養自己，自己也必須供養他人，這是天律，即法爾如是的自然定律。天律不允許自私，人可以取得屬於自己的那一份供養，但沒有自私的理由。仁者合於天律自能加福增壽，自私者違背天律，減福削壽。

2.忠孝與壽命

忠孝就是保護生命之根和保障生命通道的順暢。我們的生命由物質與精神兩部分構成，物質來源於天地，精神來源於神明，天地神明具體就落實在我們每一個人出生、生長、生活的地方，故一個國家、一個民族不能做損害地球、損害全人類的事，而個人則不能做損害國家、民族利益的事。家鄉是我們生命能量的發源地，祖先、父母則是生命能量傳遞的通道。故忠孝就是保護我們的命根與生命通道，忠孝不足，則生命的能量不足，完全不忠不孝就成為無根的枝條，只能靠枝條中剩餘的能量活著。不孝是砍自己的命根，不忠是砍眾人的命根，故不忠之罪遠大於不孝之罪，這就是自古以來當忠孝不能兩全時，人們大多選擇盡忠的原因；而叛國、賣國者受到的懲罰往往也最嚴重，人不知不究時，護國神也會追究，賣國者鮮有善終。

3.感恩與壽命

這世間，大約有四等人：(1)在無恩處，依然有恩。(2)在有恩處，有恩。(3)在無恩處，無恩。(4)在有恩處，依然無恩。

換句話說：

(1)在不應該感恩的地方，都知道有應該感恩的地方，而感恩

報恩。這種人在該死的地方都不會死，在不能活的地方，都會活。這種能知恩、感恩、報恩的人，是第一等人，是修行人。他在大家都看不到神的地方，仍然可以看到神，在大家都不可能平安有福氣的地方，仍然會很平安、很有福氣。

(2)在應該感恩的地方，知道應該感恩，這種人是凡夫俗子，但已經很少。是次等人。這種人在能活的地方，才活，在不會死的地方，才不會死。

(3)在不應該感恩的地方，沒有感恩，而不知道感恩。這種人在不該活的地方，一定不會活，在該死的地方，一定死，不可能有神跡或奇蹟。這是第三等人。

(4)在應該感恩的地方，都不知道應該感恩，這種人是下下等，跟禽獸畜牲一樣，比一隻狗還不如。這種人在該活的地方，都不會活，在不該死的地方，也會死。

4.戒殺放生與壽命

戒殺放生增加壽命，反之減損壽命，這是行為反作用力原理決定的。

殺生的定義：

(1)殺人性命：殺死有性命的東西，使活生生的動植物，喪失寶貴的生命。

(2)奪人生機：剝奪別人賴以維生的機會或工作。

(3)斷人生路：使人或動物無路可走，而陷入死亡，如塞螞蟻穴等。或買賣殺價，使人血本無歸，無法養家餬口。

(4)逼人走上絕路：或言語，或肢體行為，使人受刺激或嚴重傷害，而活不下去。

(5)搶人生意：買賣時，不擇手段，或爭或搶，使別人之生意，落入自己手裡。

(6)竊占救濟金：服務公職，竊占救濟苦難之公款，使等待救濟的人，失去救濟。

5.止惡行善與壽命

善生陽，惡生陰，陽氣多自然壽命長。

千萬記住：福不用光，人必不會早死。

福祿壽和兒女，全是農產品，要自己流血、流淚、流汗去辛勤耕耘自己的心田，努力灌溉、施肥、驅蟲、除草，才能栽培種植出來。

千萬不可做損福折壽的事。

不可當絕人，不可做絕情絕義的事，以免自己被逼上絕路。

每個人都不免有犯錯的時候，但千萬不可讓自己一時的迷糊，永遠成為自己一生無法擺脫的沉重包袱和負擔。當一切都變成新的，我們就重生了，就復活了。

每個人都難免會有求人寬恕的時候，成全別人，又何嘗不是成全了自己，因為神總是按我們如何原諒別人，來決定如何原諒我們。

你讓對方長命百歲，自己也必長命百歲，想長壽，便不可做短命的事。

漢語大字典解釋

【五福】

1.五種幸福。《書‧洪範》：「五福：一曰壽，二曰富，三曰康寧，四曰攸好德，五曰考終命。」漢桓譚《新論》：「五福：壽、富、貴、安樂、子孫眾多。」唐‧陳子昂〈臨邛縣令封君遺愛碑〉：「家膺五福，堂享三壽。」元‧沈禧〈一枝花‧七月初六日為施以和壽〉套曲：「似這般五福俱全世稀有。」楊朔〈三千里江山〉第十三段：「伐千山之佳木，造萬世之室，後世子孫滿堂，富貴功名，應天上之三光，備人間之五福。」

2.神名。賜福之神。宋‧沈括《夢溪筆談‧辯證一》：「正殿祠五福，而太一乃在廊廡，甚為失序。」

【 二、太太的由來 】

　　太太這一詞的由來可以追溯到姬周。周氏的家族來源，根據歷史資料，始於西元前2357年，但興起約在西元前1320年。周室是堯舜時代為人民發展農業最有功的后稷的後代。

　　夏朝末年政治衰敗，不重視農業，因此后稷之子不窋失去公職，就避世避到了當時所謂文化非常落後的戎、狄之間（甘肅宏化一帶），八、九代後到了古公亶父時，也就是商朝開始沒落的前期。因他重興祖先公劉的農業發展政策，所謂「積德行義，國人皆戴之（人民都擁戴他）」。但是，當時西北文化落後的戎、狄少數民族「薰育」，卻來侵佔攻打他的地盤，「欲得財物」。給了他以後，還不滿足，又要再來進攻。「欲得地與民。民皆怒，欲戰。」古公曰：有民立君（有了人民群眾，擁立一個君主），將以利之（那是因為這個君主，可以為人民謀福利）。今戎狄所為攻戰（現在戎狄想來侵略我們的目的），以我地與民（是因為我們有了土地和人民群眾）。民之在我，與其在彼，何異（人民群眾在我這裡，和在他那裡，只要生活得好，那有什麼關係呢）？民欲以我故戰（現在人民大眾，想為了我的關係，願意戰鬥），殺人父子而君之，予不忍為（戰爭是要死人的，為擁護我而戰，那是為我而殺了別人的父兄子弟，然後，又自做大家的君主。我實在不忍心做這種事）。

　　因此，古公亶父就悄悄地與近親私屬一群人，學他的遠祖不窋一樣，避地去了現代的陝西，重新定居在梁山西南的岐山之下。但被原來所有的人民群眾知道了，大家就扶老攜幼，離開戎狄而追隨他到岐山。而且附近的鄰國，也久仰古公的仁義賢名，都來歸附於

他。因此，他便開始傳播文化，改革了戎狄的陋習和舊俗，建設城郭和屋室，劃分地區，分配給人民群眾居住。同時又建立官制與職責，形成了一個「國家」的初步規模，所以歷史稱他是周朝的「大王」。

古公有賢妃曰「太姜」，即季歷等三兄弟之母。太姜有美色，而且性情貞靜柔順，並且極有智慧。教導諸子，至於成人，從來沒有過失。古公謀事，必與太姜互相商量。隨便古公要遷徙到什麼地方，她都不辭勞怨，順從追隨。

季歷即位，娶有賢妃曰「太任」，史載，稱其端莊誠一，德行無缺失。及有身孕，即自開始胎教，所謂「目不視惡色，耳不聽淫聲，口不出傲言」，因此而生文王。

文王又有賢妃，曰「太姒」。《史記‧周本紀》：「武王同母兄弟十人，母曰太姒，文王正妃也。」《列女傳》稱其「生十男，親自教誨。自少及長，未嘗見邪僻之事。文王繼而教之，卒成武王、周公之德。」

周室由古公亶父到季歷、文王三代，都有賢妃良母助興周室。所以能形成姬周王室七、八百年的宗室王朝，都是由其上輩「齊家、治國」的德育教化而來，並非偶然間提三尺劍，一戰功成而得的天下。因此，後世尊稱別人的妻子叫「太太」，便是從周室有三位「太」字輩賢妻良母，母儀可風的典故而來，並非是隨隨便便的口頭語。

福祿壽和兒女，全是農產品，
要自己流血、流淚、流汗去辛勤耕耘自己的心田，
努力灌溉、施肥、驅蟲、除草，
才能栽培種植出來。

人生寶典：中華文化千年不朽的處世智慧/誠
敬和作 -- 初版 . -- 新北市：華志文化, 2015.04
面；　公分 . --（中華文化大講堂；05）

ISBN 978-986-5636-12-8（平裝）

1.人生哲學　2.通俗作品

191.9　　　　　　　　　　　　　104002042

書名／人生寶典：中華文化千年不朽的處世智慧

系列／中華文化大講堂 0 0 5

K 華志文化事業有限公司

作　　　者　誠敬和

執 行 編 輯　林雅婷

美 術 編 輯　簡郁庭

封 面 設 計　王志強

文 字 校 對　陳麗鳳

企 劃 執 行　康敏才

總　編　輯　黃志中

社　　　長　楊凱翔

出 版 者　華志文化事業有限公司

電 子 信 箱　huachihbook@yahoo.com.tw

地　　址　116 台北市文山區興隆路四段九十六巷三弄六號四樓

電　　話　02-22341779

印 製 排 版　辰皓國際出版製作有限公司

總 經 銷 商　旭昇圖書有限公司

地　　址　235 新北市中和區中山路二段三五二號二樓

電　　話　02-22451480

傳　　真　02-22451479

郵 政 劃 撥　戶名：旭昇圖書有限公司（帳號：12935041）

出 版 日 期　西元二〇一五年四月初版第一刷

售　　價　二五〇元

華志文化